ALFONSO USSÍA

El bosque sonriente

Prosas y versos de la España de hoy

EDICIONES B
GRUPO ZETA

Barcelona • Bogotá • Buenos Aires • Caracas • Madrid • México D.F. • Montevideo • Quito • Santiago de Chile

1.ª edición: mayo 2003

Bailén, 84 - 08009 Barcelona (España)
www.edicionesb.com

De la ilustración de cubierta: © Antonio Mingote
De las ilustraciones del interior: © Carlos Barbieri

Printed in Spain
ISBN: 84-666-1164-9
Depósito legal: B. 20.057-2003

Impreso por Industria Gráfica Domingo, S.A.

ALFONSO USSÍA

El bosque sonriente

Prosas y versos de la España de hoy

ACTUALIDAD Y POLÍTICA NACIONAL

ABC, 3 de diciembre de 1999

Enedina

Nos ha decepcionado a muchos, doña Enedina. Cuantos esperábamos de usted que fuera la nueva llama ardiente de la palabra parlamentaria, nos sentimos hoy afligidos. Menuda faena nos ha hecho, mi sol. Quizás, influidos por su brillantísimo quehacer en el Congreso de los Diputados, por la belleza redonda de sus intervenciones, por la sutileza y gracia de sus respuestas, confiábamos demasiado en usted. Una nube cimarrona de pena grande se ha instalado sobre nuestro optimismo y nos ha calado hasta los huesos. Eso no se hace, chiquitina.

En el Parlamento se ha insultado, pero jamás con tan pésimo estilo. Que lo haga otro, puede pasar. Pero que sea usted, doña Enedina, la gran doña Enedina Álvarez, la protagonista de tamaña vulgaridad, es algo que nunca se nos pasó por la cabeza a sus decenas de miles de admiradores. Llamar a un presidente del Gobierno «marrano, más que marrano» en el transcurso de una bobada de debate es arrebato que humilla a quien lo padece. No sirve la añagaza del significado. Todos sabemos que el marrano era el converso que judaizaba ocultamente. También marrano es el madero que forma la cadena del fondo de un pozo. El truco del diccionario es débil excusa. Si usted, doña Enedina, en otro de sus arranques, y a pesar de saber la honda admiración que siempre he sentido por su persona, me llama «marica, más que marica», podría, amparándome en el Diccionario de la Real Academia Española, interpretar su frase sin motivo de ofensa, pero me engañaría. Porque marica es la urraca, y la sota de bastos. Pero si usted me dice «sota de bastos, más que sota de bastos», entendería mi derecho a creer que está usted más zumbada que el pecho de un gorila, o que sencillamente es tonta del traspuntín, que es sinónimo académico de culo.

Menguado respeto tiene usted por las instituciones, cuando por un quítame esas pajas es capaz de llamar «marrano» a todo un presidente del Gobierno. Como madre de la Patria tendría que mantener un decoro en el verbo que fuera ejemplo para sus hijos. Su tropezón semántico concede permisos de réplica y pitorreo, y ya ha salido por ahí un joven y apuesto poeta satírico que se ha divertido a su costa con cuatro quintillas de versos octosílabos rimados en consonante con la cadencia A-B-A-A-B. Me duele que se tomen a chufla y chirigota a su persona, doña Enedina, pero el dolor no sirve para detener la burla: «La cuota de la mujer, / que para alguno es pamplina, / nos ha dado a conocer / a la María Moliner / del PSOE, doña Enedina. / Doña Enedina, vehemente, / desde su escaño altozano, / le ha llamado al presidente / Aznar, repetidamente, / "Marrano, más que marrano". / Aznar, que es hombre calmado, / pasó de doña Enedina, / porque de haberse alterado / podría haber replicado: / "Cochina, más que cochina." / O usando de la ironía, / haberle dado un consejo: / "Distinguida señoría, / yo en su caso, compraría / para su casa, un espejo."»

Muy mal, doña Enedina, mi cielo. Sólo tiene una excusa, que no es otra que la inspirada por la notoriedad. Lleva usted mucho tiempo cumpliendo con esplendor radiante su responsabilidad de diputada. Los medios de comunicación, tan suyos, la han ninguneado. Cuando se alcanza la cumbre en el arte de la oratoria, cuando se supera la cima del más culto parlamentarismo, cuando toda una nación contempla, complacida, el fulgurante ascenso de una de sus más gloriosas representantes populares, y la prensa, la maldita prensa, omite por sistema sus logros y conquistas, la frustración está plenamente justificada.

De ahí, doña Enedina, mi rosicler, que aún guardemos en el cofre de la ilusión una última perla de esperanza en su persona. Usted misma sabe que no ha reaccionado bien. Que se ha dejado llevar por ese carácter que la naturaleza le ha dado, olvidando la exquisita educación que su trayectoria atesora. Pero ni un fallo más, doña Enedina. Resta una perla, una joya solitaria. Y faltos de ella, renunciaríamos a la ilusión, que usted, mi alondra, a tantos nos reúne.

ABC, 7 de abril de 2000

Romance

A su cuaderno agarrado iba el presidente serio, el de su gozo, en el Olimpo, la su mirada, en el suelo, el su cariño en los ojos de su esposa en el paseo, la su decisión, en marcha, inquietante el su silencio. A su cuaderno agarrado iba el presidente serio mientras las hojas del plátano nacían de verdes tiernos, y un golpe de malvavisco surgía junto a los setos abriéndose lentamente de flores de rododendro.

En el cuaderno sagrado, claves, cifras, datos, textos, varios nombres subrayados, otros tachados en negro, alguna interrogación, Secretarías, consejos, apellidos conocidos, también apellidos nuevos, direcciones generales, despidos, ceses, decretos. De cuando en cuando paraba, detenía su paseo, rescataba del bolsillo de la chaqueta un Bic viejo, con el plástico mordido como en tiempos del colegio, y escribía un nombre arriba, y otro abajo, y otro en medio con la callada sonrisa de quien domina el secreto. Escrita la travesura, continuaba el paseo.

«Seguros: Rato, Mayor, Piqué y Rajoy. Pisonero, probable mas no del todo; Costa quizá, de momento. Acebes, seguramente; Luis de Grandes al Congreso, que ha sido un buen portavoz y no hay que cambiar lo bueno. A Miguel Ángel Cortés se le mantiene por huevos, porque Ana se llevaría un disgustazo tremendo, y es la persona adecuada para llevar a buen término esa cosa tan bonita que ha proyectado Moneo. Álvarez Cascos merece por lo de Asturias un premio, que si grande fue el castigo cuando metió tanto el remo, es justo recompensarlo cuando recupera el éxito. A Ana Mato voy a darle ese nuevo Ministerio, primero porque es muy lista, segundo porque es un cielo, tercero porque es muy guapa, y cuarto porque yo quiero. A Exteriores ¿quizá Serra? ¿Martí Fluxá? ¿Y a Fomento? Porque Arias, aunque sufrió las tortas del aeropuerto aguanta lo que le digan sin mover ni el entrecejo. Y Trillo... Trillo a Defensa, que allí va a estarse más quieto, aunque no sea desdeñable Justicia, ¡menudo hueso!»

El presidente paseaba y apuntaba en el cuaderno: «Me gustaría que CiU estuviera en el Gobierno, pero me da en las narices que Jordi no está por ello. Mercedes de la Merced puede tener algún puesto, y Pedro Antonio Martín que en Deportes es experto. Si dos mujeres presiden el Senado y el Congreso, y a cinco o seis más designo titulares del Consejo, a ver qué guapo se atreve a acusarme de otros tiempos, porque hoy, los carcamales, los cavernícolas huecos, los progresistas de nombre que no amantes del progreso, son los que dicen tener lo que sólo yo ahora tengo. Un partido sin fisuras, varios recambios dispuestos, gente joven, pocos líos, y en el fondo del talego, la mayoría absoluta, y holgada del Parlamento.»

El presidente llevaba bien agarrado el cuaderno mientras hoyaba tranquilo los monclovinos terrenos, ya sin bonsáis de González y sin las llamas de Chencho. Cada dos o tres minutos recomendaba a su perro, un bello cocker castaño tirando a pelo canelo, que no mordiera a los guardias ni se orinara en los setos, que el cocker tiene un carácter imprevisible en extremo, y lo mismo mueve el rabo y lame con desenfreno, que gruñe, corre y se lanza con los colmillos dispuestos. Que más de un guardia civil prefiere enfrentarse al riesgo de un destino en Inchaurrondo, o en Basauri, o en Lequeitio, o en Alegría de Oria, o en Galdácano o en Guecho, antes de seguirle dando las pantorrillas al perro. Y que dos o tres ministros del ya cumplido Gobierno, al entrar en La Moncloa para asistir a un Consejo, no se apeaban del coche si oían por esos predios los ladridos que auguraban la cercanía del perro.

Pasea con su menisco roto de un mal movimiento, entre los setos de boj y los magnolios soberbios, con el cuaderno en la mano, con el futuro resuelto, el Gobierno casi a punto, el enigma en su silencio. En los ministrables, pánico; en Génova, desconcierto; en la Oposición, quinielas; en la calle, pitorreo, que no hay nada que a la gente le guste más que los nervios del político que aspira a ser miembro del Gobierno. Pasado el 20 de abril se hará público el cuaderno; unos saltarán de gozo, otros morderán el suelo, y muchos, muchos, muchísimos, enfermarán al momento. Que hoy, lo único seguro que Aznar y esposa han dispuesto es que en el Prado se alce el «tetrabrick» de Moneo.

ABC, 4 de mayo de 2001

Cortesanos

Don Juan no tuvo Corte. Un Rey de derecho en el exilio no puede procurar beneficios ni influencias. Don Juan se mantuvo firme cuarenta años fuera de España porque su vida estuvo marcada por los deberes y las obligaciones. No conoció el privilegio ni la ventaja de su rango, y, sólo al final de su existencia, recogió en el cariño popular de los españoles el fruto de sus interminables tristezas. Los pocos que estuvieron al lado de Don Juan durante su destierro contribuyeron en mayor o menor medida a la resistencia de esa dignidad. Y nada sacaron, aparte de la satisfacción del cumplimiento de la lealtad. En España eran tratados despectivamente por el Régimen. «Los de Estoril», les decían. Y se acostumbraron a visitar el tristemente célebre TOP, Tribunal de Orden Público. Mi padre, que aún vive, acudió a declarar ante el TOP en más de treinta ocasiones, y no fue el único declarante.

La casa del Jefe de la Casa Real Española era un hogar de clase media, en el que se vivía con limitaciones y problemas económicos. Cuando desde El Pardo se tiraban andanadas contra la «Corte de Estoril» y los directores de los periódicos del Régimen calumniaban al dictado de su ministro desde la más nauseabunda vileza, ni Don Juan ni su «Corte» tenían el derecho a la réplica o la defensa. Todos aquellos «cortesanos», la mayoría ya fallecidos, no hicieron otra cosa que permanecer al lado de un Rey que no iba a reinar, porque en España se confunde con muy mala fe la lealtad con la cortesanía.

Tampoco el Rey ha tenido Corte, ni intrigas palaciegas, ni vicios del pasado. A los pocos años de su reinado, acudieron a visitarle un grupo de señoras de añejo concepto aristocrático para solicitarle que estableciera de nuevo en su entorno los antiguos cargos palaciegos. Los Mayordomos del Rey y las Camareras de la Reina. Don Juan Carlos atendió con mucho respeto la solicitud de aquellas señoras, y en una de sus mejores salidas las puso en su sitio. «Muchas gracias por vuestro ofrecimiento. Pero yo no necesito mayordomos ni camareras. Lo que necesito es un buen cocinero, porque en esta casa se come fatal.»

Decía Don Juan que en la soledad y el sufrimiento se aprecia en los príncipes si tienen o no madera de Rey. Don Juan la tuvo y el Rey la tiene —lo han demostrado—, de roble. Esa fortaleza se forma resistiendo a golpes de deberes y a fuerza de constancia. La madera de rey no se hace con la facilidad y los privilegios, porque en ese caso, la madera es de chopo o de eucalipto. Árboles tan grandes y frondosos como frágiles. Buena sombra para los cortesanos.

Parece que hemos retrocedido en los tiempos, y que las malas costumbres de antaño florecen. Que existe una Corte de jóvenes atónitos y embelesados por el éxtasis que les produce la cercanía del Príncipe, dispuestos a todo para no perder su lugar para el halago. Jóvenes, casi todos ellos, pertenecientes a la aristocracia del dinero reciente, que interpretan la lealtad ejerciendo de *ciuttis* y celestinas, ofreciendo sus estancias para los escarceos secretos y la bóveda de rumores.

Don Juan nació y vivió su infancia y juventud rodeado de cortesanos. Supo de su consistencia cuando su padre, Don Alfonso XIII, partió hacia el destierro. Unos pocos leales acompañaron su soledad. Don Juan tomó buena nota y aprendió la lección para impartírsela a su hijo. Su sacrificio de cuarenta años alejado de España lo vio recompensado con el establecimiento y la consolidación de la Monarquía. La Corona se hizo fuerte y popular por las actitudes del Rey, no por enajenamientos cortesanos. Todo ese sacrificio, todas sus renuncias, todas sus amarguras de firmezas, necesidades y lejanías, parecen hoy —son los rumores— en trance de ser tirados por la borda. Es la tercera vez que ocurre en los últimos años. Consecuencias de una Corte trepadora y advenediza, que ha salido del baúl del pasado y aconseja mal —como siempre hicieron los cortesanos— a su Príncipe.

ABC, 14 de mayo de 2002

Una fecha histórica

El presidente del Gobierno, Adolfo Suárez, ha fijado la fecha para las primeras elecciones generales de la naciente democracia. Don Juan considera que ha llegado el momento de la renuncia, delicada figura que disfraza la realidad de la abdicación. No encuentra facilidades para ello ni en el Gobierno de la nación, ni en las instituciones, ni en un sector residual del régimen anterior que aún manda y opera en el entorno del Rey y ocupa importantes despachos de La Zarzuela. Don Juan confía plenamente en los planes de su hijo, el Rey, y desea transmitirle cuanto antes los derechos históricos de la Monarquía española y la Jefatura de la Casa Real. Se topa con los primeros obstáculos. El Gobierno, todavía lastrado por el inmediato pasado, no quiere conceder a la renuncia de la legitimidad histórica de la Corona ni trascendencia ni solemnidad. Menos aún, significación. La todavía poderosa secuela franquista de La Zarzuela recela de una acción que considera innecesaria. Si Don Juan Carlos es el Rey por designación directa de Franco, los derechos históricos nada aportan ni importan a la Corona. El Rey se mueve con prudencia, Don Juan con decisión y los entornos de ambos, con distancia.

Superados los iniciales desacuerdos —se llega a estimar conveniente por determinado negociador del Gobierno que Don Juan debe renunciar también al uso del título soberano de Conde de Barcelona—, principian las ausencias de generosidad. Don Juan propone transmitir su herencia histórica al Rey sobre la cubierta de un buque de guerra de la Armada —preferentemente el *Dédalo*—, ante el féretro de Don Alfonso XIII y en aguas de Cartagena. No se contempla la petición. Su segunda opción, hacerlo en el Salón del Trono del Palacio Real de Madrid, tampoco es aceptada. Un grupo de dirigentes políticos de diferentes ideologías, encabezados por Enrique Tierno-Galván, Joaquín Satrústegui, Antonio Fontán y Fernando Álvarez de Miranda, sugieren el hemiciclo de las todavía «Cortes Españolas» para conceder al acto un sentido más popular y representativo. El hecho de la convocatoria de las elecciones nubla el buen fin de la propuesta. El Gobierno, con su presidente a la cabeza —Adolfo Suárez, años más tarde, reconocería a Don Juan todo el valor que en aquellos días le regateó—, busca una solución de semiclandestinidad para cumplir el trámite. Un acto cuya trascendencia no exceda más de lo estrictamente necesario de la intimidad familiar. Don Juan, hastiado de zancadillas e incomprensiones, da el visto bueno al programa gubernativo. Se establece la fecha del 11 de mayo, y el lugar, el Palacio de La Zarzuela. Al acto asistirá la Familia Real, algún representante institucional, y determinadas personas allegadas al Conde de Barcelona y leales a la Corona desterrada durante los cuarenta años del exilio. También, por supuesto, los principales colaboradores del Rey. Como representante del Gobierno, el ministro de Justicia, que hará las veces de Notario Mayor del Reino. «Ha faltado muy poco para que Vuestra Majestad renuncie en un comedor privado de Jockey», le comenta a Don Juan un amigo. «Mejor así —remacha el Conde de Barcelona—, porque de organizarse en Jockey me obligan encima a pagar la factura.» Y Don Juan, dominada la amargura irónica, ríe abiertamente, con su golpe de carcajada bronco y contagioso.

En la mañana del 14 de mayo de 1977, en una estancia de La Zarzuela, ante Doña María y con su ayuda de cámara Jesús Velasco como único testigo, Don Juan lee en voz alta el texto de la renuncia. La emoción le impide terminar la lectura. Lo intenta por segunda vez, y el resultado es aceptable. Una tercera lectura le ofrece la seguridad. «Ya estoy preparado», dice. A pesar de ello, en varias ocasiones le temblaría la voz y le asaltaría la emoción durante la renuncia. Pero llenó el salón de audiencias de La Zarzuela con su grandeza, que culminó con su gesto de respeto al Rey mientras pronunciaba sus «Por España, todo por España. ¡Viva España! ¡Viva el Rey!».

Los que consideraban innecesaria la transmisión de los derechos legítimos e históricos de la Corona y de la Jefatura de la Casa Real Española ignoraban que en aquel momento, en el Rey se depositaban todos los derechos históricos de la Monarquía española, sus títulos y privilegios, excepto el de Conde de Barcelona, que solicitó guardar para sí mientras viviera, lo que aceptaría el Rey en su alocución posterior explícitamente. Títulos, algunos, meramente simbólicos y testigos de la Historia, y otros, síntesis de la unión y hermandad de los territorios de España. Porque los partidarios del «atado y bien atado» de tan frágiles ataduras no supieron ver que la abdicación de aquel Rey no reinante, de aquel Rey que había cumplido durante cuarenta años con todos los deberes sin disfrutar jamás de uno solo de sus derechos, lo que le cedía a su hijo era sencilla y llanamente, la Historia. Ya era el Rey de España, como siempre había sido, el de Castilla, de León, de Aragón, de las Dos Sicilias, de Jerusalén, de Navarra, de Granada, de Toledo, de Valencia, de Galicia, de Mallorca, de Menorca, de Sevilla, de Cerdeña, de Córdoba, de Córcega, de Murcia, de Jaén, de los Algarves, de Algeciras, de Gibraltar, de las islas Canarias, de las islas Orientales y Occidentales, de las Indias y del Continente Oceánico, Archiduque de Austria, Duque de Borgoña, de Brabante, de Milán, de Atenas y de Neopatria, Conde de Habsburgo, de Flandes, del Tirol, del Rosellón y de Barcelona, y Señor de Vizcaya y de Molina. Eso sí que era atar y bien atar la Historia de España, y eso es lo que se hacía en aquellos momentos impregnados de emoción, patriotismo, generosidad y entrega. Se equivocaron los que pretendían reducir la significación del acto. Aquello tuvo una grandeza estallante. Don Juan agigantó el lugar, el sitio y el paisaje.

Lo vi por la tarde. Se sentía orgulloso y liberado de peso. Recurría una y otra vez a la absoluta confianza que tenía en el Rey. Reconoció que durante las palabras de su hijo, apenas veía nada de lo que le rodeaba y que las figuras de los presentes las adivinaba entre sombras húmedas. Un marino, que ha sido Rey, jamás reconoce que ha luchado con las lágrimas. Y no le faltó su interpretación bienhumorada de la actitud de algunos de los invitados. «Había tres que todavía me miraban como si yo fuera el enemigo.»

Unos días más tarde, Don Juan reunió en el Soto de Algete, del duque de Alburquerque, Jefe de su Casa, a sus más inmediatos y contumaces leales, a los que pertenecían a su Casa. Asistieron los Reyes. Ante ellos, Don Juan ordenó a los suyos que fueran con el Rey tan leales como habían sido con su persona y lo que ella significaba. Dio por zanjado el pleito de las lealtades. El Rey sólo era uno.

Veinticinco años han transcurrido desde aquel día, y nueve de su fallecimiento. La grandeza que no supo reconocerle la torpeza política se la devolvió el Rey cuando se produjo su muerte. Ahora descansa Don Juan, Conde de Barcelona, Juan III durante los años lejanos del exilio, en el Pudridero del Real Monasterio del Escorial, a la espera de ser depositado, para siempre, en el Panteón de los Reyes de España.

ABC, 26 de mayo de 2002

Cejas y bigotes

Si me avisan, no me dejo depilar. Coincidí hace apenas tres días con el asesor de imagen de Rodríguez Zapatero. Muy simpático y buen comunicador. Me recomendó una depilación de entrecejo y un aclarado en la zona pilosa mejor dotada de mis cejas. Me dio la dirección del esteticista que había tratado al dirigente del PSOE, y acudí a su consulta. Me acordé del cuento del «cashero» vasco que viaja a París por primera vez en la década de los sesenta y a la vuelta narra a sus compañeros de sociedad sus impresiones parisinas. «En sexo, de todo hay. Hombres con mujeres, mujeres con mujeres, y hombres con hombres, muy doloroso por cierto.» Ignoro el tiempo que dedicó el esteticista amigo del asesor de imagen de Zapatero en dejarle el entrecejo como pompis de bebé australiano, pero conmigo gastó más de dos horas armado de unas pinzas, que para mí, eran más de filatélico que de pilocida. Eso sí, el cambio ha sido total. Cuando entro en casa, mi familia saluda mi llegada al unísono de esta guisa: «Ya está aquí el líder.» Y eso tiene su precio y es muy de agradecer.

Se pierde impacto expresivo, pero se gana en dulzura. Ahora, cuando Zapatero arremete contra Aznar, la gente no se lo cree. No oye sus palabras, y concentra su atención en las cejas. Eso es peligroso, porque las cejas no son fundamentales para ganar elecciones. A lo sumo, con un buen dominio del arqueo y un movimiento muelle en el guiño de un ojo, sirven para seducir. De momento, ya lo ha hecho con Fidalgo y Méndez, que no son fáciles para los arrumacos. Pero esa relación a tres bandas tiene fecha de caducidad, y mucho me temo que ya establecida. El 20 de junio. Al día siguiente, nueva visita al asesor de imagen para que éste apruebe la repoblación del entrecejo. Y yo también, que me estoy cansando de parecer un líder.

Visita al esteticista que también podría rendir el presidente del Gobierno para darle más credibilidad a sus bigotes. Claro que Aznar sólo se deja influir por Pedro Arriola, el marido de Celia Villalobos. El bigote de Aznar, que hasta la fecha ha sido un mostacho serio y respetable, amén de respetado, sufre un proceso de deterioro de autoridad desde que ha permitido que tres asesinos terroristas palestinos vivan en España con protección y cobijo del Estado. A ver qué movimiento de bigote se saca de la manga ahora para exigirle a Chávez que expulse de Venezuela a los etarras allí hospedados. Una cosa es la cooperación internacional para solventar los problemas y otra, muy diferente, la impresentable hospitalidad a un trío de desalmados. Lo ha dicho Jaime Mayor Oreja, que de esto sabe mucho. «Demasiados terroristas tenemos en España como para importar más del extranjero.» Otras naciones de la Comunidad Europea han aceptado lo mismo, pero los más serios, los que mandan, se han librado de la humillación. Además, España siempre tiene la justificación de su realidad terrorista y su lucha, policial y diplomática, para terminar con el horror. Unos bigotes tan estrictos cuando hablan de terrorismo de la ETA y tan blanduchos cuando los labios que adornan pronuncian «oui, oui» a exigencias inaceptables, necesitan un golpe de asesoría de imagen. Está demostrado que una gran parte de los acuerdos diplomáticos se firman para ser incumplidos. Lo mejor que puede hacer el Gobierno de España con los tres terroristas palestinos que ha amparado es devolverlos inmediatamente. Que se los quede Arafat, que tan primorosamente bien sabe manejarlos. O se los mandamos a Chávez, para que complete la colección.

Pero a ese bigote hay que devolverle la seriedad.

ABC, 14 de julio de 2002

El islote

De momento, nos hemos quedado sin el islote del Perejil, que a decir verdad, tampoco era nuestro. Cuando te quitan una propiedad que no es tuya y que no sabes que existe, el dolor por la pérdida es menguado. Si definitivamente se demuestra que el islote pertenece a España, se manda a una pareja de la Guardia Civil y asunto terminado. Por otra parte, la ocupación marroquí del islote hay que interpretarla como una celebración nupcial. La boda de «Mojamé» no daba para muchas alegrías, y se exigía una gesta heroica para distraer comentarios y chismes. Que si a «Mojamé» le gustan más los dromedarios que las mujeres, que si «Mojamé» para arriba, que si «Mojamé» para abajo —lo segundo con muchas más probabilidades—, y al final, para cancelar los rumores, la invasión del Perejil. Pues nada; si el islote no estaba atribuido a nadie, que se lo queden, y si es de España, lo anteriormente apuntado. Una Zodiac con dos guardias civiles —tres a lo sumo, para que uno se ocupe del timón—, y el imperio vuelve a restablecerse. Y si no nos interesa, se lo regalamos a «Mojamé» para compensarle el enorme sacrificio de haberse tenido que casar con una mujer.

Nunca, hasta ahora, había oído hablar del Perejil en su versión insular. Mi servicio de documentación me informa que también es conocido como islote del Coral. Que su extensión no alcanza la de un campo de fútbol, pero que la práctica del deporte de masas por excelencia es imposible en su superficie, por aquello de las rocas. Que en su parte alta crece un manto de hierbajos de aspecto perejilero —de ahí su denominación—, y que de cuando en cuando anidan en su costita gaviotas piquigualdas, fumareles y alcaravanes. La principal riqueza del islote es la roca, que hay muchas y bastante gordas. Sus fondos se los reparten cardúmenes de caballa, reducidos grupos de jibias, unas cuantas morenas y un número indeterminado de pulpos. Es decir, que tampoco nos soluciona el problema de la pesca.

Se dice que el agresivo ejército invasor ha izado la bandera del Reino alauí en el más alto otero de su orografía. Tampoco supone un hecho preocupante por cuanto los vientos, irreductibles en la zona, se llevarán por delante mástil y oriflama en menos que fecunda un conejo. Para mí, y escribo desde la intuición, que el islote del Perejil no quiere ser de nadie, y menos después de este lío. Una isla que en quinientos años no merece una atención de soberanía no está preparada anímicamente para que se la disputen. El pobre islote va a terminar más desahuciado y triste que doña Ana de Pantoja en el *Tenorio* de Zorrilla. «Imposible la hais dejado / para vos y para mí.»

No obstante, soy partidario de enviar a la pareja o trío de la Guardia Civil por una simple razón de prudencia. Si nada se hace, «Mojamé» —que tiene que estar pasando los peores días de su sacrificada vida—, en un ataque de capricho puede decidir ocupar las Chafarinas, y Ceuta y Melilla posteriormente. Y entonces sí la puede armar, porque hablamos de palabras mayores. No se va a atrever, pero la dejación del adversario anima, y el precedente de su papá en el Sahara no es referencia lejana. Si el Perejil no es de nadie, los españoles creemos que nos pertenece y los marroquíes piensan lo mismo a su favor, propongo un pacto de soberanía compartida sin presencia de fuerzas en su superficie. Dejar al pobre islote como ha estado durante siglos, solo, abandonado y triste.

Todo menos que «Mojamé» se lo quede porque no se le levanta.

Tiempo, 5 de agosto de 2002

Las cabras

Dentro de lo que cabe, hay que considerar bueno para la humanidad que las únicas víctimas del conflicto del Perejil sean diez cabras. También puede ser que la propietaria del cabrerío perejilero, doña Rahma Al Achiri, aprovechando que el Pisuerga pasa por Valladolid y los legionarios por la peñuca, haya exagerado el número de bajas para conseguir más dinero en concepto de indemnización. Doña Rahma, muy enfadada por la desaparición de sus supuestas diez cabras —no supuestas como cabras sino por el número—, le ha encomendado el caso al conocido abogado don Mohamed Majlufi, alcalde de Fnideq, que linda con Ceuta. Don Mohamed, que es tocayo del rey de Marruecos, como el 72 por 100 de los ciudadanos marroquíes, está dispuesto a demandar al ejército español. Ignoro ante qué Administración de Justicia, si la magrebí, si la española o si la perejilera, que es, a mi entender, la competente para juzgar el caso por haber tenido allí lugar los hechos que comprende el litigio. Es decir, que son las cabras supervivientes las que habrían de encargarse del asunto, cosa que dista una barbaridad del deseo de la cabras, según tengo entendido.

Aquí todos aprovechan la zarandaja para sacar beneficios. Otro presunto ganadero magrebí, don Hamed Suleiman, también ha anunciado su intención de querellarse con nuestras Fuerzas Armadas por desaparición de cabras. Va a resultar que todos los marroquíes tenían cabras en el Perejil. Y el Partido Verde de Marruecos ha publicado un manifiesto en el que acusa textualmente al ejército español de «las perturbaciones que su arremetida militar puede haber causado en los recursos naturales de la zona». Es decir, que las tropas marroquíes no perturban la zona y las españolas sí.

Si han desaparecido diez cabras, propiedad de doña Rahma o de don Hamed, algo que ver podrían haber tenido las primeras fuerzas invasoras, que, si mal no recuerdo, fueron las marroquíes. Y lo mismo pienso y escribo de las perturbaciones por arremetidas militares. Me extraña mucho que los legionarios españoles se hayan tragado diez cabras porque nuestro ejército está divinamente alimentado. Lo único que se me antoja posible es que las cabras, asustadas por el ruido del helicóptero, presas de un miedo atroz, decidieran lanzarse al agua para aliviar sus temores. Pero tampoco me convence la hipótesis porque de siempre las cabras han temido más al mar que a los helicópteros, como muy bien saben doña Rahma, don Hamed, el letrado Majlufi, el ministro Benaissa y el palomo de su majestad alauita, que son muy tramposos, y hasta pudiera suceder que las cabras desaparecidas no hayan nacido todavía.

No obstante, y a pesar de las críticas de los maromos de turno, una operación militar de reconquista —aunque se trate de reconquistar un simple islote—, con tropas adversarias establecidas en el territorio, que concluye con ninguna baja por parte de los contendientes, puede considerarse brillante a todas luces, con o sin cabras prematuramente fallecidas. Entiendo el enfado de los ecologistas coñazo, a los que poco hubiera importado la muerte de un soldado y que tan histéricos se han puesto por la posible y no demostrada desaparición de una decena de sus cabras preferidas. Para mí, que un conato de guerra entre dos países resumido en la muerte de diez cabras, que probablemente ni son cabras ni lo han sido jamás, me parece de perlas. Bobadas.

Tiempo, 12 de agosto de 2002

Caridades

Tan alta es la caridad y el amor al prójimo que derrochan los famosos, famosillos y famosuelos que abarrotan Marbella por estas calendas que hasta *Marisol*, Pepa Flores, la musa roja, ha sido captada y raptada —me figuro que también pagada— para presentar un acto a favor de no se sabe qué y en beneficio de menos se sabe quiénes, organizado por un grupo del que tampoco sabemos demasiado. Devoran hasta la discreción de los autoexiliados. Llegó el estío. Chiringuitos y palmas. La relación de fiestas aguarda al famoseo. El cáncer, el sida, el hambre de Etiopía, Jesús Gil que preside, Gunilla que organiza, más reporteros que veraneantes, búsqueda frenética de tetas conocidas, Lolita que sale del agua, Lolita que se zambulle, Bárbara Rey para arriba, Jesulina para abajo, y el cáncer, y el sida, y el hambre de Etiopía de nuevo revoloteando por encima de las discotecas y los chiringos, corazón corazón, y qué buenas son las pedorras, que hasta rebajan sus honorarios para asistir a las fiestas en beneficio de la humanidad doliente, hambrienta, misérrima y agonizante. Tetas fotografiadas. Argumento de tertulias. Y el cáncer y el sida...

Tiempos aquellos del señorío escapado de Marbella, trepidante sí, frívolo también, pero marcado por una línea de buen gusto nunca zigzagueante. Que todo eso, lo bueno, se lo inventaron unos pocos. Y muy pocos de aquéllos quedan. Alfonso de Hohenlohe, los Perlac, los Van Dulken... No me veo a Sean Connery compartiendo playa con mil fotógrafos y Yola Berrocal. Ni al gran Jimmy de Mora rodeado de horteras rusos. Los antiguos, los de antes, se refugian en sus casas y urbanizaciones, que Marbella ha sido invadida por lo más cutre, nauseabundo y hortera de la famosidad nacional. Pero en contrapunto, el cáncer, el sida, el hambre de los niños de Sudán y el chándal del señor alcalde.

Ya vienen, acudamos todos, las fiestas encadenadas que la caridad demanda. Tanto se recauda, tanto se paga a los famosos que asisten, y qué poquito queda. Pero se retrata el acto, y las comparecencias se filman, corazón corazón, y las cadenas de televisión desplazan hasta allí a sus más intrépidos enviados especiales, corresponsales de la mugre, tías advenedizas que sólo sirven para hallar vergüenzas, mariquitas volanderos que viven de la cosa, y hasta se permiten el lujo de impregnar a la última idealista de la izquierda, *Marisol*, Pepa Flores, la musa roja, del tufillo malsano de la popularidad que ella misma enterró. Pero claro, la bondad ante todo, el cáncer, el sida, los niños hambrientos de Guatemala y Marujita Díaz.

No escatimemos nuestro esfuerzo en pro de los necesitados. Se comenta, ay qué revuelo, se dice, se rumorea —pero no está confirmado— que hasta pudiera ser que muy probablemente Sara Montiel se deje caer por Marbella para hacer el bien. Sería la bomba. Putorras y putitos, chulos y chupaobjetivos, barraganas y monfloritas, vendedores de su carne y de la ajena, compradores de las carnes todas, allí reunidos, amalgamados, resueltamente agotados de idas y venidas, de camas y de hamacas, de lechos y de tumbonas, los más horteras, innecesarios y elementales, ocupando los lugares del viejo señorío y la medida, allí todos, vendiéndose y comprándose por unos segundos de televisión o un reportaje en una revista. Y encima, destrozando la soledad de Marisol. Todo sea por el cáncer, y el sida, y el hambre de algunos periodistas.

El Semanal, 6 de octubre de 2002

Sonetillos Maragallianos

Está Pascuall Maragall
metiendo pata y pinrell,
y perdiendo su papell
de socialista leall.

Es Arzallus su ideall,
y Carod es su oropell,
y se mueve en torno a ell
el esnobismo condall.

Se ha creído que es el soll
y quiere meter un goll
aunque sea de penall

al socialismo españoll
y ser el pacto, esquiroll,
por lo Constitucionall.

Se hace pipí juvenill
si tiene a su lado a un Güell,
para gozar en su piell
el gozo de lo servill.

Y los Güell, al ex edill
no lo sientan al mantell,

porque es muy bajo el nivell
dell confuso zascandill.

De su condall bella *town*
más prefiere el Up and Down
que un problema marginall.

Y entre el rosa y el azull
va llenando su baúll.
Un abrazo, don Pascuall.

ABC, 8 de octubre de 2002

La libre adhesión

En casi todos los hogares españoles se discute, analiza y normalmente se resuelve, el statu quo de cada uno de los miembros de la familia, cuando quedan miembros y existe la familia, que ése es otro cantar. La juventud sueña con la independencia, pero ésta muy contadas veces es real y efectiva. En mi casa, para hacer más divertidas las jornadas de debate, hemos decidido usar la jerga de los comunistas, que es solazante y graciosa por cuanto jamás se entiende y es imposible alcanzar un acuerdo. Así, mi hijo mayor, que se tenía por independiente del tronco familiar dentro de lo que cabe, ha pasado a mantener los lazos de unión con la familia que le vio nacer y en la que creció mediante un pacto de «federalismo de libre adhesión». No renuncia a su nuevo estado federal, pero libremente se adhiere a su patria natural. Lo que ignoramos, hasta el momento, son las ventajas e inconvenientes de su statu quo actual, pero al menos ha desechado su proyecto soberanista. Sus palabras, ayer mientras almorzábamos, no dejan lugar a la duda y se inspiraron en el discurso de Felipe Alcaraz: «Mira, Jefe —de esta guisa se dirige a mí—, mi intención es mantener un perfil propio. Es necesario que exista una mayor diferencia entre mi postura y vuestra iniciativa, por no haber coincidencia entre los postulados básicos.» Aún intentábamos mi mujer y yo asimilar su discurso, cuando nuestra hija tomó la palabra, siempre inspirada en el sabio Julio Anguita, del que ha leído sus «Obras Completas»: «Debemos poner punto final al debate interno, para no dar más el espectáculo y evitar desanimar aún más a los defensores del federalismo de libre adhesión.» En principio, nos manifestamos de acuerdo con su brillante proposición, pero nuestro hijo menor, que aún no tiene deseos de modificar su statu quo, se inclinó por la postura de Frutos, y mantuvo con sus hermanos un rifirrafe bastante constructivo: «En el fondo, vuestra propuesta es clara y nítida. Un proyecto de unidad federal.» Y en ese punto, todos estuvimos de acuerdo. Es lo bueno que tienen los comunistas, que tras la maraña de conceptos distorsionados por la proverbial sabiduría de sus miembros, al final las nubes desaparecen y el sol brilla. En cualquier caso, por unánime que haya sido el acuerdo, siempre quedan flecos por negociar, que hay que ver la cantidad de flecos que negocian los de Izquierda Unida últimamente. Y como el experto en flecos es Llamazares, en él me resumí para avanzar en la negociación: «No existe objeción alguna por nuestra parte, pero todas las iniciativas deben estar abiertas a la discusión, con el fin de darnos a vuestros padres un margen de maniobra.» En ese instante, y me congratulo reconociéndolo, nuestros tres hijos asintieron y remedando a Rosa Aguilar, muy seguros de lo que decían, nos advirtieron que era «un error entrar a debatir la propuesta, precisamente porque se trataba de un proyecto unilateral y lo más beneficioso para el objetivo común era aunar voluntades antes de que surgiera un tercer espacio». Ante la sorpresa del posible «tercer espacio» me quedé, momentáneamente, sin argumentos.

Ya en los postres, más relajados, y frente a mi propuesta claramente centralista y aglutinadora, mi hijo mayor insistió —no sin mencionar a Javier Madrazo— en su apuesta por «un federalismo de libre adhesión lo suficientemente sólido que sirva para desarrollar un pacto de asociación con nuestra casa». El debate, de nuevo, agrietaba la unidad, y me vi obligado a hacerle una pregunta que en cierta ocasión le oí formular al alcalde de Marinaleda, y que me impresionó vivamente: «¿En base a qué?»; atrapados por la sorpresa, su respuesta no me satisfizo: «En base a nada, es decir, en base a que no hay base por donde vehiculizarse.»

Y después de reírnos por las gilipolleces que habíamos dicho, nos desfederalizamos libremente y nos felicitamos por no tener nada que ver con ese tostón de gentecilla.

El Semanal, 20 de octubre de 2002

Epigramas del momento

Herrero de Miñón

Esa mente al retortero,
ese melón,
aquel talento cimero
y hoy, ramplón,
aquel tan fino jilguero,
y hoy, gorrión,
y de Arzallus, pregonero
de salón,
y de Ibarreche, palmero
de ovación,
y de Eguibar, archivero
de ocasión,
y del Peneúve, vocero
de talón.
¿Quién es, de sí, carcelero
en su traición?...
Se llama Miguel Herrero
de Miñón.

Caldera

Si para el señor Caldera
—socialista—, la Bandera
de España es provocación,

también será a su manera
provocación altanera
nuestra actual Constitución.

Ibarreche

—Voy a arrearle una leche
a ese *Lehendakari* ya
—dijo Otegui, e Ibarreche
gritó contrito—: ¡¡Mamá!!

Sucesión

Mayor Oreja el primero,
Rajoy, en segundo plano,
Zaplana, en tercer lugar.
Y en su cuaderno pepero
escribe Aznar de su mano:
—Mi sucesor es... Aznar.

ABC, 29 de octubre de 2002

Veinte años

Veinte años son muchísimos. No recuerdo ni dónde estaba ni qué hacía el día de la gran victoria socialista en las elecciones generales del 28 de octubre. Guardo mejor las figuras y los perfiles del Congreso de los Diputados durante la sesión de investidura del nuevo presidente del Gobierno, Felipe González. Aquel solemne y trágico mutis del, hasta entonces, presidente del Gobierno Leopoldo Calvo Sotelo que hubo de abandonar el hemiciclo por no haber conseguido en las urnas el acta de diputado. También la primera sesión con el Gobierno socialista ocupando el banco azul. Escribí una elegía al escaño cobalto de Soledad Becerril, ministra de Cultura de UCD, que fue manipulada por el diario *Ya*, aún de la Iglesia, y que cobijaba por aquellos tiempos mis crónicas parlamentarias. Escribí que aquel escaño azul, ajeno a los vaivenes de la política, añoraría con toda seguridad la visita del muy atractivo culo de su anterior usufructuaria, Soledad Becerril. Los censores del *Ya* tacharon «culo» y sin consultarme lo sustituyeron por «pompis». Resultaba ridículo el párrafo y la imagen, porque entre un culo y un pompis hay más diferencias que entre una balada de Jacques Brel y una chorrada de Joaquín Sabina. Se nace con pompis, pero a partir de los seis meses se tiene culo. Creo que fue mi última crónica para aquel periódico tan meticuloso.

Sí recuerdo que la abrumadora victoria socialista fue acogida por la ciudadanía con absoluta normalidad. Y también que hubo personas —pocas, afortunadamente— que consideraron aquello como el prólogo de una nueva guerra civil. Para la mayoría, la victoria socialista representó la institución de la regla fundamental del sistema democrático.

El PSOE en el poder tuvo, como todos los partidos, aciertos y errores. Pero el último tramo de su mandato fue calamitoso. El socialismo que hoy representa el equipo de Rodríguez Zapatero hace bien en no arrinconar a quienes protagonizaron la victoria y los años de Gobierno de su partido, pero la imagen del acto celebrado en Vista Alegre no ayuda al futuro. Aquello, tomadas las primeras filas de butacas como referencia, nos devolvía a muchos a octubre del año ochenta y dos. Mi amnesia permitió el paso de la luz y esas fotografías de los viejos dirigentes socialistas me llevaron a otros tiempos. Las intervenciones de alguno de ellos pudieron superar el tono áspero del rencor. Ese enfado con la humanidad no es buen bagaje para un proyecto futurista. En cambio, la perspectiva general de las tribunas nada tenía que ver con las del pasado. El público que acude a las concentraciones socialistas de hoy no se parece al de antaño. La uniformidad de «progre» ha desaparecido, y sólo se mantiene en las nada multitudinarias convocatorias de lo que queda del Partido Comunista, o de Izquierda Unida o de lo que sea. En ese aspecto, España ha experimentado un desarrollo de modernidad encomiable. Para ser votante socialista ya no es necesario vestirse de militante de izquierdas. Los mismos dirigentes socialistas cuidan más su imagen que muchos líderes del centro-derecha. Hace veinte años, una simple ráfaga proyectada nos orientaba. Ahora, necesitamos que el comentarista del informativo de turno nos recuerde que esa multitud tan bien trajeada y de pulcro aspecto asiste a una fiesta del PSOE.

Y eso es lo que ha sucedido. Que veinte años son muchos. Que las economías particulares han mejorado y que los viejos tics se antojan, a estas alturas, ridículos y extemporáneos. De aquella Matilde Fernández a esta Trinidad Jiménez hay largo trecho recorrido. De González a Zapatero, lo mismo. El único que se conserva igual es Alfonso Guerra, que ha ganado en soledades y prestigio. Pero no tienen que mirar tanto hacia atrás, que la tortícolis puede ser de órdago. Como la mía, que intento verme hace veinte años y me asalta la melancolía.

ABC, 1 de noviembre de 2002

El cráneo

Estos últimos meses, muy bien filmados por las cámaras de los servicios informativos de Tele-5, se suceden uno tras otro desenterramientos de cadáveres correspondientes a víctimas de la brutalidad de nuestra Guerra Civil. Curiosamente sólo de víctimas de un lado. Tres cráneos por aquí, cinco por allá, doce en una fosa común hallada en las afueras de un pueblo o de una ciudad cualquiera. Imágenes espeluznantes que nos recuerdan la locura sangrienta de una época que muchos creíamos superada. Todos esos cráneos, según los informadores de Tele-5, vibraron de vida y sensaciones sobre los hombros de hombres y mujeres que lucharon contra los nacionales en aquella guerra terrible. El comunista Frutos ha vuelto a recordar nuestros peores tiempos exigiendo a los dirigentes del Partido Popular que pidan perdón por el 18 de julio de 1936. Es decir, que un comunista quiere remover el fango. Y exige que pidan perdón aquellos que no habían nacido cuando España se dividió en dos —a partir de la revolución de Asturias de 1934—, y la vida de los adversarios dejó de tener valor tanto para un lado como para el otro. Esa estupidez de Frutos y la obsesión de los informativos de Tele-5 me animan a organizar una búsqueda, que por dejadez, por ayudar al olvido, por contribuir al abrazo que nos dimos todos los españoles con la promulgación de la Constitución, tenía en mi intención y no había llevado a cabo. Quizás, aprovechando la influencia que el Grupo Correo-Prensa Española tiene en Tele-5, podría conseguir que un par de cámaras me acompañara durante el empeño.

Mi madre, que murió hace unos meses, lo hizo con la amargura de no haber encontrado jamás el cadáver de su padre, un escritor llamado Pedro Muñoz-Seca que fue fusilado por los comunistas y anarquistas en Paracuellos de Jarama junto a otros diez mil españoles. Los comunistas anteriores a Frutos lo asesinaron por ser monárquico. Testigos de su muerte informaron a mi madre que, ya caído el cuerpo de Muñoz-Seca, fue rematado de un tiro en la cabeza disparado por un oficial de las Brigadas Internacionales. Un oficial alto y rubio que remataba con mucha efectividad y profesionalidad.

Algunos cuerpos fueron identificados, pero más de ocho mil esqueletos se reúnen en las fosas comunes de Paracuellos. La que cobija los restos de mi abuelo se hallaba junto a un viejo olivo. Sucede que un día desapareció el olivo y el punto de referencia se esfumó. El día que asesinaron a Muñoz-Seca —el 28 de noviembre de 1936—, fueron fusiladas dos mil personas más. Entre ellas, niños de doce a quince años que los comunistas decidieron que no merecía la pena que vivieran por ser hijos de militares. A diez metros de mi abuelo le atravesaron el cuerpo de balas a un niño, hijo de un oficial de la Armada. Y también fue rematado por el alto, apuesto y rubio oficial de las Brigadas Internacionales mientras el pelotón de fusilamiento se tomaba unas horas de descanso en espera de otra saca de «presos trasladados a Valencia».

El empeño no es fácil, porque hallar el cráneo agujereado de un familiar entre ocho mil cráneos en las mismas condiciones resulta harto complicado. Sería hermoso que el camarada Frutos se prestara a acompañarme en tan ardua tarea. Su gesto tendría el significado de la superación del horror. El cráneo de mi abuelo, unido probablemente al resto de su esqueleto, yace en un revoltijo de huesos y otros cráneos de hombres y de niños, sin ninguna señal específica que ayude a determinar cuál es su cuerpo. Se está perdiendo un gran reportaje Tele-5 para ofrecerlo en sus informativos. Decenas de miles de españoles, hijos y nietos de aquellos inocentes asesinados, desean identificar los esqueletos de los suyos. Y lo mismo que en Paracuellos, en todos los lugares de España que fueron elegidos para los «paseos» nocturnos o los pelotones de fusilamiento. Estaban ahí callados para contribuir al abrazo definitivo. Pero si empiezan a sacar cráneos, desenterremos a todos. Y si es ante las cámaras de televisión, mejor que mejor.

ABC, 10 de noviembre de 2002

Ana Botella

Es bueno que Ana Botella ingrese por las urnas en el espacio de la política. Y es bueno, porque ya lo había hecho por otros medios. Nadie puede negar que la mujer del actual Presidente del Gobierno es una mujer con carisma, corazón y carácter. Inteligente, humana y de sonrisa abierta. Además, es veterana militante del Partido Popular, y de ahí, de la militancia, se tiene que nutrir de valores para el futuro el actual partido gobernante. Y es bueno, porque se desvanecería esa figura ambigua —en muchas ocasiones no por su culpa— que se ha dibujado tantas veces durante los últimos seis años en la imagen de la ciudadanía, que ha confundido con excesiva frecuencia a la mujer del Presidente del Gobierno de España con la Presidenta de España. Ana Botella siempre ha estado a disposición de toda suerte de demandas, y eso dice mucho a su favor. Se ha volcado literalmente en asuntos sociales y promociones benéficas, pero también ha comparecido en tribunas públicas e invitaciones de los medios de comunicación para exponer sus ideas y opiniones políticas. Lo último es lo que sobra de su biografía, porque la mujer del Presidente del Gobierno tiene la obligación institucional de la reserva y la discreción.

Por otro lado, Ana Botella representa un buen filón de votos, y eso lo sabe Ruiz-Gallardón, que de tonto no tiene un pelo. La política, además, esa ciencia difusa e indeterminada, se aprende desde abajo y no en la cumbre. Hasta ahora, Ana Botella ha sido receptora de noticias altas y testigo de decisiones últimas, que es impagable experiencia, pero no licenciatura ni doctorado. Carmen Romero, esposa de Felipe González y diputada por Cádiz, ha desaparecido del mapa desde que su marido dejó, no por voluntad propia, la presidencia del Gobierno. Creo, sinceramente, que la señora Botella es mucho más consistente que la señora Romero, muy guapa y gentil por cierto amén de desconcertante. Para la política desde abajo se precisa de un tesón y una fuerza de voluntad que no están al alcance de todos. Ahí está Esperanza Aguirre, concejala en la Oposición del Ayuntamiento de Madrid, concejala y Teniente de Alcalde de la Corporación capitalina con gobiernos minoritarios y mayoritarios, ministra de Cultura, Presidenta del Senado y ahora, coraje puro, candidata a la presidencia de la Comunidad Autónoma de Madrid. Si Ana Botella demuestra ese tesón, podrá llegar algo, pero todo por ahora pertenece a la figuración.

Se dice que Ana Botella ha opinado en público y en privado más de la cuenta, y que ha influido en privado más que en público, más de la cuenta también. Se le ha llamado la «Hillary» española, hasta que la genuina se presentó y salió elegida para el Senado de los Estados Unidos, que es un Senado más complicado y más efectivo que el nuestro. Es lógica la influencia que una mujer inteligente ejerce sobre su marido, pero hallar el punto exacto del alcance de esa influencia es harto difícil. Para mí, que en determinados casos y con algunas personas, su influencia ha sido excesiva y peligrosa. Y en algún acto social, entrañable para ella, también ha caído en la demasía. Pero eso es agua pasada, aunque la figura y la estética de su esposo sufrieran un deterioro pasajero por aquel motivo.

Pero claro, también la Reina en ocasiones se equivoca e influye en su casa, que es la del Rey. Y en la mía, de entre los consejos de mi mujer, casi siempre oportunos, se cuela alguno que no se ajusta al acierto. Por fortuna, mis errores influidos —que son menos que los voluntarios— afectan a muy pocos, mientras que los anteriormente mencionados adquieren otra dimensión por la importancia de los ámbitos en los que se producen. Pero el resumen de todo esto es que Ana Botella tiene todo el derecho y muchas posibilidades de triunfar en la Política, como ella sola, y desde ese primer paso su positiva figura aparecerá más clara y apreciable.

El Semanal, 17 de noviembre de 2002

Por la boca...

Por la boca muere el pez.
Es lo que dice el refrán,
aunque sea una idiotez.

Ha dicho con altivez
Zapatero, que promete
si gobierna, ser ariete
de eficacia y honradez.
Eso ya lo oí otra vez
y salió muy chungo el plan.
Y patatín patatán
por la boca muere el pez.
Es lo que dice el refrán
aunque sea una idiotez.

Gallardón ha prometido
terminar con las zozobras
de las vallas y las obras
si es por Madrid, elegido.
Lo ha dicho muy convencido
en la boda de Fefé;
pues tengamos en él fe
aunque no ciega ni loca,
que el pez muere por la boca
no se sabe bien por qué.

Y Arzallus, al que yo adoro
como una madre a su hijo,
no me importa lo que dijo
pues por algo es mi tesoro.
Cuando abre la boca, lloro
de emoción sin disimulo,
y por mi pasión anulo
del refrán, su validez.
¿Por la boca muere el pez?...
¿Y por qué no por el culo?

ABC, 22 de noviembre de 2002

La alforja

El señor juez de Vigilancia Penitenciaria de Valladolid, don José Antonio Velasco, ha asegurado que dictó el auto para conceder el tercer grado a Luis Roldán con objetividad y con arreglo a la legislación. Nada que objetar. Si con objetividad y con arreglo a la legislación se puede abrir las puertas de la cárcel a veinte criminales terroristas como ha hecho su colega Ruth Alonso, no alcanzo a comprender la supuesta alarma social producida por el caso que supone el señor fiscal en su recurso. A nadie le alarma que Luis Roldán pueda dormir en su casa y disfrutar de una pena atenuada. Lo alarmante es que no quiera devolver el dinero que ha robado y no encuentre la Justicia los medios precisos para obligarle a ello. Otra cosa sería si Roldán, además de trincón, se hubiese llevado por delante una, dos o tres vidas humanas. En tal caso, la alarma social, la indignación social, estarían plenamente justificadas. A mí, que Luis Roldán, como cualquier otro delincuente privado de libertad por quedarse con los bienes ajenos, duerma en su casa y encuentre un trabajo en la calle, me parece de perlas. La cárcel, sólo para los asesinos, los violentos, los violadores y los torturadores de la sociedad. A los ladrones de guante blanco, toda clase de facilidades para salir del trullo, siempre, claro, que previamente hayan devuelto todos los euros que guardan en su alforja, y repuesto a las víctimas de sus manejos el completo capital estafado. Lo mismo Roldán, que De la Rosa, que Camacho, que el cajero del banco que se quiere largar con una palomita al Caribe y afana lo justo y necesario. Libertad vigilada y reinserción social, pero devolviendo lo que se ha robado. En ese caso, la sociedad olvida pronto y no se alarma absolutamente nada.

La alforja escondida de Luis Roldán guarda una cantidad equivalente a mil seiscientos millones de pesetas. Son muchas pesetas y muchos euros. Robó el dinero mientras dirigía, en pleno desbarajuste corrupto del PSOE, a la Institución más honrada de España, que es la Guardia Civil. El niño ese, el caradura que se casó con la hija de Rocío Jurado, se quedó con cincuenta mil pesetas de una multa, y ahí está, en la calle y cobrando una pasta por exhibir su indignidad en los programas más mugrientos de nuestras cadenas de televisión. Era guardia civil, lo expulsaron, devolvió el dinero y aquí paz y después gloria. Claro que restituir cincuenta mil pesetas es más fácil que reingresar mil seiscientos millones de las mismas, ya cambiadas a euros. Y que robar mil seiscientos millones es más grave que quedarse con el importe de una multa de tráfico.

El problema se reduce a la devolución. Usted roba, usted devuelve lo robado, y la sociedad le permite dormir en su casa y organizar sus horteras orgías en calzoncillos y bragas estampadas hasta las altas horas de la madrugada que el bienestar de su cuerpo le permita. Usted roba y devuelve el importe íntegro del dinero que se ha llevado, y la sociedad le autoriza sin límite ni medida a que haga el ganso allá donde le apetezca. Eso sí, reponiendo ese dinero que ha afanado de la Guardia Civil, privando a muchos y ejemplares servidores de la sociedad de unas mejoras elementales en sus vidas y viviendas que usted les ha entorpecido con su falta de escrúpulos y decencia. Esos guardias, los perjudicados, también le perdonarían y se olvidarían, para su bien y felicidad, de su desagradable existencia.

Lo que no puede ajustarse a la legislación ni formar parte del abstracto mundo de la objetividad es sacarlo de la cárcel y permitir que su dinero permanezca en paradero desconocido. En tal caso, la Justicia colabora con el delito. Dos años más y se larga a disfrutar de los mil seiscientos millones de pesetas. Y eso no, Roldán. Mientras usted no devuelva la alforja, su sitio es la cárcel.

ABC, 8 de diciembre de 2002

El jilguero vencido

No soy ornitólogo, ni me apoya la sabiduría y sensibilidad de Mónica Fernández-Aceytuno, que si algún día recopilase sus palabras publicadas en *ABC*, hasta José Antonio Muñoz-Rojas aprendería de su prodigio. En mis valles mira y se regodea José Ignacio Pardo de Santallana, que distingue el vuelo de las aves pequeñas en una ráfaga de segundo, que ya es ráfaga. Mi cuento es sencillo como la capacidad de mi entendimiento. Mi cuento es triste, y se resume en la melancolía del norte de España en el invierno adelantado de un otoño que se ha dejado vencer. Y viene de la mar, pero nace del campo, y me recomienda la resignación y el estupor. El cuento comienza y acaba con la vida y con la muerte, y eso le despoja de originalidad, pero no de asombro y pesadumbre. Érase una vez un jilguero que no pudo volar por el peso de sus alas. Murió entre un castaño y un nogal. Y estaba tiznado de negro.

¿Qué hacen los jilgueros en el invierno? Para mí que vuelan de árbol en árbol para que yo los mire. Lo hacen de una manera diferente al resto de los pájaros. No dibujan tanta ola de aire como los pitorreales, pero se elevan y descienden para entretenerse. Pequeños y ágiles, aceptan su medio como los delfines la mar. Juegan y se divierten. El salto de un jilguero desde un castaño a un roble, del roble al haya, y del haya de nuevo al castaño o al nogal, jamás resulta aburrido. Saben que son pájaros y se divierten siéndolo. También los delfines saben que no se aburren.

Ignoro las costumbres de los jilgueros, pero la muerte me dice que el mío se ha arriesgado demasiado. Quizás, hastiado de sus costumbres, bosque abajo, mi jilguero ha intentado jugar en la orilla de la mar. No la tiene a mucho viaje de sus árboles. Y por mala suerte, infortunio canalla, ese pájaro que alumbra todos los bosques, y los prados, y los arbustos, se ha posado en la playa, precisamente en el peor lugar de la playa, y se ha embadurnado de negro, y asustado ha roto con sus últimas fuerzas para alcanzar de nuevo su valle, y ahí ha muerto vencido, rendido, entregado a una mentira de la naturaleza. Los jilgueros no tienen expresión en sus ojos, pero de haberla tenido, la angustia se habría reflejado en su mirada.

Este jilguero muerto y ennegrecido se ha dejado llevar por la imprudencia. Ha invadido los vientos de las gaviotas, los albatros y los cormoranes. Se ha interesado por un enigma viscoso y negro que yacía en la playa. Y como es curioso, o era curioso, se ha dejado llevar hasta la interrogación. De todo el vómito negro de un barco que ha naufragado en las costas de Galicia, algunos esputos han alcanzado la costa de Cantabria. Y uno de ellos, casi insignificante, ha matado a un jilguero que quiso conocer la mar de cerca.

A dos metros del tronco del nogal desnudo ha amanecido muerto. El milagro es que haya logrado llegar hasta su árbol con el peso de la negrura adherida a su cuerpo. El bosque pasa por días de entrega y desvanecimiento. Los árboles como todos los otoños, como en todos los inviernos, se han entregado al sueño. Vencerán con el renuevo, pero aún les queda por cumplir toda la época del frío, del abandono. No contaban los árboles que la muerte definitiva, no la temporal que ellos padecen, vendría este otoño desde la mar. Ni los jilgueros, o al menos, ni este jilguero imprudente e indisciplinado.

Un jilguero muerto por el peso de una sombra negra que navega por el norte de España. En Galicia, una inmensa mancha de destrucción y ruina. En Asturias, Cantabria y las Vascongadas, unos golpes traidores escapados por las corrientes y los vientos. Aquí termina el cuento, como la vida. En el cadáver de un jilguero que quiso conocer la mar cuando no le convenía. Cosas de los hombres y sus ambiciones.

El Semanal, 29 de diciembre de 2002

Jesús y Rodrigo

—Don Rodrigo... Señor Rato,
don Jesús al aparato.
—Dígale que estoy reunido;

—Don Jesús no me ha creído
y me dice sin recato
que no sea mentecato,
señor Rato,
que se ponga al aparato.
—Nada, que no quiero hablar.
Diga que estoy con Aznar.

—Me dice que lleva un rato,
señor Rato
y que está harto de esperar.
Y, o se pone de inmediato
al aparato
o que usted se va a enterar.
—Me pondré... mas con desgana.
¡A tus órdenes, Jesús!
¡Viva Prisa, Santillana,
El País y Canal Plus!

—Gracias, Rodrigo, que quiero
aún más de lo que me has dado.
—Jesús, si te soy sincero

más no puedo... Estoy atado.
—Lo atado aquí se desata
con mucha facilidad.
Mira, Rodrigo, se trata
de hablar con sinceridad.
Quiero todo.

—Lo tendrás.

—Si no ya sabes...
—Lo sé.

—Te arreamos y verás.
No te salva ni *ABC*.
—Me estás achuchando mucho.

—Mira, Rodrigo, te achucho
porque te puedo achuchar,
que soy tu último cartucho
para suceder a Aznar.
—De acuerdo, Jesús, decreto.

—Decreta sin embarazo.
—Trátame bien.

—Lo prometo.
—¡Gracias, Jesús!

—Un abrazo.

El Semanal, 12 de enero de 2003

El Gafe

Desde que murió el estío
en el Pepé hay mucho lío
y un continuo rifirrafe.
Y es lo que dice el gentío:
aquí hay gafe.

Y no hay pata de madera
ni curación hechicera
que elimine el alifafe.
El rumor se vocifera:
aquí hay gafe.

A la verdad, por cruenta
que sea, no hay quien la mienta
ni la oculte, ni la estafe.
Y la gente lo comenta:
aquí hay gafe.

Un gafe que antes no había,
y del que hoy es utopía
que la Moncloa se zafe.
Se oye un día y otro día:
aquí hay gafe.

No pienso escribir su nombre.
Si lo escribo, a nadie asombre
que mi poema se chafe.
No es culpable y no es mal hombre...
pero es gafe.

El Semanal, 19 de enero de 2003

Epigramas para el nuevo año

Antes de la primavera,
antes que el primer capullo
de amapola de pradera
rompa en roja flor de orgullo,
habrán entrado en el trullo
Otegui y Josu Ternera.

Antes que nazca el verano
y el sol se muestre cruel,
se quedará sin habano,
sin marido y sin banano
la que fue Sara Montiel.

Superado el mes de abril
será Ana Botella edil.
Y ocupará su sillón
en junio, probablemente.
Y mandará a Gallardón
y también al Presidente.

Y entretanto y mientras tanto
Joaquín Sabina —qué espanto—,
sacará un nuevo CeDé.
Y al oírlo, pensaré:
—Cómo me suena este canto.

Y hasta pudiera ocurrir
si la Santa Sede cede,
y se presta a corregir
sus faltas la Santa Sede,
que al fin fuera capturado
el batasuno Setién.
Complicado es complicado...
¡Pero estaría muy bien!

El Semanal, 26 de enero de 2003

«Nunca Máis»

«Nunca máis», «Nunca máis»,
el dineral que os gastáis.

Pescadoires,
marineiros,
pobriños mariscadoires,
pobritiños percebeiros.
No pidáis a «Nunca máis»
ni de un euro un centimiño;
si lo hacéis, les fastidiáis
el festolín y el festiño.

Que ninguno se equivoque,
que todo va para el Bloque.

Mientras el fuel os arruina,
y España entera responde
¿quién esconde
la ayuda que os destina?

El Bloque Nacionalista
os puede dar una pista.

¿Dónde el dinero que manda
España? ¿Dónde el dinero?

Pescador que lo demanda,
busca, busca, marinero.

De Beiras y su garito
el dinero está en el bote.
Para ti, marinerito,
chapapote, chapapote...

El Semanal, 2 de febrero de 2003

Como Azaña

Y Trini, con o sin chupa,
y sin frenillo y sin lupa,
y sin picor de pestaña,
ha dicho sin sentir pupa
que ella va a ser como Azaña.
¡Pobre Madrid! ¡Pobre España!
A la Trini nadie ha dicho
—parece que no es consciente—
que el tópico es un capricho
hueco, vano y deprimente.
Hablar de Azaña hoy en día
—que fue un desastre completo—
es toda una tontería
que no merece respeto.
Muy pobre lugar común,
gilipollez recurrente,
retroprogresía al tuntún,
necedad intrascendente.
¿Azaña?... ¿Quién es Azaña
para adornar la campaña
electoral de Madrid?
Azaña es una patraña
mucho más vieja que el Cid.
Si Azaña es quien Trini tiene
como ejemplo de eficacia...
a Madrid no le conviene

—ni merece— tal desgracia.
Tanta palabra al futuro,
tanto progreso febril,
y no salen del apuro
sin el apoyo inmaduro
de aquella Guerra Civil.
Azaña fue un dirigente
que no dirigió, un pedante,
un perfecto incompetente...
claudicante.
Si Trini a Azaña promete
para ganar votaciones,
¿por qué Gallardón no mete
en su lista, y de paquete,
al conde de Romanones?
Vas de culo con cohete,
Trini, con tus emociones.

El Semanal, 9 de febrero de 2003

No es posible

Quisiera ser concejal
sin salirme del armario,
ni darle un gusto especial
a mi magro antifonario.
¿Es mi proyecto factible?
No es posible.

Quisiera ser concejal
sin cambiar ni un celemín
ni darle un gusto especial
a mi humilde traspuntín.
¿Es mi proyecto plausible?
No es posible.

Quisiera ser concejal
—anhelo que me seduce—,
sin darle un gusto especial
al gusto de Mendiluce.
¿Es mi proyecto admisible?
No es posible.

Quisiera ser concejal
de Trini o de Gallardón
sin darle un gusto especial
al motor a reacción.
¿Es mi proyecto asequible?
No es posible.

Quisiera ser concejal
de Madrid, concejal sólo,
sin darle un gusto especial
a la gente de Zerolo.
¿Es mi proyecto posible?
No. Es terrible.

ABC, 9 de febrero de 2003

La viruela

Leo en nuestro periódico que el mundo occidental hace acopio de vacunas contra la viruela en prevención a un ataque vírico, más que bacteriológico, de los amigos de la Academia del Cine. Que el Gobierno de España ha adquirido dos millones de dosis. Se me antojan pocas vacunas. Con dos millones de dosis no tenemos ni para vacunar a los Bardem. Nuestra juventud, todos aquellos españoles naturales o naturalizados menores de veinticinco años, no está vacunada contra la viruela. La inversión preventiva del Gobierno de España no supera los seis millones de euros. Hago las cuentas y me sale cada vacuna a tres euros. Los Estados Unidos de América han reunido ciento cincuenta millones de dosis, y cincuenta millones los ingleses, y veinte millones los franceses, que además custodian nuestra reserva. No es que no me fíe de los vecinos galos, pero en el caso de que el ataque se produzca, si nuestras vacunas están depositadas en Francia, mucho me temo que nos las birlen. Me dicen los expertos que para mantener la efectividad de las vacunas contra la viruela sin límite de tiempo hay que conservarlas a 20 grados bajo cero. Me figuro que existirá en España algún lugar seguro que presente esa característica. Y me figuro también que para un Estado como el nuestro, adquirir treinta millones de dosis a tres euros la pieza, es decir, invertir noventa millones de euros para prevenir un ataque viral, no escachifolla los Presupuestos. Y en el caso de que así fuera, bastaría con echar mano a las subvenciones y las bobadas que pagamos todos en beneficio de unos pocos, para comprar las vacunas.

La prevención occidental viene de mucho tiempo atrás. El Gobierno de España no se sumó a la conciencia preventiva de los países más avanzados porque tuvimos una ministra de Sanidad bastante gamberra. Con la llegada de Ana Pastor, el Ministerio de Sanidad ha recuperado su lugar y su sentido, pero no se pueden comprar diez millones de vacunas contra la viruela en una tienda. La adquisición y acopio de dosis contra la viruela necesitan planificación previa y tiempo para el suministro. No me atrevo a discutir con los expertos, pero creo que dos millones de dosis son poquísimas, muy inferiores a las posibilidades de ser atacados por la imagen que presidía el bello trino de Marina Rosell o por el sonriente general vibrantemente aplaudido en Bagdad por esa cantante tan simpática cuyo nombre no recuerdo. También ellas, llegado el caso, tienen derecho a ser vacunadas para que puedan seguir cantando y aplaudiendo respectivamente a los tiranos iraquíes. Así que si tenemos que reunir noventa millones de euros hay que empezar por hacer cuentas. ¿Qué es más importante, la viruela o las obras que subvenciona con nuestro dinero Alicia Moreno? Pues le quitamos el dinero a Alicia Moreno y a los payasos del «Animalario» y con el permiso de Ruiz-Gallardón abrimos la hucha. ¿Qué es más importante, la viruela o las chorraditas culturales de Miguel Ángel Cortés? Pues le reducimos los presupuestos a Miguel Ángel Cortés y llenamos un poco más la hucha. Y así, hasta conseguir noventa millones de euros y tener cubierta la seguridad —al menos en lo que a la viruela se refiere— de los ciudadanos españoles.

Porque dos millones de vacunas se terminan muy pronto. Hagan la cuenta. Las familias de los ministros, de los dirigentes del PP, de los del PSOE, de los diputados y senadores, de Llamazares y Madrazo, de los gobernantes autonómicos, de los miembros de las altas instituciones, de los académicos del cine, de los Bardem, de los responsables de conceder las subvenciones, de los sindicatos, de los críticos de la SER, de Imanol Uribe, de Aitana Sánchez-Gijón, de Marisa Paredes, de Juan Diego, de ídem con el Botto detrás, de Echanove, de Ana Belén y de Guillermo Toledo. Hagan cuentas. Nos hemos quedado sin vacunas. Y hasta aquí hemos llegado. Tururú.

El Semanal, 16 de febrero de 2003

Cosillas

Lo que quiere hacer en Álava
el vasco nacionalismo,
se llama indecente malaba-
rismo.

Ha dicho que no Garzón
a la guerra; que él apoya
a Sadam sin discusión.
En la próxima edición...
gana un Goya.

La ministra de Asuntos Exteriores
se viste con desgana a todas horas,
y asusta de mañana a los señores,
y asusta por la tarde a las señoras.
Pero por más que asusta,
ella se viste así, porque le gusta.

Con denodado empeño
ha conseguido a trancas y barrancas
Simancas su gran sueño.
Que conozca el votante madrileño
que existe un tal Simancas.

Entre León de Aranoa,
los éxitos de Chenoa,

las caderas de Bisbal
y la victoria de Ainhoa,
navega con alta proa
el orgullo nacional.

Donde haya un estercolero,
estará buscando votos
la gente de Zapatero.

ABC, 23 de febrero de 2003

Otra de lo mismo

Hoy se ha levantado —de la cama, claro— el líder socialista Rodríguez-Mocasines con ilusión vespertina. Nueva manifestación en Madrid. Ahora de «Nunca Máis». Otra de lo mismo. Va a compartir pancarta con los de BNG, Llamazares, los nacionalistas vascos, todos ellos portando ejemplares de *Egunero*, y los del cine. También con Pepiño Blanco, que es de «Nunca Máis». Mil doscientos autobuses, con lo que cuesta poner en marcha a mil doscientos autobuses. Y los gritos serán los mismos. Se iniciarán con insultos al Gobierno por lo del *Prestige*, como si el Gobierno fuera el armador del buque, y se terminarán con el «No a la guerra». Banderas republicanas y oriflamas carmesíes. Ondeará alguna del colectivo gay, esa que quiere izar en la plaza de Colón el tal Mendiluce para sustituir a «la polémica bandera de España». Lo que tiene de mal parlamentario lo suple Mocasines con su dominio en el manejo de las pancartas. Y también estarán los Bardem, faltaría más, al menos cincuenta de ellos, los más representativos. Quizás, Ana Belén, que termina de cobrar de Ruiz-Gallardón varios centenares de miles de euros como musa de Madrid. O se está con Ana Belén o se está contra Ana Belén, pero no hay termino medio. Mil doscientos autobuses no los alquilaba ni la Secretaría General del Movimiento para llevarle a Franco manifestantes a la plaza de Oriente. Probable, pero no segura, la presencia de Aitana Sánchez-Gijón. Y muy posible, pero no confirmada, la de Alicia Moreno, que es la encargada de entregar el talón de los cientos de miles de euros a Ana Belén. O se está con Ana Belén, repito, o se está contra Ana Belén. Mocasines en su salsa, que es la calle y no el Parlamento. En el Congreso el bigotes le arrea, y Mocasines sufre. Por eso ha dicho que la legitimidad popular está en la calle y que el Partido Popular tiene que hacer caso a la calle y no a las urnas. Madrid invadido, Madrid atropellado, Madrid, garaje de autobuses alquilados, Madrid de Ana Belén. O se está con Ana Belén o se está contra Ana Belén, no recuerdo si lo he escrito con anterioridad. *Egunkaria* en el ánimo de los manifestantes. Sesenta millones según la organización, setecientos mil según la delegación del Gobierno. Llamazares emocionado y serio: «Los he contado uno a uno y hemos sido cuarenta y cinco millones, un "nunca máis" más o un "nunca máis" menos.» De golpe el grito que justifica la manifestación: «¡Bush, asesino!» Empanada a la gallega, con Bush entre los mejillones y el galipó, que en *Egunkaria* se escribe galipó y no chapapote. En último caso, «txapapote», que suena a alias de etarra. Junto a Mocasines y Llamazares estará Beiras. Y la Trini, y Simancas, y Marisa Paredes, y Sabina, y Ramoncín, estos dos últimos en el apartado de intelectuales. Más banderas republicanas, quizás en honor de Jeb Bush. Y Gabilondo, Sampedro y Margarita Robles. Lo que no habrá es militares, que están en Galicia limpiando el galipó, ni muchos pescadores y marisqueros, afanados en limpiar sus costas sin percibir un euro. Los euros para las manifestaciones y las compañías de autocares, que les ha tocado el gordo. Definitivamente serán cincuenta millones de manifestantes según los convocantes y ochocientos mil según la Delegación del Gobierno. En la Puerta del Sol, Ana Belén, la musa de Madrid gracias a Gallardón. O se está con Ana Belén o se está contra Ana Belén, por si cuela. Y finalizados los discursos, banderas rojas y republicanas, Madrid en su tornatrás de sesenta años, Mocasines dirá que ha sido un día grande de la ciudadanía, que ahí está el pueblo y no en el Congreso de los Diputados, que el Gobierno es el culpable de todo y que la solución de España es él, que ya tendrá tiempo para aprender a hablar y tener alguna idea. La calle, mil doscientos autobuses, un dineral manifestado, y Madrid invadido, atropellado y paralizado por la ilusión de Mocasines y sus cineastas. Pero llega al Congreso, y estercola.

ABC, 26 de febrero de 2003

¿Cuándo trabajan?

Los miércoles eran, durante el franquismo, los días de las audiencias en El Pardo. Quizás el español ajeno a la política que en más ocasiones tuvo audiencia con el anterior Jefe del Estado fue el periodista Jesús —Chuchi— Fragoso del Toro, que todos los años recibía el Premio Nacional de Natalidad. Cada año un hijo nuevo, y así hasta veintitantos. Un miércoles por la mañana, Gregorio Marañón Moya presidió tres grupos que fueron recibidos por Franco. Los dos primeros no los recuerdo, pero sirva para el relato que eran la Asociación de Amigos de los Cigarrales de Toledo, y la Junta Directiva de Escritores Gastronómicos. El tercero sí, era el Instituto de Cultura Hispánica. Así que Marañón entró en el despacho de Franco, hizo la reverencia, estrechó la mano, habló y se despidió del Jefe del Estado tres veces seguidas durante el mismo día, y al hacerlo en la tercera ocasión, Franco le miró con socarronería y le preguntó: «Marañón, ¿y usted cuándo trabaja?»

El bueno de Joaquín Ruiz-Giménez, ministro de Franco y hombre de amplias cordialidades, al que Eduardo Manzanos dedicó un delicioso epigrama («hombre de vida devota / ha sido siempre su afán / parecer un sacristán... / Y se nota»), se aficionó en las postrimerías del régimen a ser portador de la pancarta en las manifestaciones prohibidas. Jamás consiguió su propósito. Que la Policía lo detuviera. Detenían a otros, pero a él le dejaban marchar. No obstante, en su prestigioso despacho de abogados el trabajo pendiente se acumulaba, y un ilustre penalista dio en el clavo. «O el bufete o la pancarta. Ambas cosas son incompatibles.»

Las manifestaciones de los últimos días han devuelto la ilusión a los políticos pancarteros. Llamazares está que no se lo cree. Y no digamos Rodríguez Zapatero. Ignoran que los españoles son muy aficionados a manifestarse aunque no sepan de qué va la cosa. Fraga Iribarne se apropió de la muchedumbre que hizo cola en el Palacio Real para rendir homenaje a los restos mortales de Franco. No intuyó que el español es, ante todo, curioso y morboso. Le fallaron las cuentas, y los resultados electorales nada tuvieron que ver con las colas de la plaza de Oriente. Pero se trabajó poco en Madrid durante aquellos días. Bramaba el jefe de Personal de una empresa cualquiera: «¿Y usted por qué llega a la oficina con tres horas de retraso?»; «Porque ayer estuve toda la noche en la cola». Y el jefe de Personal se tragaba el sapo.

Que Llamazares no trabaje apenas importa. Es mejor para España, para su economía, para su salud social y para su inteligencia. Llamazares puede presidir treinta manifestaciones diarias y no se nota. Lo mismo que Javier Bardem, que se manifiesta porque no tiene —de momento— trabajo. Lo de Zapatero es más peliagudo. Rodríguez Zapatero es el líder de la Oposición —nada leal, por cierto—, y su pancartismo obsesivo nos está privando a los españoles del rendimiento democrático de los socialistas. Las encuestas dicen una cosa y en España sale la contraria. En un principio, parece que la afición a las manifestaciones de Zapatero le está reportando beneficios. Esa calle, esa sabia y mentirosa calle. Pero mucho tiempo dedicado a la pancarta lleva al precipicio. Es más divertido presidir una manifestación con actrices y cantantes que preparar un discurso parlamentario. Más conmovedor sentirse rodeado de grímpolas republicanas y estalinistas que encerrarse en su despacho, llamar a Pepiño Blanco y Jesús Caldera y plantear la estrategia de un debate en el Congreso. Y al final, pasa lo que pasa. Que sale al encerado, como en la vieja escuela, y se queda pegado a su ignorancia. Que ésa es la pregunta que habría que formularle a Zapatero: ¿Y usted cuándo trabaja?

ABC, 2 de marzo de 2003

La bandera

A doña Trini, por la que siento una gran simpatía, no le gusta la bandera de España que ondea en la madrileña plaza de Colón. No ha llegado a calificarla de «polémica» como su aspirante a socio Mendiluce, pero no termina de comprender su significado. Se lo podrían explicar, y además con brillantez y tino, algunos compañeros de partido con mucha más experiencia que ella. Quizás el presidente de Extremadura, Juan Carlos Rodríguez Ibarra —admirable su «Tercera» sobre los nacionalismos excluyentes—; el presidente de Castilla-La Mancha, José Bono; el alcalde de La Coruña, Francisco Vázquez, y algunos más. Doña Trini, que es moderna, cree que los desafectos a la bandera de España garantizan progreso, cuando en realidad lo que determinan es trasanteayer superado. Tampoco tiene toda la culpa, porque la indefinición socialista ante el concepto de España no ayuda a las claridades. Se cierra un periódico etarra y los socialistas de San Sebastián se unen a Otegui y Arzallus para protestar por el atropello. Ahí estaba, en la manifestación de La Concha, la chica Zabaleta representando a Odón Elorza. Y Pascual Maragall, en Cataluña, se declara totalmente partidario de *Egunkaria*. Y en Galicia, Francisco Vázquez es desoído, y sus compañeros de partido se unen con ardor a los nacionalistas gallegos de Beiras. Y Caldera opina en cierta ocasión que «esa bandera de España de Colón origina enfrentamientos». Y claro, doña Trini cae en la trampa de la confusión y suelta la tontería.

Lo que es España y el respeto que merece su simbología lo puede estudiar en los comportamientos, actitudes y palabras de muy fundamentales socialistas. Socialistas, por otro lado, cultivados, y además de ello, con una larga experiencia en la gobernación y la política. Mendiluce, el ayer socialista y hoy «verde», ha ido más allá que doña Trini y ha prometido que, en el caso de obtener una concejalía en el Ayuntamiento de Madrid, luchará por arriar la «polémica» bandera para sustituirla por la enseña gay. Y nadie le ha dicho que además de una gilipollez, lo suyo es de juzgado de guardia, además de electoralismo barato y pipa, o bardaje, o nefandario, o monflorita, o mariconzuelo. Dice representar a los homosexuales y les niega de principio su derecho a sentirse españoles, como si tuvieran algo que ver los culos con las témporas.

Doña Trini no ha llegado a tanto, pero sus reconocidas intenciones justifican los recelos. No tiene edad doña Trini para llevar sobre sus hombros la caspa del resentimiento. Doña Trini ha crecido en una nación libre y democrática con una Constitución, un sistema y unos símbolos comunes que amparan su libertad. Considerar que es aliciente electoral retirar la bandera de España de la plaza de Colón es una estupidez que me desconcierta en quien nada tiene de estúpida.

Esa bandera representa a una nación, y no a un nacionalismo. Nación es la que abraza a todos los suyos y a todas sus culturas, no la que excluye por motivos étnicos, raciales o culturales. Nación es el conjunto de pueblos que se reúnen desde la Historia y respetan las peculiaridades de los demás. Decir nacionalismo español es un contrasentido, porque el nacionalismo es túnel por horizonte, regodeo de aldea, exclusión de ombligos ajenos e imposición de culturas locales. Nación es otra cosa, más grande, más amplia, más generosa y más rotunda. Y esa nación, ese Reino, España, tiene una bandera. Y en la capital del Reino existe una plaza que resume en su nombre lo que España ha significado para sí y para el mundo. Y en esa plaza ondea una hermosísima bandera que a mí se me antoja pequeña para lo que esa bandera representa. Y doña Trini nos la quiere guardar en el armario del que ha salido recientemente Mendiluce. Pues no, doña Trini. En su partido tiene algunos magníficos profesores. Acuda a ellos, siéntese en el pupitre y aplíquese.

Inédito

Lo de más es lo de menos

A la mujer de Mas, Blas
la visita por demás,
y según propios y ajenos,
para la mujer de Mas
lo de Mas es lo de menos.

CARLOS CANO, siglo XIX

Luce cuidado tupé,
tiene los ojos serenos,
y sufre como un bebé
porque en la calle se ve.
Lo de Mas es lo de menos.

A cobijo de Pujol
rayos salva y no oye truenos.
¿Maragall? Es un farol.
¿Fernández? Un español.
Lo de Mas es lo de menos.

¿Carod Rovira? Un lunático
que busca votos ajenos.
¿Piqué? Bastante antipático.
Yo soy el más emblemático
por lo Mas y por lo menos.

NACIONALISMOS

ABC, 12 de noviembre de 1999

La huelguita

Otegui y un reducido grupo de colegas se han sumado a la supuesta huelga de hambre de una veintena de presos etarras. El apuesto líder de Euskal Herritarrok se ha encerrado en la sede del Parlamento vasco para llevar a buen fin una huelguita de seis días. No le vendrá mal porque presenta unas cocochas considerables. Seis días pasan pronto y unos kilitos de menos siempre se agradecen. Pero la gente es mala y desconfiada, y ha interpretado de forma sectaria los bultos que se adivinaban en su equipaje de encierro. La verdad es que Otegui se ha llevado hasta el Parlamento vasco más maletas que las que movía Imelda Marcos cuando viajaba a Nueva York. La ciudadanía no sabe valorar los actos heroicos de sus líderes y hace mofa de los arranques y arrebatos ejemplares. «¿Qué lleva en la bolsa / amén de una muda / por si Otegui suda / en su paripé? / Pues lleva jamones, sardinas, cocochas, / tres kilos de pochas, / atún y paté.»

Otegui no entra en mi círculo de amistades, y por ello me considero incapaz de valorar su sentido de la higiene. Suponiendo —que es mucho suponer—, que Otegui se cambie de calzoncillos y camisa a diario, tendríamos que contar con doce piezas de muda. Seis calzoncillos y seis camisas. Poco volumen para tanta maleta. La bolsita con los cachivaches del aseo tampoco abulta en exceso. Cepillo y pasta de dientes, un tubo de desodorante, un peine —que no precisa, pero lo añadimos por si acaso— y un frasco de colonia. No me salen dos maletas.

«¿Qué lleva en la bolsa / amén de lectura? / Lleva leche pura / de vaca, café, / patatas, chistorra, / chorizo en rodajas / y unas cuantas cajas / de "marrons glacés".» Ahora sí. Ahora el equipaje encuentra su justificación y contenido. Porque una huelga de hambre sin comer nada es un auténtico tostón. Los libros ocupan bastante sitio, pero no presiento en Otegui a un devorador de páginas. Y los pantalones vaqueros y un par de jerseys tampoco exigen el uso de un baúl. El chándal, sí. Un buen chándal, forrado en su interior y almohadillado en la zona del nalguerío, necesita de bastante espacio. Así, como en el soneto de Lope de Vega a Violante, como quien no quiere la cosa, hemos llenado ya una maleta. Falta la segunda.

Seis días se hacen largos, y hay que entretenerse. Un tablero de parchís, las fichas, los dados y los cubiletes. No vamos mal. Máquina fotográfica para perpetuar la hazaña. Se admite la máquina. Se me había olvidado incluir entre los objetos de aseo personal la espuma de afeitar y la maquinilla. En caso de que sea eléctrica, presenta más volumen que tratándose de una maquinilla normal. El móvil. Me había dejado el móvil en el tintero. Pero el móvil se lleva en un bolsillo, no en la maleta. O sea, que de móvil, nada. ¿Figuras de Lladró? Todo es posible, pero a una huelga de hambre de seis días no se llevan las figuras de Lladró, que además son valencianas. ¿Botellas de chacolí? Ahí sí que he dado en la diana. Al menos una caja. Ya tenemos la segunda maleta a medio llenar. Rechazamos las figuras de Lladró y añadimos las botellas de chacolí. Y una de orujo o de pacharán, que tanto ayudan para hacer bien la digestión. Porque la fruta y los yogures no cuentan. Y ha quedado Atucha en que se los sirvan a diario, para evitar que se pongan en malas condiciones. Con la fruta y los yogures no se juega, que luego vienen las colitis y las correntías, y eso fuera de casa se lleva bastante mal.

Más o menos hemos llenado las dos maletas de la huelga de hambre. Superada, pues, la curiosidad inicial, acudamos al brutal desenlace. También en forma de coplilla: «Si dura diez días / la huelga *abertzale* / Otegui nos sale / con faja y corsé. / Y con el trasero / y con los andares / y con los pesares / de la Caballé.»

ABC, 1 de febrero de 2001

Peor que Judas

Recientemente, el arzobispo de Pamplona-Tudela, monseñor Fernando Sebastián, pedía a la sociedad que les permitiera a los obispos utilizar su lenguaje. El lenguaje de los obispos es muy peculiar, porque no siempre vuela entre cobardías, eufemismos y ambigüedades. Cuando hablan del aborto se les entiende a la perfección, porque su postura es clara y contundente. Con el terrorismo se elevan, miden cada palabra, calculan las equidistancias, se someten al corporativismo y hacen gala de una prudencia que sólo puede ser interpretada desde la cobardía o la perversidad. Algunos han pedido perdón, pero la Iglesia, que tanto del perdón habla, es muy resistente a predicar con el ejemplo. Y no mencionemos el propósito de enmienda, que en algunos casos es un despropósito clamoroso. Bueno sería que la Iglesia recibiera de sus fieles el mismo trato que otorga, y que éstos, hartos de tantos escándalos, tristezas y decepciones utilizaran el particular lenguaje del descontento privándola del voluntario porcentaje de sus impuestos.

Tres párrocos se han negado a oficiar una misa funeral por el alma de un feligrés asesinado por la ETA, de una víctima del terrorismo. Tan inconcebible impostura, tan repugnante actitud, no ha merecido respuesta alguna de las autoridades eclesiásticas. Entre los que negaron oración, Eucaristía y sitio al recuerdo de Gregorio Ordóñez, un padre jesuita. Ello ha animado al reverendo padre Ignacio Echarte, provincial de Loyola y superior de los Jesuitas en el País Vasco y Navarra, a enviar al resto de los provinciales de España una carta en la que explica y justifica la «cristiana» actitud de la

Universidad de Deusto. El argumento principal es que se trataba de un acto rechazable por «su carácter partidista».

En la carta afirma el padre Echarte que «si bien se trataba de una celebración litúrgica, en realidad era un acto del Partido Popular, y a ninguna sigla política se cede el uso —en este caso la capilla— de los espacios universitarios».

Esta afirmación peregrina ha merecido la respuesta de la hermana de Gregorio Ordóñez, que ha calificado con acierto al provincial Echarte de «sinvergüenza». «Nadie del PP solicitó la misa, fui yo, la hermana de un asesinado, quien lo hice, por ser quien lo tiene que hacer.» Está claro que a un funeral por el alma de Gregorio Ordóñez, católico practicante y ejemplar, teniente de alcalde del Ayuntamiento de San Sebastián por el Partido Popular, asistieran compañeros de su formación política. No pretenderá el padre Echarte que al funeral de Gregorio Ordóñez se sumen entusiasmados y devotos sus asesinos y los cómplices de éstos. La sandez del provincial de Loyola queda ridiculizada por la fuerza de su cínica crueldad.

El padre Echarte es el responsable de la situación de confinamiento en Loyola del jesuita navarro Miguel María Sagüés, el último preso político de España. El padre Sagüés publicó en *El Diario Vasco* de San Sebastián un comentario titulado «Los silencios de monseñor Setién» en el que decía: «No me importa nada mi destierro si ello vale para que otros coreen de cien maneras lo que callan los obispos.» Y más abajo, refiriéndose a su obispo donostiarra: «Nunca le hemos leído u oído reprobar a Herri Batasuna. Mientras los batasunos —reprimidos o protegidos por la Ertzaintza— corean sus consignas de odio y de política, Setién no saca más sigla que el extinto GAL cuando pretende hablar de la creciente violencia actual. Sus expresiones huecas abundan. Repito que los de Herri Batasuna están a una cuadra de las ventanas de monseñor; de sobra se ve su enlace ideológico, y afectivo, y activo con la ETA. Pero se diría que no se atreve ni a pedirles delicadamente que no ejerzan la violencia verbal contra los silenciosos de Aldaya. ¿Se puede llamar a eso condenar adecuadamente al terrorismo como insinúa monseñor Yanes? ¿Tiene noticias Yanes de los afanes de Setién —desde 1985 y aun antes—, de sacrificarse como "condottiero" del pueblo vasco, mayores que los de predicar íntegra la moral cristiana?» (febrero de 1996).

Como consecuencia de esta carta abierta, el padre Echarte, siguiendo instrucciones de José María Setién, confinó en Loyola al padre Sagüés, prohibió que fuera visitado, ordenó que no atendiera llamadas del exterior y le recordó, como jesuita, su voto de obediencia. Hoy, el padre Sagüés, con más de ochenta años de edad, pasea por el huerto del solar de Ignacio mientras espera la hora de su descanso. Es, insisto, el último preso político de España, obediente de su carcelero, el provincial Echarte.

Otro sacerdote jesuita, el padre Antonio Beristain, sabe también cómo se las gasta el cínico Judas de Loyola. El 17 de diciembre de 1997, el padre Beristain publicó un artículo en *El Diario Vasco* con el título «El Papa y las víctimas del terrorismo». En su texto recordaba la exigencia de Su Santidad de estar al lado de los que sufren, y formulaba una serie de preguntas que dejó sin respuesta: «¿Por qué la Iglesia vasca nunca ha condenado el terrorismo de ETA prescindiendo de la política gubernamental estatal? ¿Por qué nunca se ha manifestado en favor de las víctimas del terrorismo de ETA? ¿Por qué no ha hecho públicamente algo en favor de esas víctimas? Si el Buen Samaritano fuese obispo en el País Vasco —concluía el padre Beristain—, escribiría una carta pastoral sobre la tragedia de cientos de víctimas inmediatas de ETA y miles de sus víctimas inmediatas.»

Días después de la publicación del artículo, el provincial Echarte escribe al padre Beristain: «Querido Antonio: En nuestra entrevista del 5 de noviembre pasado, hicimos un pacto de honor por el que te comprometías a actuar en estos casos en conformidad con la actual ordenación sobre escritos que exige la previa licencia del superior. Creí que la mutua palabra dada era suficiente, pero ahora constato que debo intimarte esa obligación por escrito. Como es la primera vez que, desde entonces, actúas así, confío en que en adelante no volverás a hacerlo. Si así lo hicieras, me sentiría obligado a adoptar claras y serias medidas de gobierno, por tu propio bien y para bien de la provincia y de la compañía. Por ello determino lo siguiente: 1. En el período de una semana escribirás una carta personal al señor obispo retractándote de tus afirmaciones hechas públicas en el día de hoy. 2. En el futuro no podrás tener ninguna comunicación con los medios de comunicación social (televisión, radio, prensa escrita...) sin el permiso expreso y por escrito de tu superior mayor.

Siento tener que tomar esta decisión tan drástica y fuerte, pero considero que es necesaria para que podamos contribuir como jesuitas y hombres de Iglesia a construir la paz entre todos nosotros. Siempre dispuesto a comentarte lo que consideres, quedo a tu servicio. Ignacio Echarte S. J. Envío copia de esta carta al padre Luis Lacabe.»

Creo que todo está dicho. Ya conocemos al padre Echarte. Duele la figuración afligida de cada tumba, de cada memoria y cada muerte. Duele y nos hace llorar que, por culpa de esta cobardía, complicidad y en algunos casos perversidad de las autoridades de la Iglesia, se oigan los lamentos de tantas víctimas del terrorismo de la ETA. Unas voces hacia arriba, desamparadas y afligidas, que gritan lo mismo que Cristo en la Cruz: *«Eli, Eli, lamma sabachtani.»* «Dios mío, Dios mío, ¿por qué me has abandonado?»

Judas encontró su árbol para aliviarse de sus traiciones. Los árboles de la Iglesia vasca, sólo sirven, como Arzallus reconoció, para recoger los frutos que caen cuando los etarras los menean.

Pero yo sigo siendo cristiano, y católico y creyendo en Dios.

ABC, 11 de febrero de 2001

El pingüino

Me lo temía y lo escribí una semana atrás. De nada servirán las críticas valientes a la intolerable actitud de los grandes y silenciosos cocineros vascos ante el asesinato de un compañero, mientras en su despreciada y rentabilísima capital de la meseta impere el papanatismo y la cursilería. Allí estarán todos. Me refiero al almuerzo que se celebrará en el Hotel Ritz de Madrid el próximo jueves 22 de febrero, y al que asistirán encantados de la vida y de sus kiwis los miembros de la Academia de Gastronomía. La obra de arte culinaria será realizada por doña Elena Arzak, del restaurante donostiarra de su mismo nombre. Les adelanto el menú, que se compensará con la módica cantidad de quince mil pesetas por buche: «Ensalada de carabineros con yogur de guindilla y pergamino de arroz.» Buen principio. Lo del pergamino de arroz me intriga sobremanera, no tanto el yogur de guindilla, que es el yogur por excelencia. «Lomo de merluza confitada con vieiras, escaramujo con almendras y ceniza de puerro.» Maravillosa composición, dulce sinfonía de gilipolleces que alcanza su máximo esplendor con la ceniza de puerro, que es la ceniza más valorada en el mercado de cenizas, especialmente si se sirve con un escaramujo, que, según la RAE, es una especie de rosal silvestre con tallo liso y aguijones alternos, flores encarnadas y un fruto aovado y carnoso que no se ha comido nadie hasta que han llegado esta pandilla de horteras innovadores. El tercer regalo merece una atención especial: «Ave de invierno —será un pingüino—, con «gelée» templada de verduras y tomate asado.»

La «gelée» templada es como el fuego frío, pero me interesa menos esa tontería que la del «ave de invierno». Por quince mil pesetas lo menos que se puede exigir es una información aproximada respecto al ave que con «gelée» templada o sin templar se mete el comensal por el buzón. Porque ave de invierno es el pingüino, pero también el cuervo, la urraca y hasta el tucán, depende de dónde se manifieste el invierno. Pero lo mejor se nos presenta en el primer postre: «Pastel de Idiazábal, dulce de "errezila" con aceite de perejil y avellanas partidas.» Después de agradecer el esfuerzo de la artista de partir las avellanas y sacar aceite del perejil, bueno es indagar en qué consiste el tal «errezila». En principio suena a voz vascuence, pero no puedo asegurarlo. En el *Diccionario Vasco-Español-Francés* del presbítero Resurrección María de Azkue, cofundador y presidente de la Academia de la Lengua Vasca desde 1919 hasta 1951, además de profesor de vascuence [sic] en el Instituto de Bilbao y doctor en Teología, «errezila» no consta como término aceptado. Sí «errezela», que quiere decir «cortina de cielo en la cama» —en cristiano, dosel—, y «errezelo», que es «ataque, indisposición o fiebre». De tan alta autoridad se deduce que el dulce de «errezila» no es otra cosa que un flan de dosel o una tarta de fiebre, lo que, a mi modesto entender, no autoriza la compensación de su sabor por quince mil puñeteras pesetas. Una tarta de fiebre o un pastel de dosel, después de haber engullido o ingurgitado un pergamino de arroz, un escaramujo, unas cenizas de puerro, una pechuga de pingüino con «gelée» templada, y unas avellanas partidas, tiene que costar muchísimo más, porque los cursis no tienen límite para hacer el ridículo. El resto de los postres, en exceso sencillos: «Canutillos de membrillo y nuez con aceite de vainilla —reparen en la facilidad que tiene la artista en conseguir aceites, ora de los perejiles, ora de las vainillas—, chocolate ahumado envuelto en crema y helado de levadura y cáscara de mango.» Una lástima que no me hayan invitado, porque la ilusión de mi vida es la de probar la cáscara de mango.

Así que ya lo sabemos. Sólo nos resta acudir el próximo jueves 22 de febrero al Hotel Ritz —que no tiene culpa de nada—, y apuntar en una agenda los nombres y apellidos de todos los cursis y papanatas que colaboran, con su complejo de inferioridad, con esta estúpida humillación. ¡Qué falta de firmeza y de criterio!

Tiempo, 12 de marzo de 2001

Exterioruak

La influencia internacional del PNV aumenta cada día que pasa. Además de al choricete de Cossiga, han conseguido un importante apoyo en los Estados Unidos, al que me referiré más adelante. Con anterioridad a la escisión de Garaicoechea y su Eusko Alkartasuna, y siendo *lehendakari* el apuesto y medroso nacionalista navarro, el Palacio de Ajuria Enea vivió una jornada de esplendor internacional. Corría el año de 1981, y por junio era. El *lehendakari* Garaicoechea recibió solemnemente en Vitoria a Osaguiefo Kuntinaku II, omán de la región ghanesa de Akimbakabwa. No es broma, y para eso están las hemerotecas. El Gobierno vasco publicó una nota oficial en la que se notificaba que «el *lehendakari* Garaicoechea recibió en su residencia oficial de Ajuria Enea a Su Majestad el Rey Osaguiefo Kuntinaku II, Omán del Estado de Akimbakabwa de Ghana, aprovechando la visita de una representación comercial de ese país». En efecto, su majestad Osaguiefo Kuntinaku II llegó a Ajuria Enea con su séquito de diez personas, si bien lo previsto era recibir a dieciocho. Los ocho restantes no acudieron porque se hallaban en situación de detenidos en la gendarmería de Biarritz, al ser sorprendidos la noche anterior haciendo trampas en la ruleta del casino municipal. Celebrada la fundamental e importante visita de Estado, al Gobierno vasco se le olvidó resumir a la prensa y a los medios de comunicación —muy interesados en el asunto— los pactos y acuerdos alcanzados entre el *lehendakari* Garaicoechea, su majestad Osaguiefo Kuntinaku II, la Consejería de Industria y la representación comercial de Akimbakabwa. Una lástima, porque visitas de esa índole no se producen todos los días. El primer acuerdo económico, no me cabe la menor duda, tuvo que ser el adelantar a su majestad don Osaguiefo de Akimbakabwa la cantidad suficiente para pagar la fianza de sus ocho compañeros detenidos.

A raíz de esa impactante alianza internacional, el PNV montó su servicio de *Exterioruak*, que ya empieza a dar sus frutos. Prueba de ello es la gestión que está realizando, cerca del presidente Bush, el secretario de Estado del gobierno estatal de Idaho (USA), Pete Cenarrusa, para que el presidente de los Estados Unidos medie en el «problema» del País Vasco. De todos es sabido que Pete Cenarrusa es uno de los políticos con más fuerza de la gran nación americana y que su edad, 83 años, garantiza una acción de futuro tan clara como prometedora. Entre Cossiga, que se hace pis en los pantalones, y Cenarrusa, que se lo hace en todas partes, el departamento de *Exterioruak* del PNV marcha viento en popa a toda vela, no corta el mar sino vuela, un velero bergantín.

Nada de esto hubiese sido posible de no haber visitado Vitoria en 1981 Osaguiefo Kuntinaku II, de quien nunca más se supo. Parece ser que su majestad, recién llegado a Akimbakabwa después de visitar a Garaicoechea, se encontró sentado en su trono a su hermano Mangalufo Kuntinaku I, que se había autocoronado rey en ausencia de su pariente. Y que Mangalufo, haciendo gala de ese tacto que caracteriza a los monarcas de Akimbakabwa, ordenó pasar por las armas al rey destronado y a sus dieciocho acompañantes, si bien no está confirmado lo de los dieciocho acompañantes, que pudieron ser catorce. Pero esto de Pete Cenarrusa es la leche en bote. Que un gobernante de Idaho se preste a apoyar la política internacional del PNV es noticia que merece la portada del *Time* y de *Newsweek*. El diputado Anasagasti, que asistió a la conversación entre Cenarrusa y Arzalluz, ha manifestado que «en su partido vieron muy motivado al secretario de Estado de Idaho». No especificó en qué vieron muy motivado a Cenarrusa, pero eso son matices sin importancia y ganas de incordiar.

La próxima, a este paso, puede ser la caraba. Se rumorea que Arzalluz ha conseguido, gracias a sus servicios de *Exterioruak*, ser recibido en Groenlandia por Kiljoek Malommoeen, jefe de los pastores de renos de la región de Kurwik. ¡Bravo!

ABC, 10 de agosto de 2001

Lo que es

La concejala de Batasuna en el Ayuntamiento de San Sebastián, Maider Alústiza —no recuerdo su rostro pero estoy seguro de su fealdad—, ha criticado que no se haya contado con su partido para la elaboración del programa de la Semana Grande donostiarra. Según la cernícala, el resto de los representantes municipales quieren dar de San Sebastián una imagen elitista y española. Elitista, lo fue y ya no lo es, y española, por mucho que le duela a la pedorruela, ha sido y lo será siempre.

Si doña Maider precisa de una confirmación, nada mejor que gastar uno de sus días en pasear por San Sebastián y comprobar las hondas raíces españolas de su ciudad. En San Sebastián nació el veraneo, natalicio que comparte con Santander. Más de la mitad de las grandes casas de La Concha y de las villas de Ondarreta recuerdan el paso de las familias madrileñas que las construyeron y habitaron. El Palacio Real de Miramar era el preferido de la Reina María Cristina, principal valedora de la ciudad donostiarra, igual que el de la Magdalena de Santander lo fuera de la Reina Victoria Eugenia, al que llamaba «mi casuca». El hotel más histórico de San Sebastián no se conoce como «Hotel Sabino Arana» sino «María Cristina». Su Teatro es el «Victoria Eugenia», no el «Olalla Castresana». Su club de fútbol, uno de los más queridos y seguidos de España, es la Real Sociedad de San Sebastián. Guipúzcoa está salpicado de «Reales» clubes y sociedades, porque fue lugar elegido por la Corte para pasar los meses del verano. San Sebastián ha sido, durante décadas, la Capital política de España durante el mes de agosto, y allí se han celebrado decenas de Consejos de Ministros. Casi todas las familias madrileñas, barcelonesas y sevillanas que se afincaron en San Sebastián al socaire de la Familia Real bautizaron con nombres vascos sus hogares. Así como Neguri y Las Arenas crecieron con la prosperidad de la industria vizcaína —magnífico retrato el de Antonio Menchaca en sus *Cenizas del esplendor*—, San Sebastián se formó y recreó en sus tiempos dorados gracias a la Corte. Y después de la Guerra Civil, curiosamente, y no precisamente por el rechazo de los donostiarras, Franco estableció de nuevo en San Sebastián la sede estival del Gobierno, el Ministerio de Jornada y el lugar de las vacaciones de su familia. Eran los tiempos en que el dirigente nacionalista Telesforo Monzón bramaba de indignación por los bares de San Juan de Luz por una causa tan *abertzale* y *euskérica* como un pleito nobiliario. Telesforo quería ser marqués y un primo demostró mejores derechos. Ahí se germinó su odio hacia lo español y sus costumbres.

La manifestación cultural-religiosa más arraigada en los donostiarras es la Salve de Réfice, que canta el Orfeón Donostiarra en la iglesia de Santa María del Coro en la tarde del 14 de agosto, víspera del día grande de San Sebastián. Aunque no pudo oírla y disfrutarla, la Salve fue encargada al compositor vasco por la Reina María Cristina, no por la señora madre de monseñor Setién. San Sebastián tiene un Real Club Náutico, un Real Club de Golf y tuvo un extraordinario Real Club de Tenis, en la falda de Igueldo, hoy convertido en ni chicha ni limoná. Más de la mitad de las villas que se encadenan en la subida al monte Igueldo se construyeron a principios del siglo XX por familias de Madrid. Las calles principales de Ondarreta se llaman «Infante Don Juan», «Infante Don Jaime», «Infante Don Gonzalo», «Infanta Cristina» e «Infanta Beatriz» desde mucho antes que nacieran Javier Arzallus o Maider Alústiza. No creo que exista capital en España con más memoria y recuerdos de la Familia Real que San Sebastián, ciudad que fue Corte durante décadas. Y lo mismo sucede en Zarauz, Guetaria, Fuenterrabía e Irún, donde su club de fútbol, uno de los primeros vencedores del campeonato de Liga, responde al nombre de Real Unión.

Cuando las cosas son, resulta imposible intentar que no lo sean. Para borrar la «imagen española» de San Sebastián es imprescindible destruirla. San Sebastián no es española porque así lo quiera su Ayuntamiento. O salta entera por los aires o se mantiene como lo que es y ha sido siempre. A ver si se entera —sólo un breve y detenido paseo— la concejala batasuna Maider Alústiza para que no haga más el burro. O la burra, que lo mismo da.

ABC, 2 de octubre de 2001

Las zapas

Me gustó la nueva imagen de Arzallus en las campas de Salburúa. La ingente muchedumbre que se reunió en el llano alavés para oír lo de siempre, no pudo disfrutar de la magia del detalle. Se lo impedía el atril de la tribuna, púlpito nacionalista de la oratoria. Arzallus llevaba puestas unas novísimas, recién estrenadas, zapatillas de deporte. Blancas como el alhelí más fresco y la nieve más cumbrera. Zapas con cámara de aire y cubretobillos. De buena marca, Adidas o Nike. A Javier Arzallus, que le ha salido todo de su volcán interior, todavía no le había sobrevenido su impulso natural. Abierta la compuerta, fuera las inhibiciones. Y ha roto en hortera de romería.

El hortera de romería pertenece al subgrupo del hortera de campo, que abarca desde el senderismo a la bicicleta de montaña sin olvidar el «rafting», el «diving», el «canoeing» y el «polving camping». Se distingue de éstos en su limitación de escenarios, como se dice ahora. Así como un hortera que hace senderismo —«sendering» o «carrilling»—, y después de pasarlo fatal llega al campamento con su mujer, compañera sentimental, novia fuerte o pareja de hecho con el único objetivo de saldar sus deudas con la naturaleza —el archiconocido «polving»—, está capacitado para formar parte de los horteras de romería, el hortera romero sólo se manifiesta en situaciones muy contadas y elegidas. Un senderista experimentado guarda en su armario toda suerte de zapatos especializados, desde las «tanakas» de relajación y las botas Panamá Jack de supervivencia en la selva, a las gastadas y sufridas zapatillas de deporte. Pero el hortera de romería, que sólo usa de las zapatillas en el día grande del pícnic, acostumbra a estrenarlas en tan señalada jornada, y así se siente más identificado con el ambiente rural y vegetal del acontecimiento. Eso que se llama informalidad. «Oye, y venir informales.»

Arzallus había camuflado, y muy bien, su derivación hacia el hortera de romería hasta el Alderdi Eguna del pasado domingo. En alguna ocasión se presentó vestido de leñador canadiense, que tiene su punto. Otros años, más austero, se limitó a soltar sus chorradas con el polo Lacoste que se compró cuando colgó la sotana. Tenía la dignidad de lo viejo, el color desvanecido por tantos años de detergente. En una ocasión, calzó chapines y abarcas, y alcanzó un sosegado aspecto de pastor antiguo. Le faltó el detalle de llevar, acunado entre los brazos, un corderillo de Idiziábal, pero siempre estará a tiempo de hacerlo. Todo rústico, folclórico y muy de su agrado, pero manteniendo una eficacia estética admirable. Lo de este año ha tirado por la borda la coherencia de un cuarto de siglo. Ha asistido al Alderdi Eguna vestido de propietario de chalé de la sierra de la década de los sesenta. De madrileño de barbacoa el sábado al mediodía. A este paso, en lugar de la autodeterminación, va a terminar pidiendo una bolsa de carbón vegetal.

Arzallus representaba la excepción estética del sacerdote secularizado. Es muy difícil encontrar ejemplos de clérigos entregados a la vida civil con buen gusto en su vestimenta. Eso de que el hábito no hace al monje es una verdad como la ensaimada de Anasagasti. El ex cura y la ex monja tardan años en adquirir lo que el duque de Bedford denominó la «armonía en el atuendo». Parecía que Arzallus lo tenía superado, cuando ha aparecido en zapas en las campas de Salburúa. Le ha sucedido lo que a la nueva rica que enseñando su nueva casa a un grupo de amigos metió el remo al llegar a su cuarto de baño: «Y éste es el water principal.»

Porque de Arzallus se han dicho y escrito muchas cosas, y casi siempre con fundamento y razón. Pero nunca que es un hortera. Y con sus blancas zapatillas de deporte en las alavesas campas de Salburúa, ha adquirido esa condición con derecho a diploma especial y cena de homenaje.

Así no se puede autodeterminar nadie, hortera, pedazo de hortera.

ABC, 29 de enero de 2002

Emocionante

Una noticia inesperada ha desplazado a un segundo lugar en el interés nacional al Congreso del Partido Popular. Se trata de un hallazgo científico que colma las aspiraciones del ámbito vasco de decisión. El descubrimiento y posterior inclusión en el «Catálogo Oficial de Razas Animales de Euskal-Herría» de las dos especies de caballos autóctonos vascos sin mezcla de relinchos ajenos. Se trata del caballo *Pottoka*, que se traduce como «regordete o grueso», y del *Euskal Herriko Mendiko Zaldía*, o «caballo vasco de monte o montaña». El primero se parece al común percherón y el segundo, por lo de la montaña, a Abraham Olano. Con este capital descubrimiento, se enriquece el hecho diferencial de la fauna doméstica vasca respecto a la española, que se inició con la aparición imprevista de la gallina *goli-gorri*, de la vaca *Betizu* (huraña o salvaje) y de la abeja guipuzcoana *(Apis melífera arzallucensis)*, de reconocida miel y peligroso aguijón.

Posteriormente, los científicos asesores de Ajuria-Enea ampliaron sus conocimientos gallináceos y establecieron un nuevo orden cacareante. Partiendo de la gallina vasca, la *Euskal oiloa*, se aceptaron cinco modalidades que cumplían a rajatabla las exigencias avícolas del Pacto de Estella. A saber, la *Beltza* («negra»), la *Gorría* («roja»), la *Lepasoila* («pescuezo pelado»), la *Marraduna* («ruidosa» o «alborotadora») y la *Zilarra* («plateada»). Unos meses después, en un caserío de vocación altozana, los científicos se toparon con una vaca diferente a todas las demás, que inmediatamente mereció ser incluida en el «catálogo de razas vascas». Se trata de la vaca *Monchina* o *Montxina*, que no significa nada excepto que fue avistada en un caserío cuyo propietario se llamaba «Monchi» o «Montxi», diminutivo de Ramoncho o Ramontxo, es decir, Ramón. De ahí que a la vaca *Montxina* se la conozca popularmente como la «Ramona», que no es muy científico, pero sí bastante eficaz. La «Ramona» es vaca de grandes tetas y mirada triste, al contrario de la *Betizu*, de ubres menguadas, generosa en carnes y muy alegre en el trato personal.

También se aprecian diferencias estimables entre los dos caballos autóctonos vascos. El *Pottoka* o «regordete», es fuerte, tranquilo y muy reservado en su manera de ser. Para que un *Pottoka* relinche, tiene que estar de muy mala leche. Al revés que el *Euskal Herriko Mendiko Zaldía* o «caballo vasco de montaña», que es ágil, nervudo, de pelo áspero y muy comunicador. Se dice (aunque no se ha demostrado científicamente por ahora) que en las granjas en las que coinciden gallos y gallinas *marradunas* y caballos *Euskal Herriko Mendiko Zaldía*, en las mañanas primaverales, mientras las primeras ponen sus huevos y los segundos descansan de sus correrías, cantan al unísono bellos y entonados zorcicos, ejecutando las primeras voces las gallinas y las segundas, los caballos. El *baserritarra* del caserío *Zubimendi*, cercano a Oyarzun, asegura que sus *marradunas* y sus *Euskal Herriko Mendiko Zaldías* dominan a la perfección el *Agur Jaunak*, el *Chiquito de Arigorri* (fragmento del *Caserío* de Guridi) y el *Boga, Boga, mariñela*, si bien, en esta última composición, reconoce que dos o tres gallinas *marradunas* sueltan algún gallo en los agudos. Cuestión de paciencia y más interés durante los ensayos.

En los primeros días de enero de este 2002 que nos ocupa y ampara, el diario *Deia* publicó a doble página otra noticia sensacional. La confirmación de la existencia del cerdo autóctono vasco, el *Euskal herriko txerdi*, o *Euskal herriko kutto-kutto*. No obstante, aún no han sido incluidos los cerdos autóctonos vascos en el catálogo general por motivos de diferencias de criterio entre los propios científicos, naturalistas y expertos responsables de su elaboración.

Para unos, el cerdo autóctono vasco es una realidad incuestionable y sólo puesta en duda por los enemigos del nacionalismo. Para otros —cesados fulminantemente por Josu Jon Imaz—, la clasificación del cerdo autóctono vasco no corresponde a los naturalistas y zoólogos, sino a los sociólogos. Se confía, no obstante, que en la próxima reunión, los tiquismiquis sean superados y los cerdos de raza vasca —cerdos y cerdas, diría el *lehendakari*— puedan ingresar tranquilamente en el *Gotha* de la fauna doméstica vascongada.

Celebremos todos la emocionante y gran noticia.

ABC, 29 de marzo de 2002

El paseo

No hay en España un paseo como el de La Concha en San Sebastián, que se une al malecón de Ondarreta superado el Pico del Loro, frontera entre las dos playas de la bahía donostiarra. Tranquilamente, a paso lento y deteniéndose de cuando en cuando para admirar el paisaje, se puede recorrer toda la tenaza de la bahía en menos de una hora. Desde el Peine de los Vientos del felizmente recuperado Eduardo Chillida, anclado en la proa rocosa del monte Igueldo, hasta el muelle de pescadores escondido en la falda del monte Urgull. Paso a paso, la bahía paseada cambia sus perfiles, y la isla de Santa Clara, que es popa tosca y culona desde el malecón del Tenis se hace alargada y esbelta, como una nave verde de eslora larga y navegante a la altura de la rampa de Miraconcha. El malecón de Ondarreta se disfruta flanqueado por sus jardines, con sus viejos tamarindos y sus macizos de flores en las plazoletas, la de los bancos de los besos nocturnos, la de la Reina Cristina y la llamada «de los coches», por motivos que no escapan a mis años vividos en San Sebastián. De ahí, el paseo se empina y busca el túnel de Miramar, con el Palacio Real presidiendo el espectáculo de la bahía. Desde allí, en una mañana gris cimarrona del veraneo antiguo, la Reina María Cristina descubrió con la imagen temblona de sus prismáticos a un grupo de conocidos veraneantes practicando el nudismo en la isla de Santa Clara, y ardió Troya. Lo cierto es que no ardió nada de nada, pero aquel verano se gastó en identificar a las osadas parejas que habían roto el invisible hilo de armonía que unía la diminuta playa de Santa Clara con los prismáticos de la Reina Madre, que encontró en San Sebastián el bálsamo de sus melancolías austriacas. Nadie supo los nombres de los nudistas y se apuntaba bastante alto, a un príncipe, a un duque y al hijo de un conservador y seco gobernante. En el parque del Palacio, hoy público, también puede detenerse el paseante afortunado para regalarse el prodigio de la bahía.

Y si reanuda sus pasos, ya Miraconcha superada, con Villa Almudena y Villa Esperanza vencidas a estribor, alcanza el paseante la zona de los hoteles, con el De Londres y de Inglaterra mandando sobre todos los demás, ya en las inmediaciones de los jardines de Alderdi-Eder, el edificio del Casino, que es el Ayuntamiento, y suspendida sobre la mar, la nave varada del Real Club Náutico de San Sebastián. De allí al muelle, apenas unos pasos, que pueden alargarse rodeando el Paseo Nuevo, los acantilados de las olas rompientes de las galernas, y llegar hasta el malecón de la barra, con el vivero y el acuario. Desde ahí, Santa Clara eclipsa al monte Igueldo, y Ondarreta se esconde, cuando la marea es alta, al socaire del Pico del Loro, mientras La Concha se presenta como una fina lengua dorada que suena a espuma. El paseo de punta a punta de San Sebastián es un placer difícil de ser vencido.

No todos los donostiarras pueden disfrutarlo. Es un placer abierto, pero no libre. Conozco a muchos que el lujo de la soledad no les está permitido. Prefieren renunciar a la maravilla de su ciudad a tener que pasearla rodeados de escoltas y vigilancias. Entre éstos no se encuentra ningún político nacionalista, que a nadie ni nada temen. Pero otros, populares y socialistas, saben que tienen prohibida la soledad preciosa de sus paseos. Todos los populares y no todos los socialistas. Libre, sin escolta, despreocupado de todo, con la vida asegurada, el señor alcalde de San Sebastián, Odón Elorza, disfruta de su ciudad. La serpiente cuida y respeta su vida. Y él, emocionado, corresponde al detalle y lo agradece con pública generosidad.

ABC, 5 de abril de 2002

El zorcico de Brandeburgo

«Que me pongan inmediatamente con Drácula.» La secretaria de Javier Arzallus dejó caer por las dulces lomas de sus pómulos dos perlas de lágrimas heridas, eso que el poeta Virgilio figuró como el «rocío amargo de la despedida». La secretaria de Arzallus, asumida la petición de su jefe, pensó que se había vuelto definitivamente loco. Un minuto después, volvió a sonar el teléfono interior. «Nekane, ¿me has localizado ya a Drácula?» «No, todavía no.» «Pues a ver si somos más rapiditas.» Pero a Nekane le faltaban datos y la comunicación no fue posible.

Dos horas después, un coche de Sabin-Echea partía de Bilbao en dirección a Brandeburgo con Javier Arzallus apoltronado en su asiento trasero. Con sequedad histórica, como si le ordenara llevarlo al estadio de San Mamés, el dirigente nacionalista le ordenó al conductor: «A Schenkendorf, Brandeburgo, a toda leche.» «¿Adónde, don Javier?» «A Schenkendorf, Koldo. Tome la dirección de Berlín, todo recto hacia Alemania, que ya le avisaré cuando tengamos que desviarnos.»

En Schenkendorf le aguardaba impaciente el príncipe Ottomar Rodolphe Vlad Drácula, que inesperadamente y por sorpresa, había declarado al municipio brandeburgués «Principado Independiente». Sin precisar de cien años de nacionalismo, de una banda terrorista, del Pacto de Estella, de los *batzokis*, de chistus y tamboriles, de la trainera de Orio, del Athletic de Bilbao, de la gallina *goli-gorri*, de Josu Ternera, del árbol de las nueces y de las zapatillas de deporte del Aberri Eguna, Ottomar Rodolphe Vlad Drácula, príncipe de Kretzulescu, descendiente del famoso degustador de sangre, el conde

Drácula, en protesta por una ley que forzaba a su pueblo a unirse con otro municipio, declaró a Schenkendorf independiente. Y no contento con la declaración de independencia, sin consultas ni refrendos, sin ibarreches ni oteguis, ordenó que todos los schenkendorfenses cambiaran las matrículas de sus coches, obtuvieran el pasaporte del nuevo principado, respetaran la bandera del naciente imperio y aprendieran a cantar el himno nacional de Schenkendorf, que por la rapidez de su creación bien puede haberlo compuesto el grupo de profesores de *Operación Triunfo*, con Nina a la cabeza.

En el trayecto de Bilbao al sur de Berlín, donde se ha establecido el nuevo principado independiente, Arzallus se lo preguntó repetidas veces. «¿Cómo lo ha podido hacer, con lo difícil que resulta declarar la independencia?» Para más humillación, revisando papeles reunidos con la urgencia requerida por el caso, Arzallus confirmó que en Idaho no consta la presencia de ningún schenkendorfense. «Y encima lo han hecho sin la ayuda de Idaho.»

La reunión entre Arzallus y el príncipe Vlad Drácula fue extensa y sumamente cordial. Ha vuelto con la cabeza llena de ideas y el corazón a punto del estallido patriótico. Las únicas víctimas de su entrevista han sido Nekane, la secretaria, que ha recibido la carta de despido, y Koldo, el chófer, que se equivocó, y en lugar de tomar el camino a Schenkendorf eligió la ruta a Shanderbrunn. Koldo no ha perdido el puesto de trabajo, pero Arzallus se lo ha encajado a Ibarreche, por torpe.

En pocos días tendremos comunicado oficial y, muy probablemente, declaración de independencia, con pasaportes, bandera, matrículas e himno incluidos. Lo que no se sabrá nunca es si intercambiaron mordiscos en el cuello para chuparse la sangre. Tampoco es cosa de averiguarlo.

ABC, 5 de mayo de 2002

Tres eran...

Tres eran los cerditos que burlaron al lobo, tres los mosqueteros antes de aceptar a D'Artagnan, tres los padres de los niños de Isabel Preysler, tres las letras del abecedario que cumplen cien años en lo más alto de este periódico, tres los goles que le ha metido el Real Madrid al Barça en la semifinal de la Liga de Campeones, tres las flores de mi magnolio que han estallado al unísono en esta primavera, tres Zarra, Panizo y Gaínza sin Iriondo ni Venancio, tres los nobles pravianos de *La venganza de Don Mendo,* que los tres eran primos porque eran hermanos, y tres las bobadas —por no escribir gilipolleces que suena peor— que me dispongo a comentar.

Primera bobada, por no escribir gilipollez. El histerismo políticamente correcto y mediático alzado y extendido sobre la cabeza del fiscal García Ancos, que tan duramente ha tratado a la «infeliz» Nevenka en Burgos. Por una simple y elemental sinécdoque se ha armado la marimorena, cuando el fiscal no ha hecho otra cosa que preguntar a la protagonista y denunciante de un caso que cada día tiene menos respuestas convincentes por parte de la presumiblemente acosada. Para mí, que este asunto huele peor que los pescados de Ordenalfabetix, el pescadero de la aldea de Asterix y Obelix. Los fiscales son los fiscales, y los diplomáticos los diplomáticos.

Segunda bobada, por no escribir gilipollez. Ha dicho el presidente de la Junta de Andalucía Manuel Chaves que «Le Pen está en el Partido Popular». Tamaña estupidez, además de un insulto a todos los ciudadanos —más de diez millones— que han votado al PP, es una descacharrada osadía. Le Pen ha crecido y se ha afianzado gracias a la necedad de una Izquierda que lleva años y años dando tumbos de un lado para el otro. Si en España se llevaran a cabo y en su totalidad las reivindicaciones y propuestas del PSOE, no dude el señor Chaves que en pocos años tendríamos que unirnos todos contra la ultraderecha. Y esa situación, todavía lejana, la está acercando el PSOE con sus deslealtades y necedades supinas.

Tercera bobada, por no escribir gilipollez. El terrorista Ramón Aldasoro Magunacelaya, con domicilio eventual y por unos cuantos años en la prisión de la Torrecica de Albacete, donde cumple condena por asesinar a dos guardias civiles, ha reclamado al juzgado de vigilancia penitenciaria de Ciudad Real la urgente habilitación de instalaciones en las cárceles para «no fumadores». Entre los argumentos que expone el gentil asesino destaca el principal de su más conseguida frase: «Las consecuencias que genera el humo ambiental a los no fumadores son muy serias y deben tenerse en consideración ya que estamos hablando de vidas humanas.» Así que al medioambiental terrorista, autor convicto y confeso del asesinato de dos seres humanos, le preocupan sobremanera las consecuencias que genera el humo ambiental de las prisiones a los fumadores pasivos. No le preocuparon, en su momento, las consecuencias que genera la muerte de dos padres de familia, de dos hijos, de dos maridos o de dos novios. No le preocuparon los dos féretros ni las dos tumbas, a pesar de tratarse de vidas humanas rotas en plena juventud por su perversidad salvaje.

La primera bobada es sonriente; la segunda, insultante, y la tercera, intolerable. La primera está en camino de confundirse con el aire, la segunda de diluirse en su propia estupidez y la tercera de ser atendida. Si de mí dependiera, se iba a enterar Aldasoro Magunacelaya de lo estupendo que es el humo para los pulmones de los asesinos.

ABC, 7 de junio de 2002

Don, don y don

Uno, dos y tres. Don Desastre, don Inoportuno y don Sansirolé, también conocido por «compañero Tontucio». Don Desastre fue bautizado como don Perfecto, es decir, don Cabal, don Ideal y don Esmerado. Don Perfecto Andrés Ibáñez, el torpe exégeta, el más cenutrio intérprete de un texto o de una frase. El que ha creído entender en el grito de Otegui —¡Gora Euskadi ta askatasuna!— una simple oración de fin deseado. Carlos Martínez Gorriarán se lo explica con la paciencia y la sencillez del profesor amable al alumno zote. Sucede que don Perfecto, o don Desastre Andrés Ibáñez, se agarra a la confusión semántica para justificar su interpretación absolutoria, su bajadita de calzas, bragas y bombachas ante el temor de un enfado de Otegui. Don Desastre es de esos magistrados y jueces que una sociedad libre y pacífica no desea excepto en el sosiego de la jubilación.

Don Inoportuno, es decir, monseñor Manuel Monteiro, Nuncio de Su Santidad el Papa en España, portugués fino y diplomático, tan sutil como curial, el que después de leer y releer la pastoral de los cernícalos reconoce en ella algunos «aspectos de inoportunidad». Esta mesura de la Iglesia para reconocer los errores de los suyos, esa manera de hablar que no entiende nadie, es la que ha llevado a la buena gente de la calle a no renovar el abono. Otros obispos, como monseñor García Gascó, o monseñor Estepa, o monseñor Amigo, mantienen la esperanza de la feligresía por su claridad. Don Manuel Monteiro se ha convertido en don Inoportuno, don Nubarrones y don Melindres. Otro exégeta con parálisis anímica.

Y don Sansirolé o «compañero Tontucio». Éste es más divertido. En su Documento Nacional de Identidad figura como Gaspar

Llamazares. Su problema, y grave, que no acierta con los botones. Lleva semanas largando sin parar contra la ley de Partidos Políticos. Se ha abrazado a Arzallus y a Batasuna mediante los sudores de su enviado especial Javier Madrazo. Ha dicho que la ley es reaccionaria, antidemocrática e impopular —todas esas cosas que repiten los comunistas desde que se encaramaron al único guindo que les quedaba—, y cuando llega el momento de la votación en el Parlamento, don Sansirolé o «compañero Tontucio», vota a favor de la ley que tanto ha combatido. Me cuenta un diputado que conocida la sandez de Llamazares, las colas en los cuartos de baño del Congreso parecían de tarde de fútbol. Que el noventa por ciento de los representantes de la ciudadanía se pusieron milagrosamente de acuerdo para mearse de risa, escrito sea con la licencia y excusas que merece la narración del acontecimiento. Porque no se puede escribir, por respeto a la verdad, que más de trescientos diputados «se hicieron pipí» de la risa, que una cosa es hacer pipí y otra muy diferente mearse. A don Sansirolé los dedos se le hacían huéspedes, y ahora esperamos su reacción, porque ha votado a favor de la ley que puede deslegalizar a Batasuna, y a ver qué hace para recuperar la amistad de los salvajes, tan reacios a perdonar los errores ajenos.

Lo habíamos escrito y repetido. A un individuo que se mantiene en el comunismo de principios del siglo pasado, y cuya principal idea es el resentimiento, lo menos que le puede ocurrir es que se confunda de botón. Un señor que vive en el quinto piso y se empeña en presionar el botón del ascensor que lleva a la segunda planta, induce a pensar al resto de los vecinos que es tonto. Y si el piso es exterior, tonto con balcones a la calle, hallazgo científico de Antonio Burgos.

Don Desastre, don Inoportuno y don Sansirolé. Uno, dos y tres, tres calamidades en el redondel.

Tiempo, 9 de septiembre de 2002

Doña Rogelia

Sin la gracia y la personalidad del muñeco de Mari Carmen, Francesco Cossiga se parece cada día más a doña Rogelia. El gran Indro Montanelli, en una entrevista a *ABC* después de ser premiado con el Luca de Tena del año 2000, decía de Cossiga que estaba «completamente chiflado». Creo que no del todo, porque los chiflados suelen sorprender con luces imprevistas, y Cossiga lleva años chocheando con especial desmesura. Muy bien, la cabeza de Cossiga responde con su inteligencia a la descrita por el maestro Pelham Grenville Wodehouse de un íntimo amigo del colegio. «Su coeficiente de inteligencia era algo menor que el de una almeja vuelta al revés; una almeja, todo hay que decirlo, que hubiera sido golpeada en la cabeza en su infancia.»

Francesco Cossiga, que no movió un dedo para salvar a Aldo Moro, transcurre por años de abandono popular. Nadie le hace caso, y lo que dice, en Italia se lo pasan por el viejo refajo de la indiferencia. Ha adoptado una postura de clara defensa del nacionalismo vasco (?) y visita a Arzallus con frecuencia. El inteligente y tronante ex jesuita colma con agasajos, laureles y homenajes el síndrome de abstinencia de vanidades que padece el pobre político italiano. Pero sus últimas declaraciones demuestran hasta qué punto el payasete está para el arrastre.

Con motivo de la deslegalización de Batasuna y del cerco al entorno del terrorismo iniciado por la Justicia y el Parlamento de España —recuerde el pobre Cossiga que el Parlamento representa proporcionalmente a la soberanía popular—, el bobo chiflado ha soltado lo que sigue: «Me solidarizo con Batasuna, y con sus dirigentes y militantes, compañeros demócratas y antifascistas del estalinista juez Garzón y del franquista Aznar.» Creo que su frase no merece ser comentada.

Sí su persona, que reclama el amparo de la misericordia. De niño aprendí —y lo hice porque me lo enseñaron— que con los idiotas, los resentidos y los locos hay que tener muy a mano, y preparada siempre, la llave del perdón. Desde el ámbito cristiano, Cossiga obtiene pues, sin dificultad alguna, la indulgente indiferencia que sus palabras inspiran. Por ese lado, puede sentirse tranquilo y satisfecho el infeliz estadista italiano. Es más, también como cristianos, le perdonamos por haber contribuido, con su pavor gobernante, al asesinato de Aldo Moro —colega en beaterías—, a manos de las amables Brigadas Rojas. Considérese absuelto el chiflado. Pero en la vida, los ámbitos en los que movemos nuestros cuerpos y palabras son diferentes. Está el religioso, el humano, el cívico y el intelectual. Y en ésos no podemos perdonar las miserables intenciones y provocaciones de este petimetre chocho y sin futuro. Aquí no perdonamos a Francesco Cossiga. Aquí, y con perdón por el uso del sano lenguaje de la calle, nos jiñamos en la puta de la tía de Francesco Cossiga, que es necesidad cumplida en el sentido figurado de la oración. Metáfora oscura, pero metáfora al fin y al cabo.

Llevamos treinta años sufriendo las salvajadas del terrorismo de ETA y Batasuna y los inconcebibles apoyos y amnistías que determinado sector del nacionalismo vasco ofrece a los asesinos. Eso está dentro de nuestra capacidad de aguante. Pero no la gota que colma el vaso, escupida por Cossiga. Mire, Cossiga, con toda la cordialidad posible —y millones de españoles se suman a mi iniciativa—, le deseamos de todo corazón que se vaya a tomar por culo.

ABC, 1 de octubre de 2002

Eco da sociedade

Nos aledanhos do monte Altube, em una extençao de pradeiras sem arvoredos, reuniorem-se milhoes e milhoes de pessoas —toidas elhas perteneçentes a o nacionalismo vasco—, convocadas, invitadas e bem recebidas pel home mais providençal de nossa vecina Espanha. Resulta impossivel expressar en os papeiles la manifestaçao de alegría dos nacionalistas vascos em aquelhas pradeiras, de esos milhoes y milhoes —calcúla-se umos dez ou quinze milhoes de assistenmtes— de pessoas de toidas as edaides e situaçao social e económica, que forom a rendir homenaixe de admiraçao a o grande anfitriao da festa. O muito prestante e reverendíssimo senhor Javier do Arzallus, que preiparou festa sem reiparar em gastos e tiró a casa pela ventaina.

Velhos, maduros, iovenes, crianças, homes e mulheres, cum bandeiras muito semejantes as de Reino Unido da Grande Bretanha —sóamente cum foindos verdes em lugar dos foindos azures—, escuitarom cum infinita emoçao as palabras de distinguido anfitriao e doutros invitados. La ovaçao foi dinha de espectacularidade e sinceridade cuamdo o muito prestante e reverendíssimo Javier do Arzallus animóu a os presentes a presentar-se em Casas do Povo a tomar vinhos e licores em amigabel companhía cum os militantes socialistas e povolares, se bem istos últimos nao tenhen sedes.

Em representaçao das nacionalidades de Catalunha, Galiza, e Burkina Fasso, estuverom presentes os excelentísmos senhores doitores Duran e Lleida, Beirás e Bumba Lokombo, que expressaron su abosoluta conformidade y lealtade cum pensamento dos excelentísimos senhores doitores Javier do Arzallus, Ibarreche e Eguíbar. Calor abrumante, parlamentos de grande extençao e varias decenas de invitados que forom asistidos pela organizaçao de mareios, insolaçoes, arritimias de curaçao, hipertençao, vahidos e desvanecimentos.

O proyeito e sencilho para comprençáo e entendimento do maís tonto. É facilissimo de asumir-se. Iniciar os movimentos indispensaveis para separar de Espanha as terras vascas que som Espanha deisde foi quinentos anhos. Impressionante as refleçoes do senhor Javier do Arzallus. «O sentimento nacionalista vasco nao se define, sente-sé.» Tal afirmaçao, simceramente, pone os velhos das braços o de oitras partes corporais em punta, é a carne de galhina.

A festa finalizou as primeiras hoiras do depreçiao solar, depois de toida sorte de actividades culturais, floclóristas e esportivas, ademais de os momeintos de solemnidade como a subida e posteiror baixada do altissimo mástil da bandeira dos nacionalistas, a anteriormente referida da Reino Unido da Grande Bretanha cum foindos verdes, e conoçida povolarmente pela «ikurrinha».

Os ilustres assistentes do estrangeiro, os senhores doitores Duran e Lleida, Beirás e Bumba Lokombo, restáron-se muito felices cum demostraçoes esportivas dos nacionalistas como, pel poner una mostra, arompimento dos troncos, a levantamento das pedras, os arrastrameintos das rocas pulidas pel dois toiros sem cojhoes —caistrados em seus tempos de novilhos—, e tamben, o imterentassimo jogo de dois formaçoes de fortes homes tirando da corda para vencer a o equipo contrincante.

Nos mesmos termos de cordialidade que a chegada, repeteiron-se a o saida. Os coches estuvem parados em aledanhos a monte Altube durante quatro hoiras e o retorno as cidades y localidades do nova naçao indepentende foi un lataço terrivel. O anho que vene será o mesmo, a siguente, o mesmo, e dentro de um século, o mesmo da mesmo. Más tenho a intuiçao que jamáis podrán ser independentes peí urna sencilha raçao. Os vascos som mais espanholes, o fondo e forma, que o «Manolo o de bombo».

E sem naida mais que narrar, a festa de Javier do Arzallus finalizou. Muito bem.

El Semanal, 3 de noviembre de 2002

Sotanarras

No es el cura de Oyarzun, porquería
sumida en su euskalduna cobardía.
Ni los cuatro presbíteros o abates
del panfleto firmado en Rentería,
cuatro locos ungidos, cuatro orates.
No el párroco de Hernani, que disuelve
al penitente etarra su pecado
en un pis pas, lo mismo que resuelve
un asuntillo de papel timbrado.
—Padre, me acuso de haber asesinado.
—¿Era maqueto? —Sí. Y va, lo absuelve,
y después le convida a un mantecado.
No es el cura de Algorta, que conforta
a los padres del preso amado etarra,
pero si acude a darle la tabarra
un familiar de víctima, le corta
y le anuncia que va a darle una torta
mientras le hace una pía butifarra.
No son Echenagusia ni Uriarte,
ni Blázquez, el tal Blázquez que se inmola,
ni el malvado Setién, ni el ruin Pagola
—el tándem que en Donosti bendecía
más que al cuerpo inocente que yacía
a la mano que asía la pistola—.
No son éste o aquél, o aquellos curas
que parecen muecines talibanes

y tatúan de serpientes sus tonsuras,
y propagan el odio como imanes,
y desprecian las santas sepulturas
de los muertos a manos de rufianes.
No son uno ni dos, son tropecientos
—aunque dentro del negro laberinto
resistan sin humanos decaimientos
heroicos curas, que a los cuatro vientos
recuerdan que son diez los Mandamientos
de Dios, y «no matar» el quinto—.
Pero éstos son muy pocos, diez valientes
y quizá cien callados por prudentes.
No renuncio
a escuchar la respuesta que se escapa
a la cuestión que siempre me pronuncio:
¿Qué dicen los obispos? ¿Qué oye el Nuncio?
Y con todo el respeto... ¿Qué hace el Papa?

ABC, 3 de noviembre de 2002

La Coruña

La llamada Mesa por la Normalización Lingüística del Gallego, que parece ser una mesa bastante concurrida, ha acusado a Francisco Vázquez, alcalde de La Coruña, de estar poniendo en peligro la convivencia ciudadana. Acusación de esa índole proveniente de tan distinguida Mesa induce a pensar que el señor Vázquez es un desalmado que sale a la calle con el propósito de armar un lío de los gordos día tras día. Un alcalde que pone en peligro la convivencia ciudadana no puede ser considerado recomendable. Por ejemplo, si el alcalde Vázquez increpa a una mujer que pasea por su ciudad por estimar que esa ciudadana tiene un culo excesivamente grande y ordena a la Policía Municipal que le imponga una multa por ello, el señor Vázquez estaría poniendo en peligro mucho más que la convivencia ciudadana. Pero no encajan este tipo de arbitrariedades en la persona del alcalde coruñés, que tiene fama, y bien cimentada, por cierto, de ser un hombre justo, amable, trabajador, competente y sosegado. Pero la alarma ha sonado y es necesario buscar el motivo que ha llevado a la lingüística Mesa normalizadora a denunciar al alcalde. Dicha Mesa está controlada por el Bloque Nacionalista Gallego, detalle que todo lo explica.

Hace unos años, el Bloque Nacionalista Gallego, con la colaboración cretina del Partido Popular, consiguió que el topónimo de la ciudad coruñesa fuera exclusivamente el correspondiente a la lengua gallega. La Coruña, para todos los españoles, pasó a denominarse A Coruña. Aquello, más que una bobada, era una imposición. Con todos los respetos, «A Coruña», a quien no sea gallego y no domine la lengua de Rosalía, Cunqueiro o Fole, más que un topónimo es una indicación. Y además, que ambas denominaciones son perfectamente compatibles y respetables, y La Coruña y A Coruña no tienen por qué estar reñidas. Para quien esto escribe, siempre será La Coruña, entre otras razones porque su idioma natural es el español o castellano, que ya dijo otro ilustre gallego, Camilo José Cela, que el castellano es el bellísimo español que se habla en Castilla. Y en ese bellísimo español siempre se había hablado y escrito La Coruña.

El alcalde Francisco Vázquez, Paco Vázquez, no admitió la imposición y decidió libremente seguir refiriéndose a su ciudad como lo había hecho desde niño, La Coruña. Tan gravísima decisión es la que ha denunciado esa Mesa de cenutrios desocupados e intolerantes. Si don Manuel Fraga elige pronunciar A Coruña y Sanxenxo, don Francisco Vázquez tiene el mismo derecho de decir La Coruña y Sanjenjo. Y con ello, no provoca nada ni a nadie, excepto a los memos «batasuneiros» que desean imponer sus criterios con vocación de dogmas.

Que Lérida y Gerona se escriban y pronuncien en catalán cuando se habla y escribe en catalán, Lleida y Girona, me parece muy bien. Que nos obliguen a todos los españoles a renunciar a los topónimos de nuestro idioma común, se me antoja un abuso inaceptable. Cuando el Honorable Tarradellas hablaba en castellano, se refería a la «Generalidad» de Cataluña y a su «Consejero» de Industria. Lo contrario es una cursilería. En tal caso, no podríamos decir «mañana nos vamos a Londres», sino «mañana nos vamos a London». Si a este humilde servidor de ustedes un interlocutor le anuncia que mañana se va a «London» lo primero que piensa es que, como poco, el interlocutor es un mamarracho. Claro que mucha culpa de la cursilería en expansión la tienen los medios de comunicación que insisten en mezclar churras con merinas. Si se escribe en español o castellano —según Cobarruvias—, hágase del todo. Igual que si se hace en catalán, gallego o vascuence.

Y si los miembros de la Mesa por la Normalización Lingüística del Gallego consideran que decir y escribir «La Coruña» es una provocación a la convivencia ciudadana, llamarlos intolerantes sería beso en culito de bebé. Hay que decirles imbéciles. Lo que no ha sido, ni es, ni será, Francisco Vázquez, alcalde de La Coruña.

ABC, 5 de noviembre de 2002

El lobito tonto

El cantante —bueno, es un decir— Paco Ibáñez era tan malo, que hasta el franquismo autorizaba que se vendieran sus discos antifranquistas. La grabación de su primer recital en el Olympia de París tuvo mucho éxito. La canción *La poesía es un arma cargada de futuro,* que ponía una cosa parecida a la música a un poema de Gabriel Celaya, era una de las preferidas de los nietos mayores de Franco. Y *A galopar, a galopar*, con aquel caballo cuatralbo de Rafael Alberti, sonaba a menudo entre carrera y carrera en el recinto social del hipódromo de La Zarzuela, que no era precisamente un lugar reivindicativo. Nuestro mejor jinete de todos los tiempos, el duque de Alburquerque, la tarareaba convencido de que se trataba del himno de la Real Sociedad de Fomento de la Cría Caballar. Y lo de José Agustín Goytisolo del lobito bueno al que maltrataban todos los corderos, y el príncipe malo, y la bruja hermosa y el pirata honrado, era una pieza que caía bien. Quien esto narra compró el disco en el comercio Feryn, sito en la calle de Serrano semiesquina con Juan Bravo. Lo hice con el sigilo de la clandestinidad: «Por favor, el recital de Paco Ibáñez en el Olympia de París, que está prohibido.» Y el encargado de la tienda comentó: «Espera un momento, que se han vendido todos y sólo me queda el del escaparate.» Es decir, que prohibido, pero no tanto.

La principal cualidad de Paco Ibáñez era, en aquellos tiempos, su insuperable capacidad para desafinar. Cantaba muy mal, pero como era comunista se le perdonaba. En la transición volvió a España, pero ya no se comió una rosca, porque no interesaba a nadie. Seguía con el caballo cuatralbo, el lobito bueno y la poesía de Celaya, y aburría a las ovejas. Para colmo, desafinaba más y tenía peor voz que en el pasado. Y claro, desapareció del mapa.

Ahora vuelve a Madrid a hacer que canta, y su público —el de antaño— tiene ya la cabeza cana, como en el poema de Antonio Machado: «Este hombre no es de ayer, ni es de mañana, / sino de nunca, de la cepa hispana. / No es el fruto maduro ni podrido, / es una fruta vana, / de aquella España que pasó y no ha sido / esa que hoy tiene la cabeza cana.» En lo único que ha evolucionado Ibáñez, quizá por la amargura de su rotundo fracaso, es en su propia miseria ética y moral. Ibáñez, valenciano de madre vasca, se ha alineado con Batasuna y su entorno. A los cientos de miles de vascos que se concentraron en San Sebastián para pedir —¡quién te ha visto y quién te ve!— paz, libertad y derecho a la vida, los llamó «perros». Algún psiquiatra me tendrá que explicar algún día la evolución de la perversidad humana desde la convicción del fracaso. El buen poeta —no gran poeta, que eso lo fueron Lorca, Alberti, Salinas, Dámaso, Guillén, Aleixandre y Gerardo— José Bergamín recorrió un camino parecido, salvando las distancias que existen entre un buen poeta y un mal cantante. Cuando Bergamín, andaluz madrileño, se apercibió de lo poco que representaba en una España democrática y libre, se refugió en Fuenterrabía, se entregó a Genoveva Forest y Alfonso Sastre y se hizo militante de Herri Batasuna. Aquel entierro, el suyo, con su féretro rodeado de hachas y serpientes resultó estremecedor. No por emocionante, sino por estúpido y ridículo.

Ibáñez ha declarado que la culpa de la violencia que impera en las Vascongadas la tiene «el señor del bigote». Me figuro que se referirá a Aznar. Y esa afirmación determina hasta qué punto la miseria humana ha triunfado en el ánimo de este mal cantante. No obstante, Madrid es una ciudad abierta y tolerante, y no sentirá el agobio del rechazo. Cantará ante los suyos de siempre que antes de oír sus canciones ya lo están aplaudiendo. Entre otras razones porque son más viejos, están más sordos y ya no perciben lo mal que canta y lo mucho que desafina. Como cantante y como persona.

El Semanal, 1 de diciembre de 2002

A Ruth Alonso por sevillanas

Cuando Ruth le da un beso
al *lehendakari*,
se le pone sonrisa
de charibari.
Y se sonroja,
y se desencuaderna
hoja por hoja.

El beso de Ibarreche
fuerza regala,
y vuela hasta el juzgado
como una bala.
Bala que vuela,
vuela pluma en la firma
cuando excarcela.

Ya lleva veinte etarras
excarcelados
que han salido a la calle
despendolados.
Sólo por eso,
Ibarreche y Arzallus
le dan un beso.

Tiene Ruth la sonrisa
blanca y dentífrica,

y el alma bondadosa
y beatífica.
Es un encanto,
y por eso Ibarreche
la quiere tanto.

Si de Ruth dependiera,
tras de las barras
de las celdas no habría
presos etarras.
Que ella es *gudari*
y vibra con los besos
del *lehendakari*.

El Semanal, 15 de diciembre de 2002

Levísimo padre (oración del nuevo nacionalista)

Más que avanza el invierno, padre amado
en su camino al féretro del haya.
Más que rompe la mar de odio indignado
en el peine, en las rocas, en la playa...
más que verdes admiro tus praderas
ateridas de vientos,
y derramo en los valles mis postreras
palabras de agua, ya sin pensamientos.
A ti, padre levísimo azotado
por la envidia, a ti, señor silente,
más que avanza el invierno, padre amado
en su camino al roble resistente,
más pienso en la sagrada certidumbre
de nuestra tribu, tan asida al cielo,
que en la hipócrita y vana pesadumbre
que ni siente el dolor, ni abraza al suelo.
Suelo de nuestra Patria, *Aitacho* mío
que tú has nacido con orgullo hogaño
más fuerte, más que avanza el crudo frío
desnudando el paisaje del castaño.
Y aquí, rendido, sobre la tierra herida
de nuestra Patria, aquí, padre de hinojos,
aquí ante el tronco que nos dio la vida,
aquí, nuestro señor, y ante tus ojos,
yo te juro callar de mi conciencia

mis arrepentimientos y actitudes,
y asesinar por nuestra independencia
sin pensar ni en miradas ni ataúdes.
Más fuerte, más que avanza la negrura
yo seré, padre mío, ciego en todo,
y cavaré mi propia sepultura
al ritmo de tu modo.
Soy, levísimo padre Arzallus tuyo,
nacionalista vasco por mi suerte,
y arrancaré la flor en su capullo
y sembraré la muerte
siempre que los obispos no me digan
que es pecado matar a los maquetos.
Nuestros sueños obligan
a adelantar absurdos esqueletos.
Que Tubal y Sabino nos alumbran,
y Setién, tan con Dios, no nos engaña;
se vislumbran
horizontes, al fin, lejos de España.
Gracias a ti, mi leve padre amado,
Javier Arzallus, que de amor me ordena
lavar sangre inocente en mi pecado
y cumplir por mi Patria, la condena.
Más que escucho su voz, más me consuela
saber que mato por mi pueblo eterno;
y obedezco, y asumo mi novela
y me abrazo al invierno,
y me nublo del viento y de la ola,
y disfrazo de rojo mi conciencia,
y disparo, muy firme, la pistola
y a todos mato, por la independencia.

El Semanal, 22 de diciembre de 2002

Navidad

Se lo tengo oído
a un sabio profundo
fiel a su verdad:
—Lo más aburrido
que hay en este mundo
es la Navidad.

«Fiestas entrañables»,
«señaladas fechas»,
«época de paz».
Palabras amables,
saludes maltrechas,
cinismo tenaz.

Vino y mazapán.
La estrella de Oriente
señala a Belén.
Y en San Sebastián
Herodes, vehemente,
contrata a Setién.

Ya Josu Ternera
ha puesto las bombas
contra el Niño Dios.
Y Herodes espera
oír las zambombas
de goma-dos.

El Niño ha escapado,
pero otros han muerto
por una explosión.
Dios los ha abrazado
y el Cielo se ha abierto
sin explicación.

El Portal vacío.
Dios llora de pena
en su soledad.
Ni peces ni río,
y hoy no es Nochebuena
ni habrá Navidad.

ABC, 5 de enero de 2003

Alguna esperanza

En su simulacro de alocución navideña, Su Majestad Imperial Juan José I de Llodio y V de Rentería anunció solemnemente la celebración de una consulta popular destinada a conseguir la soberanía de sus reinos. La referida consulta se llevará a cabo y buen fin durante el año 2003 y con «ausencia de violencia» en la sociedad vascongada. Es decir, que para celebrarse el fundamental refrendo popular, Su Majestad Imperial Juan José I de Jaizquibel y V del Sollube tiene que convencer a sus amados súbditos etarras y batasunos para que abandonen durante unos días su afición a matar a los vascos constitucionalistas y demás españoles. No tiene difícil la tarea del convencimiento puesto que para ello cuenta con la leal colaboración de su humilde chambelán Javier Arzallus, conde-duque de Salburúa y marqués de Casa Sabino, que en su idioma se dice «Sabin-Echea». El marqués de Casa Sabino es persona muy respetada en el entorno, el contorno y el horno etarra y batasuno, y una indicación suya es siempre atendida con complacencia.

El problema de Su Majestad Imperial Juan José I de Tamarises y V de La Perla del Cantábrico es que sus súbditos, en su mayoría, no desean aventuras peligrosas, y se sienten a gusto con lo que tienen, es decir, el máximo nivel de autonomía desde que contribuyeran sus antepasados, más de quinientos años atrás, a la fundación de España. Y otro problema de Su Majestad Imperial Juan José I de San Mamés y V de Anoeta, es que sus amados súbditos etarras y batasunos no están ya tan unidos como antaño y, aunque el marqués de Casa Sabino ejerza sobre ellos una influencia más que decisiva, siempre habrá un grupo díscolo y desobediente dispuesto a fastidiar el invento. Si bien es cierto que para ello el chambelán Arzallus cuenta con la inestimable colaboración de los nobles más audaces de la Corte o «Korte» de Ajuria-Enea, como Anasagasti, conde de Ensaimada-Aundi, Eguíbar, vizconde de Kaleborroka, y monseñor Setién, obispo de Zugarramurdi. Este último, probablemente, el más cercano al simpático reducto armado de la población.

De ahí el crecimiento de cejas —aunque lo haya detenido momentáneamente con la colaboración del bisturí— que experimenta Su Majestad Imperial Juan José I del Chacolí y V de las Fresitas del Huerto de la tía Nekane, que se ha metido en un lío de los gordos y no sabe cómo salir del laberinto. Porque si los súbditos de la ETA dejan de matar siguiendo sus instrucciones, la ciudadanía tendrá todo el derecho a sospechar que siempre han estado de acuerdo. Y si continúan matando, esa misma ciudadanía comprenderá, al fin, que Su Majestad Imperial Juan José I del Guggenheim y V de la Montaña Rusa de Igueldo —de soltera, Suiza— pinta menos que un chimpancé en un iglú, y que el poder es bien exclusivo de quien lo ejerce desde hace treinta años, es decir, el chambelán. Porque el chambelán ha dicho que no es necesaria la «ausencia de violencia» para celebrar la consulta, lo que se puede traducir por una negativa a ordenar a la «presencia de violencia» el asueto en sus actividades.

Ese atisbo de esperanza que el marqués de Casa Sabino advierte en el horizonte no deja de ser un guiño destinado a los tuertos, tan abundantes en aquellas tierras por motivos que no escapan a la búsqueda de la comodidad y la seguridad personal y familiar. La situación de «no violencia» presumiblemente deseada por Su Majestad Imperial Juan José I del Nervión y V del Urumea es, hoy por hoy, un objetivo imposible. Más aún, desde que los nacionalistas han manifestado su contrariedad por la modificación del Código Penal y el aumento de las condenas a los agradables *gudaris* empleados en el negocio del terrorismo.

Sólo si el chambelán se atreve a paralizar a esos muchachos, se podría alcanzar esa situación de «no violencia» a la que se refiere Su Majestad Imperial Juan José I de Fagor y V de Eroski. Lo malo es que en ese caso al chambelán habría que meterlo en la cárcel. Y entonces sí que se arma la de San Quintín.

ABC, 17 de enero de 2003

Monadas

El *bobby* agitanado que hace guardia junto al peñón de Gibraltar y que conoce a todas y cada una de las monas que viven en la gran roca, notó en ellas un nerviosismo no habitual. La mona *Rose Marie*, por ejemplo, que es una primate con un carácter encantador, intentó arrebatar el gorro a un turista mientras le hacía una fotografía. El turista a punto estuvo de despeñarse. El mono *Charly*, quizás el más pausado y benevolente de los machos en activo —*Tommy* es el más viejo de todos pero lleva tres años sin probar hembra—, agarró un pedrusco con la mano derecha y lo lanzó violentamente contra una pareja de recién casados procedentes de Birmingham. La piedra pasó como una bala entre la nariz de ella y los labios de él, que se disponía a besar a su joven esposa en la punta de la napia. Entonces el *bobby* regañó con energía a *Charly*, y éste, en lugar de aceptar la reprimenda, le dedicó un grosero corte de mangas con butifarra incluida. El *bobby* llegó a una fácil conclusión en pocos minutos. «Algo raro sucede en Gibraltar para que los monos estén tan de los nervios.»

En Gibraltar las noticias vuelan con la misma rapidez que las golondrinas de mar. Y cundió el pánico, cuando no el desaliento. «Los monos se han vuelto locos.» En Gibraltar, a que se vuelva loco un narcotraficante, o un lavador de dinero negro, o un banquero inglés apellidado González, no se le concede excesiva importancia. Pero si un mono tose, se constipa toda la colonia, con Caruana a la cabeza. Los rumores empeoraban la situación. «La mona *Missy* se ha suicidado tirándose al vacío por el precipicio sureste.» Una mona menos y declaración gubernamental de luto oficial. La bandera británica, la Unión Jack a media asta, como con Diana Spencer. En efecto, el cadáver de *Missy* apareció en el fondo de una barranquilla hecho un guiñapo. *Missy* ha sido de siempre una de las monas más queridas y retratadas de Gibraltar. Con su carácter, pero de buen corazón y estupendas costumbres. Lo que se dice una mona ejemplar.

En una localidad pequeña, el pánico cunde con más facilidad que en una gran ciudad. La rebelión de los simios tenía atemorizados a todos los llanitos, y algunos iniciaron por su cuenta las pertinentes pesquisas con el fin de averiguar el motivo de la catástrofe. Finalmente, el vendedor de postales Johnathan Pérez-Ciruelo dio con la solución. Con su acento de Algeciras comentó sus sospechas. «Me he enterado de algo gravísimo. Eguíbar está en Gibraltar. Ha venido a firmar un pacto de adhesión entre el País Vasco y Gibraltar. Caruana lo ha mandado a paseo, pero Bossano lo ha recibido. Una de las monas lo vio ayer por la noche y por eso se han vuelto locas.»

¿Eguíbar en Gibraltar? Todo es posible, aunque resulte inimaginable. La confirmación no se hizo esperar mucho. «Está con Bossano elaborando un proyecto común de libre adhesión. Gibraltar se adhiere libremente a las Vascongadas, y conjuntamente ingresan en la Comunidad Europea como Estado soberano. Ahora se encuentran discutiendo cuál va a ser el idioma oficial. Eguíbar impone como condición no sujeta a debate que el vascuence. Bossano que el inglés, y la mujer de Bossano que no sabe inglés, prefiere el español. El tono ha subido y Eguíbar ha exigido la presencia de Miguel Herrero y Rodríguez de Miñón, Federico Mayor Zaragoza, Margarita Robles y Pilar Urbano. En ese aspecto, Bossano está de acuerdo.»

Eguíbar ya está en Vitoria informando a Ibarreche y Arzallus. La gran máquina se ha puesto en marcha, aunque Caruana no ha recibido todavía a Bossano. En Madrid se ha unido al comité redactor María Antonia Iglesias. Aznar y Zapatero, en Babia. En el Peñón, las monas mucho más tranquilas. Más que tranquilas, encantadas de la vida.

El Semanal, 23 de febrero de 2003

Epigramas del dolor

Ocurrió lo que mil veces
antes que esto sucedió.
Que ETA el árbol meneó
y Arzallus cogió las nueces
del suelo. Y lo celebró.

Ya no hay dudas.
El tal Josu Jon Imaz
o es Judas,
o es incapaz.

Cuando Ibarreche decía
«No a la ETA», a los de ETA
sus vascos brazos abría.

Cuando se enteró Setién
del crimen en Andoain,
no dijo que estaba bien,
sino más bien, «a mí, plin».

«Jefe, ya lo hemos matado.»
Y Otegui gritó en la barra:
«El que quiera, está invitado.»

Uriarte
a Arzallus en un aparte

muy quedamente le dijo:
«Dios está de nuestra parte,
hijo.»

¿Gritará con aflicción
Javier Bardem «No a la ETA»?
¿Aitana Sánchez-Gijón
se colgará la inscripción
en una o en otra teta?
Que eso es de ciencia ficción
lo sabe hasta el malecón
de la playa de Ondarreta.

ABC, 25 de febrero de 2003

Capellanes

En la primera mitad del siglo XX, algunas casas tenían su capellán particular. Ya he contado que mi bisabuela paterna, la marquesa de Aldama, además de capellán tenía obispo. Capellán fijo y obispo de recambio, porque se hacían turnos en la Conferencia Episcopal para disfrutar de la generosa hospitalidad de mi antepasada. En el solar que hoy ocupa el Club de Golf de La Moraleja se alzaba un viejo palacete de la agonía del XVIII, con muchas habitaciones y pocos cuartos de baño. Las reglas de mi bisabuela para el uso de los cuartos de baño eran claras y severas. En el caso de que un miembro de la familia coincidiera en urgencias fisiológicas con el obispo de turno, el prelado tenía siempre preferencia. Ante tamaña injusticia y como consecuencia de la protesta familiar, terminó por convertir un viejo desván en cuarto de baño para uso exclusivo del clero. A la solemne inauguración del nuevo recinto, presidida por el obispo de Astorga, asistió hasta el alcalde de Alcobendas y fue muy celebrada por los huéspedes, invitados y gorrones seglares.

Durante la Guerra Civil, el palacete de La Moraleja fue ocupado por un piquete cultural del Frente Popular que lo despojó de todas sus obras de arte y objetos de valor, además de alimentar una preciosa hoguera con todos los volúmenes de su biblioteca. Al fin y al cabo, un acto puramente cultural que no merece ser analizado porque ya se sabe que la Cultura es patrimonio de la Izquierda. Paso por encima del suceso con mi habitual discreción.

El hecho es que los tiempos cambiaron y los capellanes particulares perdieron casi todas sus capellanías, hasta desaparecer por completo. Pero siempre se da la excepción. Y esa excepción que confirma la regla la disfruta desde hace unos días la banda terrorista ETA. De todos es conocida la simpatía que por la ETA sienten en las Vascongadas muchos sacerdotes y algún obispo. Pero, salvo aquel arcipreste de Irún que cobijaba etarras en proceso de fuga, se habían limitado hasta la fecha a envenenar a los jóvenes de sus parroquias sin asumir los riesgos de la actividad terrorista. Y los presos etarras se han sentido desamparados en las cárceles y olvidados por quienes desde los púlpitos y las reuniones parroquiales los impulsaron, con la venia de sus superiores, a no detenerse en demasía en el Quinto Mandamiento de la Ley de Dios, que en Vasconia es diferente que en el resto del mundo: «No matarás a nacionalistas.» Es decir, que es un Quinto Mandamiento con matices.

Pero algo ha cambiado, y los presos etarras han recibido un premio inesperado. Entre los detenidos por colaborar con la ETA en el panfleto *Egunkaria* figuran un franciscano y un jesuita. El sacerdote jesuita, Chema Auzmendi, fue coautor con otros siete religiosos de la Compañía de Jesús de un escrito publicado en *Gara* en el que denunciaban con dolor la ilegalización de Batasuna. Lucio Aguirre, Koldo Alcíbar, Josema Añón, Manuel Barrenechea, Jon Casado, Koldo Cacho y Javier Irigarai. Todos ellos autorizados por su superior, el padre Echarte, a trabajar, escribir y hablar sin pasar por el tamiz de la obediencia, privilegio que no disfrutan otros jesuitas, como el padre Sagüés o el padre Beristain, por poner dos ejemplos lacerantes de injusticia, y que representan a la inmensa mayoría de los padres jesuitas, y a su sacrificio, su trabajo, su lucha por la paz y la libertad y su decencia.

Parece que Auzmendi, además de redactor de escritos para el *Gara* —lo que no supone delito alguno porque la libertad defiende también su libertad—, es también colaborador de los terroristas. Ha sido detenido por algo más que por opinar, y se halla a disposición judicial. Me sentiría feliz si su detención respondiera más a una confusión que a una evidencia. Si se trata de lo segundo, y se prueba su posible delito, al fin los etarras tendrán en la cárcel su capellán particular. Nada revolucionario. Como mi bisabuela.

ABC, 28 de febrero de 2003

La tortura

Lo que ha hecho la Guardia Civil con los pobres detenidos de *Egunkaria* no tiene nombre. Parece mentira que en los albores del siglo XXI se cometan atrocidades tan deleznables. El problema es que Otamendi y Alegría pidieron para cenar en los calabozos chipirones en su tinta con unos moldes de arroz blanco. La buena disposición de los detenidos quedó patente y demostrada cuando, preguntados por la marca de arroz que preferían, si SOS o La Cigala, manifestaron que les era indiferente, siempre que el arroz estuviera bien cocido y rehogado y no se lo sirvieran apelmazado. A Otamendi y Alegría les apetecía un arroz blanco suelto y jugoso. Fue entonces cuando los guardias civiles no encontraron chipirones frescos en el mercado. Lo del arroz estaba chupado, pero en esta época los chipirones sólo se pueden adquirir congelados. El chipirón se pesca en los meses de primavera y verano. En mi infancia me hinché a pescar chipirones en La Concha, la Zurriola y la barra de Orio, *Oriyokobarra*, quizás el rincón chipironero más rico de Guipúzcoa, con las referencias costeras de *Plata Aundi* y *Plata Chiqui*, la piedra grande y la piedra pequeña, para entendernos. También en Galeceno, si bien allí lo que se pescaba era el *begiaundi*, es decir, el calamar.

Por buena que fuera la voluntad de los guardias civiles, los chipirones frescos no estaban a su alcance. Cuando comunicaron a los presos que con el arroz no había problemas pero que los chipirones tenían que ser congelados, Alegría y Otamendi amenazaron con denunciar a la Guardia Civil y al Ministerio de Interior por torturas. Posteriormente, el juez Del Olmo concedió la libertad provisional a Otamendi, que, torturadísimo por la falta de chipirones frescos, se largó a San Sebastián con un aspecto estupendo. Eso es lo que distingue a estos luchadores del pueblo vasco. Que se los tortura y vuelven a su casa guapísimos y más sanos que nunca. Tiene que ser algo del Rh en la sangre. Alegría no. El torturado Alegría ha quedado ingresado en chirona con otros cuatro torturados y ahora mismo estarán siendo objeto de las más bajas villanías. Las alubias con chorizo las aceptan si el chorizo es de Marquina o Gordejuela, pero si es originario de Salamanca o Extremadura, se ponen como basiliscos. Y es que no hay derecho, y Amnistía Internacional tendría que intervenir, que por otra parte lo está deseando. Y también los de «Nunca Máis», los actores y los cantantes, Llamazares y Zapatero. Una nueva manifestación contra la tortura estaría muy bien, y Zapatero podría de nuevo llevar la pancarta.

Otegui, muy enfadado, ha dicho que el Rey es el jefe de los torturadores y que no se puede admitir que visite Bilbao para inaugurar una central eléctrica de la compañía Bahía de Vizcaya, y que encima lo haga junto al *lehendakari*. Un Rey que tortura tanto no puede moverse de su casa. Y el *lehendakari* se reconcilió posteriormente con Otegui, porque nada más despedir al Rey se reunió con los chicos de *Egunkaria* y con un genio del *Deia* que se apellida Lápiz o algo así, como los Caran-Dache. Y luego vienen las torturas geográficas, que también se las traen. Dice Otamendi que los guardias civiles le obligaron a repetir quinientas veces la frase «España empieza en Irún y termina en Algeciras». ¡Y eso sí que no se puede tolerar! A mí, en el colegio, me castigaron en cierta ocasión a escribir cien veces «No se habla en clase», y jamás me he sentido tan brutalmente torturado. Todavía me quedan secuelas de aquella barbaridad. En resumen, que el Rey tiene que abdicar, el Gobierno dimitir y a la Guardia Civil procesarla. Las cosas como son y, además, inmediatamente. Lo que ha sucedido es horrible.

POLÍTICA INTERNACIONAL

Tiempo, 18 de junio de 2001

Gyanendra

El rey de Nepal se distingue del resto de los monarcas del mundo en el orinal. El rey de Nepal, el titular y ocupante del trono de los Himalayas, en lugar de corona se ajusta un extraño orinal en la cabeza del que nace un plumero blanco muy exagerado y divertido. El orinal está compuesto por piedras preciosas y perlas incrustadas en una estructura de oro. Cuando al rey de Nepal le pica la espalda, mueve la cabeza y el plumero le hace cosquillitas.

En el Palacio Real de Nepal las cosas no han ido bien últimamente. El rey Birendra y su esposa, que vayan ustedes a saber cómo se llamaba, conversaban tranquilamente de las cosas y hechos de su país cuando el hijo de ambos y heredero al trono, Dipendra, Dipendrín durante la niñez, interrumpió la charlita. Dipendra estaba enamorado de una chica no del todo del agrado de Birendra, y quería poner los puntos sobre las íes. A los reyes de Nepal siempre les ha molestado que les pongan los puntos sobre las íes, y Birendra no era una excepción. En un momento dado, las voces se encresparon y Birendra, tras golpear una mesa con su bastón de marfil, dejó claro a Dipendra que, de boda, nada. Entonces, según la primera versión de los hechos, Dipendra abandonó el Salón del Trono, se vistió de guerrillero, se armó con una metralleta, volvió al salón y disparó contra todos los presentes, matando a sus padres, sus hermanas, tíos, tías y a algunos familiares más. Posteriormente se pegó dos disparos «en la espalda» y se suicidó, si bien no consiguió su propósito de inmediato. Agonizante en el hospital, el Consejo del Reino de Nepal le nombró rey, y a las pocas horas falleció. Entonces los nepalíes tuvieron que echar mano de Gyanendra, el hermano del asesinado Birendra, al que nada estiman y del que se sospecha ahora que ha sido el cerebro de la macabra operación.

Se sospecha porque, por tonto que fuera Dipendra, no lo era tanto como para suicidarse con dos tiros en la espalda. Para ello, además de una agilidad felina y una flexibilidad extraordinaria, hay que estar mal de la cabeza. Es mucho más fácil suicidarse sin efectuar un esfuerzo físico tan acusado. El pueblo, que es sabio, exige una investigación, y el nuevo rey Gyanendra la ha prometido, pero ya se sabe lo que son las promesas en Nepal.

Birendra fue un rey absolutista hasta que comprendió que la apertura hacia la democracia era conveniente. Su hijo, Dipendra, estaba medio convencido de ello, pero mantenía las formas. El nuevo rey, Gyanendra, no disimula. Ya ha anunciado que las urnas serán guardadas en un almacén sito a siete mil metros de altura hasta nueva orden. Pero en Nepal el rey es un semidiós, el enviado de la divinidad en la Tierra, y los nepalíes, que son muy religiosos, tragan carros y carretas antes de osar dudar de su rey. Lo que nadie duda es que los hechos acaecidos en el Palacio Real de Katmandú no se corresponden con la versión oficial, y más de un indiscreto ha apuntado al nuevo tenedor del orinal de oro como instigador de la masacre.

Una familia bastante rara, escrito sea con todo el respeto que me merece el elevado e histórico Trono de los Himalayas. Eso es llevarse mal, no lo que hacen los miembros de la Familia Real inglesa cuando uno habla mal de otro y el otro le responde. Para mí, que Gyanendra ha sido el que se ha cargado a Birendra, a Dipendra y también a Dihrendra Shah, su hermano menor, muerto en el tiroteo. Prometo a los lectores de *Tiempo* una tenaz investigación de los hechos y mi compromiso de armar la gorda en el caso de que la investigación confirme mis sospechas. Que el malo es Gyanendra, el actual poseedor del orinal con plumero.

Ignora Gyanendra en qué lío se ha metido.

ABC, 14 de septiembre de 2001

Los progres

El «progre» trasnochado y profesional, además de tonto suele producirse como un tostón. Como consecuencia del terrible ataque terrorista a los Estados Unidos, el «progre» no ha podido disimular su condición de tal y ha enseñado la pluma, el plumón y el plumero simultáneamente. Frases huecas y una perversa justificación. El «pero» de muchos nacionalistas con el terrorismo etarra proyectado a la tragedia de Nueva York. Chumy Chúmez, el gran humorista y mejor dibujante donostiarra, profundo conocedor de los «progres» tópicos, explicaba su superficial sentido de lo trascendental con una escena. El «progre» aguarda en la cama a la «progre» que se está desnudando para iniciar los escarceos previos al fornicio. En el momento de quitarse las bragas, la «progre» se ve obligada, por un impulso de honda intelectualidad, a darle un sentido más profundo a su gesto, y ya con ellas en la mano, antes de lanzarlas al suelo, con gesto serio y preocupado le comenta al chorvo: «Cada día que pasa me siento más cerca de los palestinos.»

El «progre» trasnochado, que aún no se ha quitado la caspa de su derrumbamiento interior —muchos de ellos millonarios e instalados en la cúpula del éxito—, no puede camuflar su odio acomplejado a los Estados Unidos. Es superior a sus fuerzas. Se ha visto en las reacciones tras el horrible ataque terrorista contra Nueva York y Washington. En una emisora de radio, conocidos periodistas y opinantes, señalaban como culpable del infame crimen masivo a ¡Ariel Sharón! Claro que casi todos provienen del comunismo de salón, tan fundamental para sus biografías. Como si la libertad y la prosperidad que disfrutan fueran cosecha procurada por su añorada Unión Soviética. No quieren entender que ese ataque terrorista que ha podido costar la vida de miles de seres humanos inocentes también iba contra ellos. No hay más culpable en el terrorismo que el terrorista, por mucho que intenten disfrazar la culpa en viejos rencores y agravios tópicos.

Cómo no, el licenciado Llamazares —le he tratado de «doctor» incorrectamente en mis últimas referencias a su prescindible personalidad— ha acusado al presidente del Gobierno español de solidarizarse sin cautelas ni fisuras con el dolor de los americanos. Cuando una tragedia de esta envergadura no inspira una inmediata reacción de tristeza y amargura, invita a sospechar que las simpatías de algunos se concentran más en los que hacen sufrir que en los que sufren. El «progre» profesional no se atreve a aplaudir la acción terrorista del fundamentalismo islámico contra el núcleo de la civilización occidental, pero en su cínico desasosiego fluyen dulces lagunas de placer por la humillación americana. Lo que ignora es que su libertad también ha sido atacada por quienes merecen sus escondidas simpatías.

Ya lo saben. Según la «progresía» profesional, diez mil personas, entre norteamericanos y ciudadanos del mundo, han podido morir por culpa de los propios americanos. Después de los americanos, la responsabilidad es de los «halcones» de Israel. Detrás del crimen estamos los demás, aquellos que no creemos que el terrorismo puede tener razón. La «progresía», siempre tan respetuosa y prudente, nos recuerda que responder a un ataque terrorista supone una provocación. Que acusar a Osama Bin Laden es una osadía, y que el fundamentalismo islámico no es el único culpable de la tragedia. Por supuesto que las imágenes de la población palestina celebrando la masacre han sido hábilmente manipuladas por los medios de comunicación proamericanos.

Muchos de esos «progres» de salón tienen su apartamento en Nueva York, y viajan con frecuencia a los Estados Unidos. Algunos no han coincidido con el ataque terrorista de sus héroes de puro milagro. Lo moderno y políticamente correcto es decir que los Estados Unidos, por su prepotencia y política exterior, merecen el sufrimiento. Además de canallas, unos cretinos.

Tiempo, 17 de septiembre de 2001

Mohamed

Del único Mohamed que he conocido personalmente guardo un buen recuerdo. Era, como yo, recluta en el CIR de Campo Soto, en la gaditana y luminosa isla de San Fernando, la patria chica de nuestro Pepe Oneto. Mohamed era un morito español de Ceuta que apenas levantaba tres palmos del suelo y con un cabezón como una antena parabólica. En el interior de la cabeza le cabía toda la picaresca y la sinvergonzonería posibles y probables. Mangaba como nadie y estableció un sistema de crédito con intereses de usura muy particular. Lo mismo prestaba dinero que gorros. A estos últimos los valoraba en quinientas pesetas de aquellos tiempos, con intereses de doscientas cincuenta por día de demora. Cuanto tocaban Diana, la mitad de los reclutas de la compañía se despertaban sin el gorro a mano, y Mohamed —que los había robado durante la noche— se colocaba en un lugar estratégico y hacía el negocio. Tenía en su poder más gorros que el almacén de Intendencia, y a un compañero vasco, hijo de un importante empresario de Bilbao, le vendió cerca de un centenar. Una noche fue sorprendido en plena recolección de gorros por el oficial de semana y trasladó su alojamiento al calabozo. Pero ya era rico. Una tarde acudí a visitarle a las dependencias enrejadas del campamento y me hizo partícipe de su situación. «Mohamed jodido. Pero cuando salga Mohamed, puta va, puta viene. Mohamed forrado.» No supe más de Mohamed y espero que cumpliera sus anhelos en los tugurios de Ceuta.

No me han presentado a Mohamed VI y reconozco que mi congoja por ello dista mucho de la sinceridad. Pero he leído sus manifestaciones y me temo que es tan fresco o más que mi Mohamed particular, aunque con menos gracia. Este Mohamed sí está forrado de verdad, y no como consecuencia de un negocio de gorros hurtados. Mohamed VI, hijo de Hassán II y nieto de Mohamed V, es el único propietario de una finca que ocupa todo el territorio de su Reino. El noventa por ciento de sus habitantes vive en la miseria y su única esperanza de futuro pasa, en ocasiones, por el riesgo y la muerte, por la navegación en la patera, la asfixia en el contenedor de un camión o la vileza como instrumento de supervivencia.

Ha dicho Mohamed VI que el negocio de las pateras es responsabilidad de España. Que el tráfico de drogas y estupefacientes es responsabilidad de España. Que su persona, máxima autoridad institucional y gubernativa de Marruecos, no sabe nada de nada. Será —el de las pateras— el único negocio explotado en Marruecos ajeno a la inmensa fortuna del joven y volátil monarca alauita. Joven porque lo es, y volátil por lo de las plumas no estilográficas.

Marruecos es un paraíso del que la gente huye con riesgo de sus vidas. Marruecos es un edén que vomita diariamente a centenares de esclavos que buscan una vida digna y un espacio de libertad para sus futuros. Marruecos es el jardín de la esperanza. De la esperanza de salir de Marruecos, precisamente. Si el rey Mohamed VI invirtiera una mínima parte de su inconmensurable fortuna en beneficio de su gente, Marruecos sería diferente. Pero no quiere enterarse.

Tienen toda la información debida. Saben de dónde zarpan las pateras inhumanas con su carga de hambre y de miseria. Lo saben y lo autorizan. Cada marroquí que se va, cada ciudadano que muere, es un problema menos. A mí, particularmente, este Mohamed no me hace gracia alguna.

Me quedo con el mío, aquel ladrón de gorros y correajes de mis tiempos en Campo Soto. Aquel granuja decente.

ABC, 23 de abril de 2002

Le Pen

El éxito de Le Pen en Francia, que ha despertado a Europa de su modorra, invita a derribar de una puñetera vez el tópico de lo políticamente correcto. Le Pen es el símbolo de la ultraderecha francesa, que apenas puede alcanzar, en el más optimista de los casos, un cinco por ciento del electorado. Su victoria se ha nutrido de decenas de miles de votos de una izquierda descontenta por la inseguridad y la apabullante inmigración establecida en Francia. La izquierda lela no quiere verlo ni reconocerlo, y en España empieza a suceder lo mismo. La xenofobia no está en la derecha, ni en los barrios acomodados, ni en los sectores sociales que apenas rozan su convivencia con los inmigrantes. El descontento con la política de inmigración que defienden socialistas y comunistas no se manifiesta en La Castellana, el barrio de Salamanca o Chamberí, ni en Pedralbes, ni en Neguri, ni en Ondarreta, ni en Guadalmina. El racismo se cultiva y crece en los barrios obreros, donde los inmigrantes —con todo su derecho, escrito sea de paso— viven y se enfrentan a quienes los consideran invasores. Los barrios periféricos de París, circulares y masivos, están ya exclusivamente habitados por la inmigración. Aquí en España hemos alcanzado la proporción del tres por ciento, pero en Francia supera el doce por ciento, y los recelos y disputas entre franceses e inmigrantes no se desarrollan en la plaza de la Concordia, los Campos Elíseos o Maxim's. Las diferencias se suceden en los barrios extremos, los espacios agrícolas y las fábricas. Y en ocasiones, en un ambiente de desprecio y agresión irrespirable. Esa porción xenófoba de las clases trabajadoras es la que ha colaborado con sorpresa y eficacia en el triunfo de Jean-Marie Le Pen.

Quién se hubiese atrevido a vaticinar hace años —e incluso hace días— que la segunda ronda de las elecciones presidenciales francesas la iban a disputar el candidato de la derecha y el de la ultraderecha. Que los socialistas caerían de forma tan humillante y que el antaño poderosísimo Partido Comunista Francés no llegaría al cinco por ciento de los votos. O la izquierda se apercibe de sus vaivenes y errores, o se va al garete. Y esos vaivenes y errores, mezclados con ingenuidades y tópicos políticamente correctos pero nada rentables, son los que han llevado a Francia a tan exótica y peliaguda situación.

En España, la izquierda moderada socialista y la cómica y decadente comunista no han sabido deshacerse de los lugares comunes. Sus mensajes suenan a demagogia antigua y trasnochada. Los socialistas ponen huevos en todas las cestas, y a los comunistas no les quedan ni huevos ni cestas. Todo eso se plasma en los resultados, porque en la actualidad los esquemas tradicionales de la derecha y de la izquierda no sirven para nada. Una izquierda en España que pacta con el nacionalismo desleal y étnico no puede prometer esperanzas. Menos aún el comunismo, que no sólo pacta, sino que estimula y ampara a un partido terrorista. Después se quejan de la incomprensión del electorado.

En España, por fortuna, el fenómeno Le Pen no supone amenaza alguna, pero sí lección, enseñanza y advertencia. Una mala gestión en la política de inmigración puede revolverse contra la cordura y fomentar la xenofobia. Ése ha sido el mejor y único argumento de Jean-Marie Le Pen para destrozar la habitual armonía. El problema es que Francia influye en Europa de manera terminante, y este triunfo estremecedor de la ultraderecha francesa puede extenderse a otras sociedades. Un triunfo de la ultraderecha, y ahí radica el problema, cimentado en los votos de una izquierda cansada y descreída. Desastres de la demagogia.

Tiempo, 23 de septiembre de 2002

Gratitud

Nada más bello y alto que el reconocimiento mediante la gratitud. «De bien nacido es ser agradecido», dice uno de los pocos refranes atinados de nuestro extenso y rico refranero. Tengo dicho que la antología de las bobadas se la disputan el Refranero Español y el *Libro Guinness de los Récords*. Bueno, pues eso de que el bien nacido es agradecido es una verdad como un templo. De ahí que concluya con una opinión, en principio, chocante. El setenta y cuatro por ciento de los ciudadanos kuwaitíes tienen de bien nacidos lo que el abajo firmante de guardia forestal islandés. Es decir, absolutamente nada.

Cuando el Ejército de Iraq, por orden de Sadam Husein, invadió Kuwait, se armó la gorda. El pequeño emirato es joya del petróleo, y por convicción o interés —la segunda opción también hay que asumirla—, el mundo occidental, liderado por los Estados Unidos, puso a Sadam Husein en su sitio y a los kuwaitíes les devolvió el suyo. Fue una guerra rápida y precisa, y además se televisó en directo. Bueno es recordar que el emir de Kuwait, su familia, sus harenes, su Corte y sus ministros escaparon a toda pastilla cuando apareció la primera torreta de los carros de combate iraquíes. Terminada la guerra, que fue un paseo militar para los americanos, el mundo occidental volvió a sentar en el trono al emir, que ahí sigue, sin tener nada que hacer, que es el principal deber de los emires.

Pero el pueblo kuwaití sufrió y experimentó un período de terror considerable mientras se producía la inevitable reacción de Occidente. Todos aquellos que no manifestaron su intención de acatar a Sadam Husein fueron torturados y eliminados del mapa.

El kuwaití es un ser privilegiado que por el solo hecho de nacer tiene su sueldo asegurado de por vida y no paga impuestos. El petróleo lo garantiza. Claro que nacer en Kuwait es una faena y un aburrimiento, pero de ése no tenemos la culpa. Peor es nacer en Iraq, donde se mueren de hambre y viven aplastados por una tiranía. El hecho es que Kuwait volvió a ser libre y que los iraquíes abandonaron su territorio con el rabo entre las piernas, gracias a los Estados Unidos, principalmente.

Un sondeo recién publicado por el diario kuwaití *Al Rai Al Am* revela que el setenta y cuatro por ciento de los kuwaitíes considera a Bin Laden un héroe; el veinte por ciento, un criminal, y el resto se abstuvo. Buena forma de agradecer la ayudita y demostrar el reconocimiento popular a la nación que le sacó las castañas del fuego y los tanques de Sadam Husein de sus desiertos dorados. El setenta y cuatro por ciento es una barbaridad, una mayoría absoluta incuestionable, una muchedumbre compacta y estallante. En resumen, que los kuwaitíes, en su mayor parte, son unos cabrones con pintas de muy complicada regeneración.

Claro que el portavoz de Al Qaeda, Sulimán Abu Ghaiz, y que fue desposeído de su nacionalidad después de los atentados del 11 de septiembre, era kuwaití, y se calcula que una considerable representación de ciudadanos de aquel país forma parte de la organización terrorista de Bin Laden.

Pero la diferencia entre unos y otros es abrumadora. Si yo fuera Bush, que por fortuna no lo soy, y si Bush tuviera sentido del humor, que por desgracia no lo tiene, antes de atacar Iraq me uniría a Sadam Husein para invadir Kuwait. Una nación que le debe todo, hasta su seguridad, a Occidente y que considera a Bin Laden un héroe es una nación de desagradecidos, de eso que se llama mala gente.

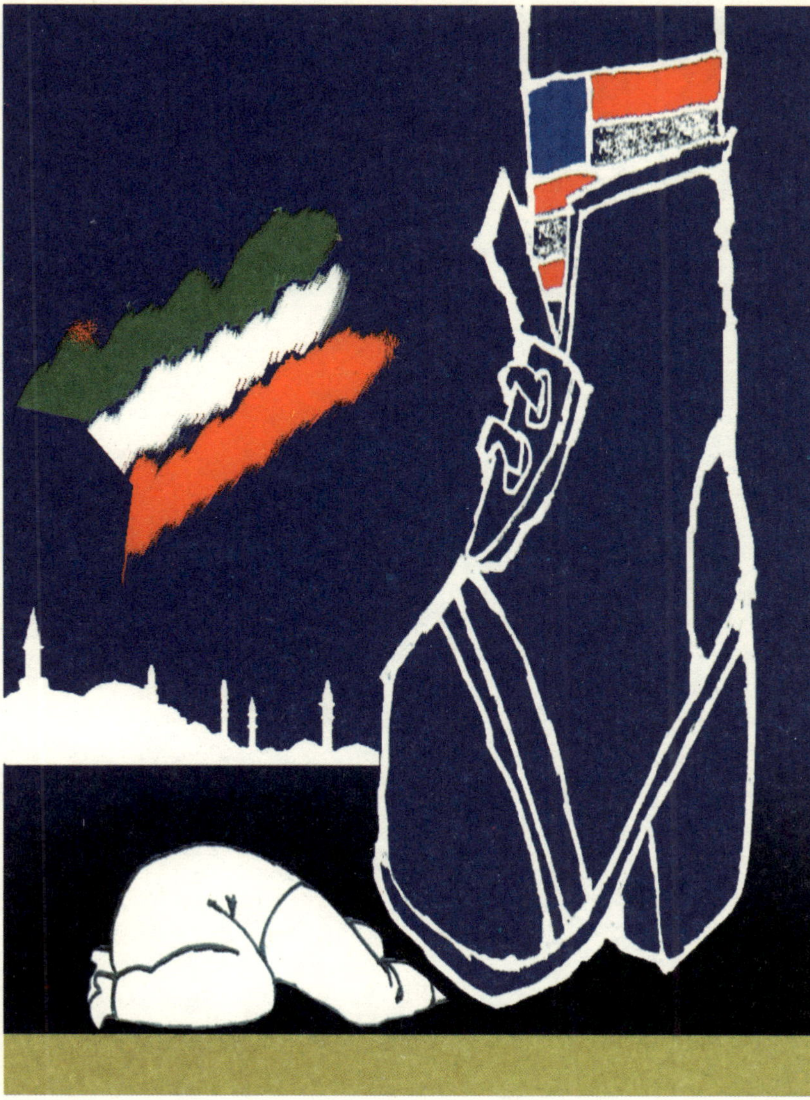

ABC, 29 de septiembre de 2002

Son cuatro

Hoy no voy a escribir de los políticos nacionalistas vascos. No le concedo importancia alguna a la machada de Ibarreche. Un proyecto de soberanía que abarca Navarra y las provincias vascofrancesas —y olvida que Álava se puede desgajar en cualquier momento— no sirve ni para sorprender. Además, que el marco jurídico lo impide, y ya está. Si quieren jugar, que lo hagan, y si Llamazares desea ingresar en Batasuna, que ingrese raudo y veloz. Algún coche le sobrará a los empresarios del grupo Mondragón para cedérselo al médico sin doctorado. Además, que entre el dolor y la insistencia, estarán ustedes hartos de esos, que basta ya, hombre, otra vez todos escribiendo, dibujando y analizando lo que no merece palabra, trazo ni análisis. Por ello, hoy me dispongo a escribir de los cuatro sadames huseines, que eso sí tiene bemoles.

Occidente, con Bush a la cabeza, desea acabar con Sadam Husein, y ahora resulta que para hacerlo tiene que ir contra cuatro. Se ha confirmado que además del genuino, tres dobles se hacen pasar por el tirano, que no aparece en público desde hace cuatro años. Yo creo que ésa es la causa de las risas de los generales que se sientan en la mesa con Sadam, y cuyas imágenes vemos continuamente en televisión. Me lo pregunto siempre que las veo. «Si los amenaza todo el poder americano, si se cierne sobre ellos un vómito inimaginable de bombas y misiles, ¿de qué se ríen?» La respuesta es clara. Se ríen de las cosas que dice uno de los dobles de Sadam, que tiene que ser mucho más gracioso que el propio Sadam. Porque no es normal que se rían tanto con lo que les puede caer encima.

Ha sido un forense alemán, el doctor Dieter Buhmann, el descubridor del fraude. Ha examinado quinientos documentos y llegado a la conclusión científica de que son cuatro los sadames huseines que pululan por Iraq. El verdadero lleva cuatro años sin salir de casa y dedicado al juego del parchís, que hay una gran afición en Iraq por el parchís. A la teoría de Buhmann se ha unido un otorrino árabe, Al Asadi, que ha diagnosticado cinco diferencias corporales entre Sadam Husein y sus dobles, sólo centradas en la cabeza, el rostro y las manos. Que otras habrá en el tronco y las extremidades, así como en las zonas más íntimas y comprometidas. Que ya lo dice el refrán: «De los hombres, en cinco continentes / no se han hallado dos pitos coincidentes.» O sea, que por lo menos, las diferencias son seis.

El plan de Bush no es otro que sacar del poder a Sadam Husein y encontrar para el mandatario iraquí un exilio dorado. Ahora comprendo por qué no ha conseguido el poderoso imperio norteamericano retirar de la circulación a Sadam Husein. Como en los dibujos animados, desaparece uno por el agujero e inmediatamente surge otro, y así, hasta en cuatro ocasiones. En síntesis, que para terminar con Sadam Husein hay que dejar como un solar todo el territorio de Iraq, y esa acción no es presentable ni correcta. Con un hombre que tiene tres dobles, no hay nada que hacer excepto aguardar con paciencia a que se mueran los cuatro. Y cuando el cuarto se haya aposentado en los jardines celestiales, Bush no será el presidente de los Estados Unidos y los iraquíes ya nos habrán sorprendido con alguna de sus bombas atómicas, quizá no por orden de Sadam Husein, sino por culpa del doble guasón que tanta gracia les hace a los generales.

Entre Sadam Husein, sus tres dobles, el desconcierto de la ONU, las posturas de Alemania y Francia, la resistencia a abrir los ojos del retroprogresismo occidental y lo mal que vende Bush sus proyectos, el tirano iraquí terminará venciendo. Si no él, el otro, el otro o el otro. Uno de cuatro. Entonces sí que se van a reír los generales.

El Semanal, 13 octubre de 2002

Charla matrimonial

Mohamed en Palacio no hace caso a su espó,
porque está obsesionado con la Armada Españó
que helicópteros manda al islote en lití;*
y su esposa le dice: —Mohamed, no me tó
desde hace muchí.

—¿Qué te importa esa isla y un rebaño de cá
cuando tienes a huevo el inmenso Sahá?
Soy tu esposa y me tienes todo el día a dos vé,
y la gente pregunta que por qué te has casá,
si odias a las mujé.

—No las odio, Princesa, bella esposa querí,
y no digas ni en broma que soy gay o marí,
pues me hiere el orgullo y me duele bastán.
Que me sigas pidiendo que te dé triqui trí
me parece indignán.

—Lo que pasa, mi esposo, mi monarca y mi dué
es que ya se comenta, y no sólo en Marrué,
que no hay dama en el mundo que tu gusto complaz.
Y lo saben Chirac, Bush y Blair, y hasta Schroé,
y lo sabe hasta Az.

* El ingenio volante no era de la Armada Española, sino de Tele-5.

—No te olvides, esposa, que soy dueño de tó,
y que si alguien me insulta, le rebaño el cogó;
te has casado conmigo, y eres rica y sultá.
Te lo advierto, monina, desde hoy, mucho ó,
que te expulso de cá.

—Lo que ordenes, mi dueño. Si me pides silén
callaré para siempre, pero ten muy presén
que en Madrid se hacen lenguas con frescura y delei,
que el Sultán de Marruecos, por detrás claramén
pierde acei.

—De Madrid lo que digan, me lo paso por don
la chilaba se abulta cuando estoy muy cachón.
A mí no me interesa ese islote ridí.
Mi ilusión es quitarles de repente y de pron
lo de Ceuta y Melí.

—Me parece muy bien, Mohamed de mi al,
pero yo quedaría consolada y en cal
si entre Ceuta y Melilla me acaricias un pé,
y es que, desde la boda, mi Sultán no se empal,
y me tiene a dos vé.

ABC, 25 de octubre de 2002

No, no y no

Desde otro tiempo de la Historia, quizá partiendo de Teherán un día cualquiera del siglo XIII y con destino Madrid, nos viene y visita el Ayatholá Mohamed Jatami, presidente de Irán. Ha exigido, y el Gobierno de España lo ha aceptado, el riguroso cumplimiento del protocolo islámico de acuerdo con sus leyes divinas. A la Reina y a la ministra de Asuntos Exteriores no les estrechará la mano en el saludo, porque es pecado y le produce asco. Mucho mejor para las manos de la Reina y de la ministra. Si alguna mujer tiene la osadía o la obligación de presentarse ante el divino tirano, tendrá que hacerlo con la cabeza cubierta. Todo esto en Madrid, no en Teherán. Dado que en el protocolo español la consumición de vino no es considerada delictiva y pecaminosa, se suspende la cena oficial en el Palacio Real. Oportuna suspensión, porque de celebrarse, el visitante medieval no aceptaría sentarse en la mesa con mujeres, incluida la Reina. Todo sea por los intereses políticos y comerciales, por asegurar los contratos petrolíferos, porque así lo sugiere la secretaría de Estado del Gobierno de Washington y, sobre todo, porque así lo exige el visitante. Pues no, no y no. Para mí, que soy bastante impulsivo, que un mandatario extranjero, de tierra y de siglo, venga hasta Madrid y ponga como condición no rozar la piel de la mano de la Reina de España, se me antoja intolerable, por mucho petróleo, mucho interés comercial y mucho beneficio que su medieval grosería nos ofrezca. Si Jatami no quiere dar la mano a la Reina y la ministra de Asuntos Exteriores del Gobierno democrático de la nación que visita, que es España, que Jatami se meta la mano por donde le quepa, aunque para ello tenga que efectuar un escorzo muelle de muy complicada culminación. Pero aceptar tamaña humillación, no, no y no.

Los Reyes, en sus visitas oficiales, se adaptan a las normas y costumbres de sus anfitriones. Por adaptarse y cumplir con la cortesía, han tenido que soportar amargas experiencias, entre ellas, la de degustar en una nación centroafricana el plato más sugestivo de su gastronomía. Mano de mandril con mazorcas de maíz de guarnición. Los Reyes, y nuestros presidentes de Gobierno, aceptan las reglas del juego y de los hábitos, toleran con educación y cortesía lo que les disgusta y no exigen nada como huéspedes. Que venga de otra Edad de la historia un tirano medieval y obligue al Gobierno de España a asumir sus intolerables condiciones, no, no y no.

En tal caso, ya de asumirlas y aceptarlas, sería conveniente organizar en la plaza Mayor de Madrid un espectáculo público con ahorcamientos de ladrones de teléfonos móviles y lapidaciones de mujeres adúlteras. Pudiera ser que al Ayatholá Mohamed Jatami le complaciera contemplar una hoguera humana con condenados por la Santa Inquisición. No sería complicado, hoy por hoy, encontrar reos adecuados para protagonizar la indulgente llamarada. Y por último, para alegrar las postreras horas de su visita a España, podría ser obsequiado el presidente Jatami —con posterioridad a la firma del tratado de buena amistad— con un espectáculo insuperable. El sacrificio de un numeroso grupo de cristianos —todos ellos voluntarios y pertenecientes a Organizaciones No Gubernamentales—, despeñados hacia los barrancos más profundos del Guadarrama, que es la sierra más cercana a Madrid. Tampoco hay que cansar con viajes innecesarios al amable huésped.

Claro que hay una última opción para recuperar la dignidad. Firmar el tratado y los negocios, y ya rubricados, llevarlo a una bodega de La Rioja, la ribera del Duero, Jerez o el Puerto. Convidarle a comer cochinillo asado en Segovia. Darle una vuelta nocturna por los locales de putas en Madrid, y desearle un feliz viaje de vuelta a su país y a su siglo. En ese caso, sí, sí y sí.

ABC, 13 de diciembre de 2002

Los misiles

La brillantísima operación realizada por dos buques de la Armada española en aguas del Índico no ha servido para nada. Los mandos estadounidenses, que no tuvieron más remedio que felicitar la acción de nuestros marinos, accedieron a la petición yemení de quedarse con sus misiles. Todo más raro que el peinado de la madre de George Bush. Los buques españoles *Navarra* y *Patiño* detectaron la presencia de un mercante sospechoso que procedía de Corea del Norte, uno de los países que, según Bush, forman el «eje del mal». El barco no llevaba bandera alguna, hecho que por su ilegalidad permite la consideración de pirata. Los mandos de los buques de guerra españoles consultan con el Alto Estado Mayor de la Armada y el ministro de Defensa, que a su vez informan al Cuartel General de la «Libertad Duradera» en Florida, Estados Unidos. Se decide actuar y los buques españoles interceptan al barco sospechoso, que no obedece a los requerimientos de nuestra Armada. Intenta huir y la fragata *Navarra* le suelta un pepinazo de advertencia. El segundo pepinazo ya no es de advertencia y se lleva toda la arboladura de proa del *So San*, que es como se dice llamar el mercante. Un helicóptero de la *Navarra* sobrevuela el barco y los infantes de marina se descuelgan sobre la cubierta. Unos chinos bastante enfadados protestan. Al final los chinos enfadados resultan ser coreanos del norte molestos con la situación. Dicen que llevan cemento. Efectivamente lo llevan, pero bajo el cemento aparecen unos contenedores que ocultan quince misiles Scud completos y amablemente preparados para ser lanzados. Además, armamento convencional, un centenar de bidones de productos químicos y unas coquetas tolvas con ácido. El destino, Yemen, otro de los países que, según Bush, conforman el «eje del mal». Sorprendentemente, los Estados Unidos han echado por la borda la brillante operación de nuestros marinos y accedido a que Yemen reciba los misiles provenientes de Corea del Norte. Es de esperar que no se quejen los americanos cuando hagan uso de ellos contra cualquier objetivo occidental. Si uno de esos misiles cae cerca de Colin Powell, recomendamos desde aquí a Colin Powell tenga la cortesía de no protestar. Porque interceptar un barco que parte de Corea del Norte con quince misiles destinados a Yemen, felicitar a la Armada española por su acción y finalmente permitir que los misiles lleguen a su destino, que es un país terrorista, es algo que no se entiende. Alta política, dicen algunos. Política de gilipollas, decimos la mayoría.

¿Yemen o Iraq? Que ésa es otra. ¿Para qué le sirven a Yemen quince misiles si no cuenta ni con lanzaderas? ¿Qué extraño secreto rodea decisión tan sorprendente? ¿Acaso los americanos desean que los misiles lleguen a manos de los iraquíes para justificar los ataques previstos y anunciados? En tal caso, ¿para qué necesitan de las naciones aliadas que cumplen con su deber en aquellos lejanos mares? El mundo occidental —que en mi caso particular soy yo—, espera una explicación. No obstante mi mundo occidental de lo que se siente orgulloso es, una vez más, de la eficacia de nuestra Armada que ha demostrado de nuevo su altísimo nivel.

La próxima vez ya sabemos cómo hay que actuar. No dejando que los americanos escachifollen la brillantez de una operación militar modélicamente ejecutada. La próxima vez, a la vista de un barco pirata, de un mercante sin bandera, que no obedece las órdenes de detención ni para sus máquinas después de dos disparos de advertencia, y del que se sospecha que transporta material de guerra y destrucción a una nación terrorista, se hunde el barco. Y que los americanos buceen para sacar del fondo, uno a uno, los misiles para entregárselos al enemigo que piensa dispararlos sobre sus cabezas. De chorlitos, claro.

El Semanal, 5 de enero de 2003

El subcomandante

Soy el subcomandante,
soy el sub-Che Guevara,
soy el súper farsante
de la mema rojez.
Al indígena engaño
porque así me conviene,
y el negocio me viene
de la extrema idiotez.

Saramago me adora,
Montalbán me cocina
y me canta Sabina
con su chorro de voz.
Bonafini me embriaga,
me visita la ETA
y me dicen «poeta»
la serpiente y la hoz.

Mi negocio es Zapata,
y al indígena tengo
bajo el pie, y lo mantengo
con la ayuda exterior.
Saramago me quiere,
Montalbán me apadrina
y me canta Sabina
chorraditas de amor.

Mi carita la oculto
porque gusta a esa Izquierda
española tan lerda
que me ve como al Che.
Esa Izquierda tan cursi
del dinero, la coca,
rojerío en la boca
e iraní canapé.

ABC, 19 de febrero de 2003

La República de Jeb

El gobernador de Florida, la vieja Florida española, Jeb Bush, hermano del presidente de los Estados Unidos, ha visitado España, y del aeropuerto fue directamente al Palacio de la Moncloa, donde le esperaba José María Aznar. De aspecto más bien tosco, Jeb Bush traía un mensaje de su hermano un tanto confuso. No lo escribió y se le olvidó algún detalle durante el vuelo. El mensaje no era otro que el de estrechar los lazos fraternales que unen a los Estados Unidos con la República Española, de la que Aznar es su presidente. Una metedura de pata la comete cualquiera, y más si uno es norteamericano. Peor fue la del presidente Ford cuando en Tel Aviv brindó por el «noble pueblo palestino» durante un almuerzo que le ofreció el Gobierno de Israel. Son *lapsus linguae* perdonables. En una visita oficial a Granada, Franco inició su discurso desde el balcón del Ayuntamiento con un sorprendente «¡Malagueños!» que dejó a los del lugar un tanto descolocados. Y Fernando Álvarez de Miranda, en plena campaña electoral en Palencia como candidato de la UCD, principió el mitin con un «¡Palestinos!» que anonadó a los palentinos, que, además, terminaron votándole mayoritariamente. Cuando la Reina de Inglaterra abandonaba la estación Victoria en la carroza real acompañada del presidente de Portugal, general Antonio Ramalho Eanes, uno de los caballos se tiró un pedo dirigiendo su regalo al interior del real carruaje. La Reina, como buena anfitriona, se disculpó, y el presidente de Portugal aceptó las excusas con estas palabras: «No se disculpe, Majestad. Yo creía que había sido un caballo.» Preocupadísimo se hallaba el ministro del Interior de España, Jaime Mayor Oreja, por el resultado del secuestro de un avión marroquí que había despegado de Barajas. Viajaban en el avión algunos pasajeros españoles, y eran las cinco de la mañana cuando fue despertado por el ministro del Interior de Marruecos para informarle de que todo había terminado bien. Entre el sueño y la alegría por la buena noticia, a Jaime Mayor le sobrevino un desliz lingüístico, y en lugar de decirle *«merci beaucoup mon ami le ministre»*, le salió un *«merci beaucoup mon amour le ministre»* que dejó a su colega hachemita al borde del pasmo. Y en una visita oficial del presidente de Gabón, en la cena que los Reyes ofrecen a los Jefes de Estado en el Palacio Real, el señor presidente de Gabón, probablemente informado por Jeb Bush, dirigiéndose a Don Juan Carlos, le soltó en el meollo de su discurso: «Vuestro inolvidable padre, don Francisco Franco...» El mismo Franco que, preocupado por la salud del cardenal Bueno Monreal, al encontrárselo en una recepción, le manifestó: «Me alegra mucho ver que Su Eminencia está muy mejorada», a lo que Bueno Monreal respondió: «Muchas gracias, Excelencia, porque la verdad es que he estado bastante pachucha.» Una conocida señora de gran influencia en el anterior régimen, alertada por su paulatina pérdida de visión, pidió hora en la consulta del célebre oftalmólogo, el doctor Poyales. Durante un té en El Pardo invitada por doña Carmen Polo, la buena señora lo comentó de esta guisa: «Mañana tengo consulta con el doctor Pichales, ¡ay, no!, con el doctor Poyales, ¡qué tonta!, ¿en qué estaría pensando?»

De ahí que ninguna importancia tenga el resbalón semántico y político de Jeb Bush al calificar a José María Aznar de «presidente de la República Española». Al menos, los Bardem se habrán sentido contentos por esta vez. Además, que en un Estado cuya máxima Institución es la Monarquía Parlamentaria, y que tan sólo se denomina y reconoce como «Reino de España» en el carné de conducir, no puede extrañarnos que venga un tontorrón y meta la pata. Más aún con Aznar, que dice ser admirador de Azaña, y así le va.

DEPORTES

ABC, 8 de julio de 2001

«ZZ»

Al nuevo y carísimo fichaje del Real Madrid, el jugador francés Zinedine Zidane, se le conoce en el mundillo futbolístico como «ZZ». En el literario y periodístico, «ZZ» es sinónimo de mal fario y gafancia, en memoria de un escritor con doble «Z» en el apellido que no se caracterizó por sus influencias positivas. Lo peor, lo más mortificante que pueda caerle a uno encima es alcanzar, por méritos propios o la mala uva ajena, la categoría de gafe. En Italia, un gafe público llega a ser apartado de toda reunión o acontecimiento social. En España inspira recelo y deseos de lejanía, pero no se exagera la cautela.

Además, que hay gafes y gafes. Cuatro son los niveles de gafes en nuestro país, que por definición de la Real Academia Española es simplemente el aguafiestas o la persona con mala sombra que transmite o comunica adversa suerte a los demás. Las cuatro categorías nada tienen que ver con la Real Academia Española ni con el Instituto Español de Investigaciones Científicas, y emanan de la sabiduría popular. Gafe es todo aquel que transmite mala suerte en pequeñas dosis desde su inmunidad. El Regafe o Supergafe trasmite al prójimo una mala fortuna que también el aguafiestas padece. El sotanillo es transmisor de la peor desventura y él se salva, y el manzanoide muere con las botas puestas. Subir a un ascensor con un sotanillo conlleva la aplastante seguridad de que al abandonarlo el susodicho en el quinto piso, los usuarios restantes, al intentar que el ascensor ascienda a la sexta planta se van a enfrentar a la desagradable situación de protagonizar una caída libre dentro de la cabina con destino al suelo. El manzanoide, más cortés y educado que el sotanillo, se cae con todos los demás. El grandísimo y holgazán Enrique García Álvarez, extraordinario autor de teatro de los años veinte, perdió a su madre en un accidente de ascensor. Con toda probabilidad, su hacedora subió al artefacto ascendente y descendente en compañía de un sotanillo que abandonó la cabina antes que ella. García Álvarez, que no perdía el sentido del humor ni en los peores trances, le dedicó a su madre un epigrama elegíaco delicioso: «No me queda más consuelo / dentro de este gran dolor, / de ver que has subido al cielo / metida en un ascensor.»

Gafes de poco peligro físico pero sí anímico son, en la actualidad, la mayoría de los comentaristas deportivos de las cadenas de televisión. Disputaba la pareja española de Copa Davis un fundamental partido de dobles. Vencía con holgura. Comentó Andrés Gimeno: «Imposible perder este punto porque España hace un tenis muy sólido.» Inmediatamente se puso a hacer un tenis muy líquido y el adversario nos arrasó. Crivillé a dos vueltas de la victoria en una carrera de motociclismo. «Crivi lo tiene todo controlado», sentenció el comentarista. Lo tenía todo controlado menos el motor, que empezó a soltar más humo que una chimenea de Huesca en el mes de enero. Perdió la carrera.

De Yáñez, el político socialista, se cuentan muchas cosas, y algunas de gravedad. El hundimiento de la nao *Victoria*, réplica de la que Juan Sebastián de Elcano comandó para dar la vuelta al mundo, resultó apoteósico. Con Yáñez, ni vuelta al mundo ni nada. Vuelta completa del casco y naufragio total con la mar en completa calma. Cosas de las malas influencias.

Me preocupa, quizás influido por este malpensado mundillo literario, que el nuevo jugador del Real Madrid, por el que ha desembolsado la cantidad de doce mil millones de pesetas —han leído bien—, Zinedine Zidane adopte sus iniciales «ZZ» como mote acostumbrado. Porque Zidane es un gran jugador, distribuye con sabiduría el balón, crea situaciones de gol y cuando es necesario la mete muy bien, y me refiero a la pelota en la portería contraria. Pero con el «ZZ» en la camiseta, el proyecto puede resignarse a una decepción encadenada y afligida.

Ya anciano y disminuido, subía con esfuerzo por las escaleras del Palacio de la Zarzuela el bueno de Julián Cortés-Cavanillas. Le ayudaba un escritor con fama de gafe. Iba mal tocado. Al llegar al salón donde el Rey recibía a los invitados, entre la emoción y la mala influencia transmitida, inesperada y sonoramente, ¡Pumba!, a Julián se le escapó un cuescazo.

Con estas cosas y doce mil millones de por medio, no se juega.

Tiempo, 8 de octubre de 2001

Roberto Carlos

No es mi intención referirme al cantante brasileño, autor de una famosa canción, tontita y blanda, que repetía aquello de «yo quisiera ser civilizado como los animales». Que le pregunten a la anchoa si el atún es civilizado, y al impala si el león, y al conejo el águila. Mi Roberto Carlos es también brasileño, pero futbolista, y en la actualidad el jugador más querido de la afición, que no por alguno de sus dirigentes.

Que el fútbol está loco nadie lo pone en duda. Tampoco es disputable que mueve una cantidad de dinero fabulosa, y que el Real Madrid, como club y como marca, forma parte de la cumbre de los privilegiados. A partir de ahora, más todavía, con su horizonte inmediato de miles de millones a cambio de su Ciudad Deportiva.

El Real Madrid quiere tener a los mejores y los paga muy bien. A Figo, Raúl y Zidane, más de mil millones de pesetas netas por temporada. ¿Es justo? Si el Real Madrid genera esas cantidades, es justo que sus jugadores reciban lo que les corresponde. Especialmente los que siempre se han manifestado como profesionales honestos y entusiastas.

Roberto Carlos fue contratado por el Real Madrid por indicación de Fabio Capello, seis años hace. Incomprensiblemente el Inter de Milán lo vendió barato. En esos años se ha ganado a todos por su técnica, su físico y su indomable honradez. No es opinable su rendimiento, que ha resultado prodigioso, y quiere ganar más. Se lo merece, y más aún cuando nuevas figuras han recalado en el club con unas fichas impresionantes. Pero el Real Madrid, tan amable y complaciente con Figo, Raúl y Zidane, le ha dicho a Roberto

Carlos que nada de nada, que lo que se firma es sagrado y que no puede pertenecer al selectivo grupo de los mejor remunerados. El director general deportivo del Madrid, Jorge Valdano, fue el encargado de soltarle la amabilidad.

El público ha reaccionado y le ha demostrado a Roberto Carlos que está de su lado.

Que no se equivoquen Florentino Pérez y Jorge Valdano. Los socios y aficionados no entienden la postura inflexible del Real Madrid con un jugador ejemplar mientras con otros la flexibilidad es una norma. Para mí que el sueldo de Valdano es para el Real Madrid infinitamente más gravoso que el aumento que pide Roberto Carlos. Como director general, no ha conseguido vender ni contratar lo que el Real Madrid necesita. No creo que las gestiones veraniegas de Valdano puedan ser consideradas, desde el punto de vista empresarial, brillantes. Fichar a Zidane por doce mil millones de pesetas no es una operación que atienda a la admiración. Lo difícil era conseguir un buen delantero y un defensa central por menos dinero, y ahí están los resultados. Lo difícil era vender el paquete de *paquetes* que arrastra la nómina del club y aquí se han quedado todos. Los contratos hay que cumplirlos, pero también se mejoran cuando el rendimiento de un trabajador —en este caso un jugador de fútbol— supera a la mejor excepción. Otra cosa es que, al haber sido contratado por el anterior grupo directivo, la justicia se disfrace de mezquindad y celos. Roberto Carlos no corre, trabaja, lucha, juega y mete goles ni para Sanz ni para Pérez ni para Valdano. Lo hace para el Real Madrid.

Lo peor que puede tener un equipo de fútbol es un cáncer injusto. Roberto Carlos es la alegría, el asombro y la genialidad que hace del fútbol un espectáculo.

Si hay dinero para gastarse doce mil millones en un gran jugador, también debe haberlo para aumentar la ficha de un futbolista ejemplar en todos los sentidos. Aunque haya que rascarlo de los sueldos millonarios de sus ejecutivos.

ABC, 5 de marzo de 2002

Forofismo

El presidente del Gobierno se ha reconocido madridista y se ha armado la gorda. Un parlamentario de Convergencia y Unión ha elevado la anécdota a pregunta en el Congreso de los Diputados, e Iñaki Anasagasti se ha apresurado a denunciar al Real Madrid por su amparo gubernativo. Así que los goles de Raúl son consecuencia de los medidos pases de Arias Cañete. Con independencia de la simpatía que me inspira el madridismo de Aznar, me atrevo a opinar que este supuesto escándalo es cosa de tontos. Aznar tiene todo el derecho —incluido el constitucional— de sentirse madridista, atlético, barcelonista o pucelano. Winston Churchill era partidario del Arsenal, y los seguidores del Manchester, el Liverpool o el Nothingham Forest no se ofendieron. Berlusconi es el dueño del Milán, y Ghadafi no se pierde un partido televisado de la Juventus de Turín. El ministro Piqué, estandarte de nuestra política exterior —últimamente más banderín que oriflama—, es miembro del Gobierno e hincha del Barcelona. Todos sabíamos que Felipe González reunía a sus amigos en la bodeguita aquella para disfrutar de las victorias del Betis, y el ex presidente de la República Portuguesa, Antonio Ramalho Eanes, impermeable a cualquier emoción, alzaba sus brazos cuando el Benfica marcaba un gol. No por eso los partidarios del Sporting de Lisboa o del Oporto se sintieron humillados por su Jefe de Estado.

La Familia Real española —que no descubre por cortesía sus inclinaciones deportivas— es tradicionalmente merengue. Alfonso XIII lo era, y abiertamente Don Juan, que siempre que se lo permitían acudía al campo de O'Donnell a ver los partidos del Madrid con su hermano Don Gonzalo. Para mí, que el Rey, aunque se lo tenga callado, es blanco a tope, y nadie discute su capacidad para reinar y arbitrar el cotarro con sabiduría y equilibrio. Su madre, Doña María, era más bética que Benito Villamarín y Ruiz de Lopera juntos, y ningún partidario del Sevilla rechazaba sus preferencias. Al Príncipe, de niño, le animaron a ser atlético, y el hombre lleva con ejemplar integridad su supuesta condición de «indio». A los atléticos se les dice «indios» porque acampan junto al río, odian al blanco y su jefe se llama «Caballo Loco». Las Infantas Elena y Cristina siguen la tradición, y son madridistas, en tanto que sus maridos, los duques de Lugo y de Palma de Mallorca, son azulgranas. El primero del Numancia y el segundo del Barça, por razones que no precisan explicación. Se han dicho muchas bobadas del Real Madrid en tiempos de Franco, que ganaba porque era el equipo del régimen y demás simplezas. El Real Madrid ganaba porque era el mejor equipo del mundo y Kopa, Rial, Di Stéfano, Puskas y Gento jugaban para el Real Madrid, no para Solís Ruiz o Fuertes de Villavicencio, que era colchonero. Pujol es desmedido forofo del Barça, y los catalanes del Español aceptan de buen grado su condición de culé. Y Chaves, aunque tenga la cara igual al escudo del Barcelona, es del Cádiz, aunque esto último me lo haya inventado, porque nunca me ha interesado averiguar los impulsos de Chaves. Fraga es del Deportivo de La Coruña —lo de A Coruña es una cursilería que pocos tragan—, y Rajoy, más gallego, no se decanta ni por el Depor ni por el Celta, no pudiendo descartarse que sea del Orense o del Compostela. Y Jaime Mayor Oreja, aunque Anasagasti le acuse —¿qué acusación es ésa?— de madridista, es de la Real Sociedad de San Sebastián, como Enrique Múgica e Íñigo Cavero. Y Mohamed VI de Marruecos es del Athletic de Bilbao, y esto sí que suena a falso, que lo es, pero Arzallus al leerlo se habrá puesto durante una décima de segundo como una hiena, y compensa.

O sea, que Aznar es del Real Madrid. ¿Pasa algo?

Tiempo, 11 de marzo de 2002

Juanete

Cuando Muehlegg ganó su primera medalla de oro en Salt Lake City, y después la segunda, y toda España era un clamor en torno a Juanito, Paquito Ochoa se atrevió a opinar con frialdad. No me sentó bien la actitud de nuestro héroe en Sapporo porque se cimentaba en razones de origen, que no de trampas. Pero algo me decían mis adentros recomendando mi prudencia: «No te entusiasmes, no escribas de Muehlegg, no te metas en la jaula de los vítores.» Y no escribí de Juanito ni de las medallas de Juanito.

Pero seguí —con la agobiante publicidad de la pública TVE incluida— la carrera de los 50 kilómetros, que ganó brillantemente y supuso su tercera medalla de oro. El locutor no cabía en sí de gozo, y yo mismo, tan escéptico con Juanito, me comía la pantalla cuando el bávaro empadronado en Murcia iba poco a poco tragándose la ventaja de un ruso con orinas más garantizadas. Y se me pasó por la cabeza lo mismo que me hace sospechar cada vez que veo una etapa de alta montaña en una gran carrera ciclista: que es imposible aguantar el ritmo de los campeones sin un chute. Porque el deporte de élite, en algunas especialidades, consiste en procurar a sus mejores de sustancias químicas que no delaten el dopaje. Siempre los análisis ofrecen resultados sospechosos, rayanos con la trampa. En ocasiones, como ha sucedido con Muehlegg, los análisis certifican que la trampa ha sido consumada. Consumida y consumada, para ser más exactos.

Claro que hay centenares de deportistas de primer orden que no juegan con fuego y se someten en exclusiva a sus propias y naturales fuerzas y mañas. Éstos, los limpios y deportivos, son los más perjudicados cuando se detecta una artimaña química en la sangre de los campeones de laboratorio. La ambición de éstos les pierde. Si Muehlegg, con sus dos primeras medallas de oro, hubiese decidido poner fin a su aventura olímpica, hoy sería un héroe nacional. Pero se inscribió en la prueba de cincuenta kilómetros, seguro de la discreción de su invento químico. Y cuando no se lo esperaba, antes de iniciarse la carrera, apareció por ahí un tipo con cara de Comité y le dijo: «Haga pis.» Y ahí empezó el drama.

Después del triunfo, otro pis y un análisis de sangre, y la noticia desgarradora: «Juanito es un tramposo.» No obstante, y gracias al buen hacer de Samaranch y de la Delegación de España —aquí lo de «buen hacer» es subjetivo y parcial—, Juanito ha conseguido salir de los Estados Unidos con sus dos primeras medallas de oro, lo que no significa que cualquier día se presenten en su casa de Baviera o de Murcia y le exijan su inmediata devolución. No recuerdo en qué Olimpiada España no consiguió medalla alguna, ni de oro ni de plata ni de bronce. El humorista Cassen, en TVE, anunció lo contrario: «Por fin dos españoles han conseguido dos medallas olímpicas, pero la Policía los ha detenido en el aeropuerto.» Para mí que es más saludable esa ausencia de medallas que la estadística ensuciada por la burla del dopaje.

Claro que no sólo hay que suspender a los deportistas que juegan con la buena fe ajena. Los médicos, los entrenadores y las mismas delegaciones son responsables de lo que sucede, y en este caso muchas son las explicaciones que esperamos los españoles. Que una cosa es mear fuera del tiesto y otra muy diferente que nos apunten con el pitilín y nos empapen con el chorrito. Eso no, Juanete.

4

ABC, 2 de abril de 2002

Golf y ecología

Jugué al golf, poco y mal, en los tiempos del acné. Un día decidí abandonarlo por incompatibilidad de caracteres. Para cubrir el vacío me dediqué —como Antonio Mingote en la década de los cuarenta— a la pesca submarina, actividad que recomiendo a cuantos vociferan durante la práctica de cualquier deporte. El que vocifera bajo el agua por errar un disparo de arpón a un mero se ahoga irremisiblemente. Duré chapuzón y medio en eso del buceo, y en 1964, mucho antes de que aparecieran los pelmazos del ecologismo sandía, conseguí el carné de anillador de la Sociedad Española de Ornitología, con el número cincuenta y cuatro. Anillé tórtolas, oropéndolas, avefrías y alguna abubilla, y me suscribí a la única publicación ornitológica de la época, *Ardeloa*. Cuando los ecologistas fundamentalistas no distinguían entre una encina y un álamo, este menda anillaba aves, estudiaba sus querencias y después de capturarlas las dejaba libres y soberanas de sus espacios.

La explosión del ecologismo —serio en muchos casos, cretino en tantos otros— no me interesó en exceso. Pienso que todo ser humano con dos dedos de frente y un poco de sensibilidad es ecologista sin necesidad de pertenecer a grupo alguno. Y pienso también que detrás de determinadas asociaciones que se presumen ecologistas hay resentimientos sociales e ideológicos, y también intereses ocultos. Me refiero a los grupos cretinos, no a los serios y fundamentalmente científicos. De eso sabe mucho la mejor escritora de la naturaleza, poesía pura y saber hondo, que hay en España, y que escribe en *ABC*, Mónica Fernández-Aceytuno.

No he entendido nunca la aversión agresiva que manifiesta el ecologismo sandía contra los campos de golf. Creo que un campo de golf jamás puede ser considerado como una herida a la naturaleza. Esa animadversión por los campos de golf no se corresponde con la amnistía y amparo que les merecen los *campings*, auténticos estercoleros en su gran mayoría. Sucede que el *camping* no les despierta complejos y resentimientos por motivos bastante más cercanos al tópico que a la ciencia. El golf es un deporte de ricos, en tanto que el *camping* está al alcance de las economías modestas. Por lo tanto, hay que luchar contra el golf poniendo como excusa la defensa de la naturaleza. El mayor peligro que la naturaleza corre ante el golf es que una bola golpee en la cabeza a un pitorreal en pleno vuelo. Que se sepa, han golpeado muchísimas más bolas en las cabezas de los jugadores de golf y sus acompañantes que en los pitorreales, al menos, hasta la fecha. Pero es difícil, en cambio, encontrar una playa saneada, limpia y natural en las cercanías de un *camping*. Eso sí es exponer los espacios naturales y áreas rurales a los agentes externos. Externos e internos, porque una gran parte de esos agentes vienen directamente de los intestinos. En las playas del norte se los llama «mocordos». «¡Vanessa Mabel, no abras tanto la boca que te vas a tragar el mocordo!» Y se lo traga.

Un campo de golf es, además de cortafuegos, un espacio donde la naturaleza está siempre presente y en algunos casos, mejorada. Está claro que en su entorno se construyen hoteles y urbanizaciones, y ahí es donde hay que mirar con lupa los efectos y las repercusiones. Resulta curioso comprobar la facilidad que tiene el ecologista sandía para cambiar de opinión cuando es propietario de un suelo urbanizable. Pero que no insistan en las sandeces de siempre. El golf, ese deporte aburrido y torturador, sólo hace daño a quienes lo practican. Otras cosas son la demagogia barata y el lugar común.

Tiempo, 22 de abril de 2002

El urogallo

No se les puede exigir a los comentaristas de fútbol de TVE un alto nivel de conocimientos ornitológicos, pero sí una mínima orientación para identificar a las aves más corrientes. No hay que pertenecer a la Sociedad Española de Ornitología para distinguir a una urraca de una gaviota. Sucedió en el Camp Nou de Barcelona durante la disputa del partido europeo entre el Barça y el Panathinaikos ateniense.

Se jugaban los primeros minutos del segundo tiempo cuando un espectador gracioso soltó un faisán. Se trataba de un faisán común o vulgar, es decir, el más común, que no vulgar, de los faisanes, un macho de la especie *phasianus colchicus.* No pretendo que los comentaristas de fútbol dominen la denominación latina de nuestras aves, ni que establezcan diferencias existentes entre un pato malvasía *(Oxyura leucocephala)* y otro mandarín *(Aix galericulata)*, pero hasta los niños de teta cuando ven ante sí un faisán lo señalan y dicen: «Un faisán.» No así José Ángel de la Casa y Michel, que pasaron por momentos de auténtico agobio para identificar a la nada exótica gallinácea.

«Han soltado una especie de gallo», comentó Michel. En ese instante, las cámaras ofrecieron un primer plano de la especie de gallo, y José Ángel de la Casa amplió la información: «Se trata de una perdiz bastante grande.» En efecto, una perdiz grandísima, con unos colores en las plumas y una cola de órdago a la grande. Michel, que no se fía de la ciencia ornitológica de José Ángel, apuntó la posibilidad de que se tratara de un pavo. A todas éstas, el faisán, ajeno al proceso de identificación de los comentaristas, correteaba por la verde alfombra del Camp Nou. Se oyó entonces la voz de José Ángel de la Casa, transmisora de un milagro de la naturaleza: «Será un urogallo.» Salté del asiento. Un urogallo en el Camp Nou, en el corazón de Barcelona, es menos probable que la presencia de un tiburón blanco en el Manzanares a su paso por el Puente de los Franceses. Al fin, por el retorno, desde los estudios centrales del Pirulí, un entendido les sacó de dudas. «Es un faisán joven», y el bueno de José Ángel lo repitió: «Pues yo creo que es un faisán joven.» Para mí, que no tan joven, porque lucía el blanco collar del cuello, típico de los ejemplares adultos. José Ángel y Michel son dos tipos estupendos, con un nivel de cultura y vida lo suficientemente altos como para saber que un faisán es un faisán. Pero se perdona su despiste por razones de amistad y escasa trascendencia. Lo que no es tan excusable es lo del urogallo. El urogallo, el gran señor de los bosques húmedos, el *tetrao urogallus*, es una joya casi extinguida en nuestros hayedos. Apenas cincuenta parejas sobreviven en España, en Asturias, norte de León, Cantabria y algún punto de los Pirineos. Descubrir hoy en día un cantadero de urogallo es más difícil que encontrar oro en el río Sil. Tener la cabeza tan llena de fútbol como para permitir tamaño desliz no es recomendable. Un faisán es siempre reconocible, y un urogallo, más aún. Está bien saber quién es Luis Enrique, Saviola y Rivaldo, pero mejor aún reconocer a un faisán y tener conciencia de que en el centro de Barcelona un urogallo no tiene nada que hacer. Un día de éstos va a posarse una paloma sobre el césped del Bernabéu y José Ángel y Michel van a decir: «El partido se ha interrumpido por la inesperada presencia de una avutarda.»

Hombre, chicos...

ABC, 19 de mayo de 2002

Cibeles

Una señora tan mayor, viuda y con cuatro hijos, merece ser tratada con cortesía. Me refiero a doña Cibeles, hija del cielo, viuda de Saturno y madre de Júpiter, Juno, Neptuno y Plutón. Estos cuatro son sus hijos más conocidos, pero tiene más por ahí, perdidos en las constelaciones, porque Saturno y ella se llevaron bastante bien, y aunque frigia, de frígida poco tuvo la distinguida dama. En 1792, gracias principalmente a don Ventura Rodríguez, se le erigió un monumento en Madrid, en el que aparece sentada en su carro tirado por una pareja de melenudos leones con el paso cambiado y las miradas perdidas. El león de la derecha, según se sienta la buena mujer, mira hacia el Banco de España y la calle de Alcalá, y el de la izquierda vigila al hijo de su señora, a Neptuno, dios de los mares y los océanos, y como su madre, también vecino de Madrid. Ambos, madre e hijo, llevan siglos viviendo en el mismo barrio, pero hace veinte años, no más, se retiraron el saludo y dejaron de hablarse. La culpa de esa ruptura familiar, dolorosa como todas, la tuvo el fútbol. Los partidarios del Real Madrid quieren a la madre, y los del Atlético, al hijo. En Madrid, castillo famoso, rompeolas machadiano de las Españas, Villa y Corte, Capital del Reino y estación obligada para ir al cielo, pasan cosas muy raras.

Una de ellas, que los madrileños festejan los triunfos de los guerreros de sus tribus deportivas violando su espacio y su intimidad. Y otra, que los propios guerreros ascienden con el permiso de las autoridades hasta la cabeza de la madre y el tridente del chico para tremolar banderas ajenas a sus existencias mientras decenas de miles de pelmazos gritan mensajes que ni Cibeles en los cielos ni Neptuno bajo los mares han oído jamás. De cuando en cuando, la nariz de la diosa sufre una fractura que precisa de una intervención de estética, y el tridente del muchacho desaparece y hay que hacerle otro. La verdad es que, para ser tratados así, mejor no haberlos traído hasta Madrid.

Don Florentino Pérez, que tantas cosas ha puesto en buen orden en el Real Madrid, haría muy bien en no colaborar con esta tontería. Además, el Real Madrid se ha caracterizado siempre por la medida y discreción en la celebración de sus victorias. Y lo normal y lógico es que esos triunfos reciban el clamor de la tribu en el santuario de la misma, que es el Estadio Santiago Bernabéu. Es muy sencillo lo que se propone. Los aficionados acuden a la plaza de Cibeles porque saben que ahí, antes o después, van a llegar sus ídolos. Si los ídolos no aparecen, antes o después también, los aficionados dejarán tranquila a la buena mujer. Después de dos o tres plantones, la gente dejará de ir a Cibeles a molestarla. Y además, que entre los miles de buenas e ingenuas personas que se reúnen allí, siempre hay unos centenares de salvajes que lo destrozan todo. Y eso se evita privándolos de la oportunidad de hacerlo.

Y ahí, aunque la prensa se sacuda las responsabilidades, tiene algo de razón el alcalde. Los periodistas deportivos —los de Telemadrid superan el histerismo— lo primero que hacen cuando el Real Madrid triunfa es montar las cámaras en Cibeles y convocar a los aficionados. El festejo en la amada plaza madrileña es un invento de los medios de comunicación, como lo fue de Pepín Fernández el de celebrar el día de la Madre. De tradición, nada. ¿Qué son veinte años para convencer a Cibeles y a Neptuno que tamaña gamberrada es una tradición?

Si el Real Madrid no va, la gente se queda en casa. Y eso es lo deseable, medido y responsable.

ABC, 18 de junio de 2002

El fútbol

Antonio Mingote no entiende de fútbol, pero su sentido común le induce a dar en la diana, y con brillantez. Así que firmábamos en la misma caseta de la Feria del Libro el domingo por la tarde, calor tórrido y aplastante, pocas horas después de la victoria de España sobre Irlanda, cuando me preguntó: «¿Cómo es posible, con lo grande que es la portería, que a tan poca distancia dos jugadores españoles lancen un penalti y no den ni en la portería?» Hace años, me hice acompañar por Antonio Mingote a un Real Madrid-Atlético de Madrid. Fue un partido tenso y bronco. El árbitro expulsó —con manifiesta injusticia— a Futre, el gran jugador portugués del Atlético. Se lo hice ver en el momento justo. «Antonio, han expulsado a Futre.» «¿Cómo lo sabes?» «Porque el árbitro le ha mostrado la tarjeta roja.» «La verdad, Alfonso, es que te fijas en unas cosas rarísimas.» Y el año del Mundial de México, al final del partido entre España y Bélgica —que se perdió en la tanda de penaltis—, a falta de cinco minutos, Mingote preguntó: «¿Somos los blancos o los colorados?» Pero, sin entender de fútbol, acierta cuando se sorprende que unos millonarios no acierten a orientar el balón entre los tres palos cuando no hay nadie delante que les impida hacerlo. «Es como si un escritor escribe "haber" sin hache.» Y los hay, claro.

Pero de fútbol entiende casi todo el mundo. No es difícil. Conozco a individuos, muy cercanos al encefalograma plano, que saben de fútbol una barbaridad. Ser el director de la Orquesta Filarmónica de Viena es muy difícil, pero su trabajo y virtuosismo sólo se expone a la crítica de los entendidos, que son pocos. Ser entrenador de la Selección de España de fútbol tampoco es fácil, y menos aún cuando sus decisiones y tácticas son examinadas por el noventa por ciento de los españoles.

Y el pasado domingo, y lo escribo con dolor porque Camacho me parece un tipo estupendo, España ganó a pesar de su entrenador, que se equivocó en todo. Ganó también porque tiene un portero que se sale de lo normal, y unos jugadores magníficos, y un equipo con ilusión —virtud de Camacho—, como no ha tenido España en las últimas décadas. ¿Cómo iba a sentir ilusión España con un entrenador partidario de Arzallus como es Javier Clemente? Por fortuna, aquello es agua pasada.

Pero Camacho, tan duro e intransigente con las críticas de los periodistas deportivos y la opinión de los aficionados, ignora que no pertenece a un grupo de intelectuales de élite que saben más de lo suyo que el resto de la humanidad. El resto de la humanidad no habría cometido el pasado domingo los errores en los que cayó Camacho. Se equivocó en el planteamiento del partido, en los cambios, en los sustitutos y en la estrategia. Es un conservador nato, que confía más en el nombre que en el hombre, y ahí tiene a Joaquín de reserva, el único futbolista que hay en España capaz, él solo, de volver loca a una defensa. Y además es del Puerto de Santa María y madridista, lo que enaltece aún más su valía. Iker Casillas consiguió nublar el fracaso de Camacho, que el fútbol es muy caprichoso, y en dos días se olvidan las miserias si se ha vencido. Pero no. Ante Irlanda, el seleccionador nacional dio un recital de miedo y de soberbia que es de esperar no repita en el próximo partido.

Y si España consigue —lejano sueño, pero no imposible— ser campeona del mundo, Camacho será paseado a hombros por toda la piel de toro y se convertirá en un héroe, y todo lo demás, pero sin olvidar que la gloria la consiguió porque un joven portero borró con tres paradas todos sus errores. Que de fútbol sabe todo el mundo, Camacho, macho.

ABC, 2 de julio de 2002

El claro

En un claro de la selva amazónica, en pleno Estado de Pará, jugaba al fútbol un grupo de niños indios. Brasil verde e impenetrable. Los yanomamis no son altos, y tienen las piernas arqueadas. En una esquina del claro, los adultos descansaban sobre sus hamacas sin hacer puñetero caso al gran acontecimiento deportivo. Ignoro cómo habrían llegado hasta allí, pero los niños que jugaban al fútbol lo hacían con camisetas de marca. De cintura para abajo, desnudos, con los «butragueños» de un lado al otro. Había seis o siete con la camiseta de la selección de Brasil, dos con la del Vasco de Gama, uno con la del Boca Juniors y otro con la del Real Madrid. La del Real Madrid llevaba el número «nueve» y corrían los tiempos de Hugo Sánchez. El balón estaba hecho de hierbajos prensados y cubierto por trapos perfectamente cosidos. Lo pateaban descalzos y engañaba su resistencia. No contaban los goles y los porteros abandonaban su lugar cuando se les antojaba. Pura y selvática anarquía, fútbol bajo el vuelo de los tucanes y con algún mono de espectador, pero no con aspecto de entendido. El mono no demostraba ninguna preferencia, entre otras razones, porque era muy complicado saber a qué bando pertenecían los contendientes. Uno de los inditos, que jugaba en dirección al río, harto de la poca puntería de sus compañeros, le metió un gol a su propio portero y se cambió de equipo. El mono ni pestañeó. Libertad absoluta y ningún sentido de la disciplina. Los espectadores, que éramos el mono, Miguel de la Quadra-Salcedo, el escritor Baltasar Porcel y —como se lee en las instancias— el abajo firmante, fuimos poco a poco perdiendo el interés por un partido de fútbol sin resultados, sin árbitro, sin equipos definidos, sin porteros fijos y casi, casi, sin balón. Pero allí había talento.

En las grandes ciudades brasileñas, los niños juegan al fútbol en los descampados de los suburbios, en empinados campos rodeados de «favelas», en las playas y en los parques. Alguno lleva en sus venas algo de sangre yanomami, pero son los negros y los blancos los que destacan. Blancos con generaciones de ritmo en su cuerpo, y negros que parecen nacidos haciendo un regate. Contra eso no se puede competir. Sucede que esos niños de las ciudades juegan al fútbol con reglas y equipos, y siempre hay un adulto que se presta a hacer de árbitro, y los balones que acarician con sus pies son de cuero, pero la anarquía y libertad de sus movimientos no se alejan demasiado del desbarajuste y desorden de sus hermanos de la selva. Y juegan al fútbol bailando, cambiando el ritmo, divirtiéndose, intentando malabarismos y sonriendo. El fútbol brasileño es probablemente el mejor del mundo, pero sin duda, el más libre, espectacular y divertido de todos cuantos se practican. También en Argentina sucede algo parecido, pero allí no tienen la piel morena de los prodigios.

De cuando en cuando, la indisciplina se paga. Entonces, Brasil pierde. Pero no es habitual. Ahora se han proclamado por quinta vez campeones del mundo. Lo han hecho frente al equipo más disciplinado, mecánico y fuerte de Europa. Todo precisión, envergadura, resistencia física, potencia y orden. Pero ni un solo gramo de talento. Motores contra tucanes, percherones contra jaguares, fábricas contra olas libres. Y lo que tenía que pasar, pasó. Que el mejor motor falló de repente y el talento individual se lo hizo pagar caro. Que otro segundo de improvisación demostró a la gran maquinaria que nada puede hacer contra la imaginación soñada. Que unas piernas arqueadas y unos cuerpos mal alimentados en sus infancias se ríen de las ricas y estrictas vitaminas del desarrollo. Que el fútbol puede ser arte cuando nace entre monos, tucanes, caobos y cafetales.

ABC, 3 de septiembre de 2002

Enfadados

La empresa tenía a los más admirados y mejor pagados ejecutivos del mundo. Pero en una de las secciones, el principal responsable no terminaba de convencer a los directivos y accionistas. El propio ejecutivo había anunciado, antes del verano, que no se sentía a gusto y que tenía el proyecto de abandonar la empresa siempre que otra compañía del sector le garantizara su sueldo, incentivos, dietas y demás prebendas. En total, no menos de tres millones de euros al año. Un buen pellizco.

La empresa hizo lo posible por incorporar —lo consiguió a última hora— a su grupo de altos ejecutivos, a quien estaba considerado como uno de los mejores del mundo. Para ello, además del desembolso en efectivo, se ofreció a la compañía que contaba con sus servicios al ejecutivo descontento. Mercado duro y quizás inhumano, pero amnistiado de sus defectos por las impresionantes cifras que se manejaban. A pesar de todo, el nuevo ejecutivo fue fichado a última hora y el descontento no perdió el empleo. Ninguna tragedia, por lo tanto.

Pero los ejecutivos más influyentes se sintieron heridos. Se creían los propietarios de la empresa y los señores de su gestión y destino. Se enfadaron, precisamente, tres de los que más cobran e influyen en la sede social. Uno de ellos, un gran ejecutivo, percibe al año en contraprestación a su trabajo más de seis millones de euros netos, unos mil doscientos millones de las viejas y humilladas pesetas. Otro, que es el jefe de los ejecutivos, ronda la cifra y ya no está para muchos trotes, y el tercero cobra menos pero mucho más de lo que merece por su trabajo. Los tres, en lugar de facilitar las cosas para que la empresa mejore, por un sentimiento de amistad mal entendido, se han enfadado y han roto la armonía que siempre debe existir entre los empresarios y los principales ejecutivos. Se llama el ejecutivo fichado don Ronaldo, el decepcionante don Fernando Morientes, y los enfadados millonarios don Raúl González, don Fernando Hierro y don Guti, que no recuerdo ahora el nombre de pila del señor Gutiérrez. La empresa es el Real Madrid, que paga puntualmente a sus altísimos ejecutivos y que tiene una Junta Directiva elegida por los accionistas y —con acierto o sin él— el perfecto derecho de incorporar a la entidad a los ejecutivos que considere necesarios. Que se enfade por las circunstancias empresariales y personales de Morientes un acomodador amigo del delantero centro que cobra cien euros por cada partido, se me antoja comprensible y humano. Que lo hagan tres señores, cuya principal obligación es contribuir con su talento y su entusiasmo a que la empresa no se resienta, me parece una chulería fronteriza con la deslealtad. Cuando se marchó del Real Madrid, por un problema personal con su entonces presidente, don Santiago Bernabéu, un ejecutivo llamado don Alfredo Di Stéfano —el más grande, trabajador, brillante y competente de su historia—, el resto de los ejecutivos, sus compañeros de tantas glorias y triunfos y que, además, veneraban a don Alfredo, lamentaron su marcha sin lloriqueos ni cabreítos públicos y mantuvieron la armonía. Eran tan buenos como los de ahora, pero sabían estar en su sitio mejor que algunos de ahora.

Si don Fernando Hierro, que ha sido y es un gran ejecutivo, si don Raúl González, que es y seguirá siendo extraordinario, y si don Guti, que está mucho mejor pagado que lo ofrecido por su rendimiento, están enfadados por la situación de don Fernando Morientes, manifiéstenlo en privado y sin estridencias. Con la misma reserva, cautela, intimidad y respeto que hacen gala cuando cobran sus estratosféricas remuneraciones.

El Semanal, 22 de septiembre de 2002

Ronaldo

Está mi Joan Gaspart con el alma contrita;
gritar quiere gritar, pero su voz no grita.
Llorar quiere llorar, pero le tiembla el papo
y la fuente de lágrimas no se le precipita.
Está como un guiñapo.

Se mesa los cabellos y agranda su tonsura;
se curva en los andares y quiebra su figura;
entrecruza las manos y no acierta en los dedos.
Y sufre por las noches de aerófagas premuras
y ¡pum!... se tira pedos.

Pedorretas de hastío, bocinazos de infarto.
Mi Gaspart está triste, mi Gaspart está harto,
no consigue el alcance del sosiego ideal.
Y en su sueño aparece —¡ay, lagarto, lagarto!—,
aparece Van Gaal.

En Madrid entretanto, Florentino descansa,
y se nubla en placeres, y su sueño remansa
en un claro de luna de nevado alhelí.
Y su sueño le duerme, y su sueño le amansa
su habitual frenesí.

Mi Gaspart se revuelve cuando piensa en Rivaldo,
lo mejor que ha tenido, que del mítico gualdo

del Brasil arrogante se ha marchado al Milán.
Florentino entretanto ve volar a Ronaldo
como un blanco tucán.

De mañana, Gaspart se despierta jodido,
como todo el que duerme sin haberse dormido.
Florentino en la ducha canta igual que un chogüí.*
Pues Rivaldo del Barça por un tonto se ha ido...
y Ronaldo está aquí.

* Chogüí: ave cantora que abunda en la provincia argentina en la que nació Valdano.

ABC, 4 de marzo de 2003

Náuseas

Las retransmisiones por televisión de los partidos de fútbol se han convertido, de un tiempo a esta parte, en nauseabundas antologías de primeros planos en los que la escena sucia siempre se repite. ¿Por qué escupen tanto los futbolistas? ¿Se trata de una manía compartida o de una consecuencia de la farmacopea? Otros deportistas, acostumbrados al máximo y continuado esfuerzo —los jugadores de baloncesto—, no son tan cerdos. Figúrense una cancha de baloncesto, o de balonmano, salpicada de escupitajos por todas partes... Se convertiría en una asquerosa pista de patinaje. Pero ellos no escupen, quizá porque están mejor educados, quizá porque los fármacos que les procuran no exigen esa constante expulsión de porquerías. Además de ellos, los que escupen a troche y moche sin motivo que lo justifique, son responsables de la inmundicia futbolística de moda los realizadores de televisión. Nos ofrecen un partido de fútbol y además nos regalan la exhibición y dominio de los futbolistas en el ceporro magisterio de la arcada. Se dan excepciones y, por lo normal, correspondientes a jugadores de fútbol con clase reconocida. Pero son los menos, para desgracia de la estética y de la armonía estomacal de los espectadores.

Acudir al estadio para ver un partido de fútbol tiene sus ventajas. El fútbol, como los toros, tiene su olor y su sonido. La tribuna huele a humo de puro habano mezclado con aire de «brandy», aunque los vendedores sigan anunciando que su mercancía consiste en «¡copitas de "coñá"!». Tiene la ventaja del ambiente, que en los grandes partidos se hace grandioso, y del ruido, y de la emoción en directo del espectáculo. Las desventajas también cuentan, pero son las menos. Los futbolistas no repiten los goles ni las jugadas abiertas a la duda, y por cómodos que sean los asientos de las tribunas y las gradas no son comparables a los del dulce hogar. Pero sobre todas, la gran ventaja de ir al estadio respecto a quedarse en casa es que no se ven los escupitajos de los futbolistas. Y ese detalle establece la diferencia.

Un aficionado al ciclismo, cuando sigue por televisión las etapas del Tour de Francia o la Vuelta a España, no le concede ninguna importancia a la imagen del corredor que frena su bicicleta, se baja de ella, se camufla en la cuneta y procede a hacer pis. Los realizadores pasan del asunto. Y aquí paz y después gloria. Si la moda del fútbol alcanza a otros deportes, muy pronto veremos con todo detalle cómo el ciclista se airea la bragueta, se saca el lápiz y regala a los telespectadores el arco solemne de su meadilla. Y el comentarista destacará el hecho de esta guisa: «La evacuación líquida de Pimenttini ha sido mayor que la del español Gutiérrez que, a propósito, tiene la minga más pequeña que el italiano.» Y los telespectadores españoles, heridos en lo más hondo de su orgullo.

«¿Qué partido se escupe el próximo domingo en el Bernabéu?»; «Se escupe el Real Madrid-Racing de Santander»; «¿Y lo escupen en las autonómicas?»; «No, lo escupen por "pago por visión". El que escupen por las autonómicas es el Barcelona-Valladolid». «¡Ah, bueno!» Y esta charla nada tendría de absurda o surrealista. Respondería a la más repugnante realidad.

El fútbol no es una película que requiera de tantos primeros planos, y más aún si los primeros planos resultan tan nauseabundos. Los aficionados telespectadores queremos ver el arte de Zidane, la clase de Ronaldo, la fuerza prodigiosa de Roberto Carlos, la inteligencia de Raúl, los centros de Figo, las fintas de Torres, las paradas de Casillas o de Westerveld, los remates de cabeza de Kovacevic o las carreras por la banda de Joaquín. Sus escupitinajos sobran. Que escupan en su casa, y si no pueden dominarse, que no nos los televisen.

CULTURA

Tiempo, 5 de febrero de 2001

De cera

Me hice acompañar por mi amigo Antonio Ozores al Museo de Cera en la madrileña plaza de Colón. Antonio, además de un genio arrinconado por la envidia, es la mejor compañía para dejar pasar agradablemente el tiempo. No sé todavía, y jamás llegaré a conocer los motivos, la razón por la que un hombre con talento, la gracia y la generosidad de Antonio Ozores padece —aunque a él se la suda— de la hispana envidia. Muy pronto lo tendremos de estreno, no de terno o coche, sino de comedia teatral, con la que debutará como autor después de haber pasado por todos y cada uno de los escalones del teatro en España.

Sentíamos curiosidad por la figura de cera de Luis del Olmo, nuestro común amigo. Nos pareció estupenda, pero se parece a Luis del Olmo lo mismo que Cantinflas a Gary Cooper. A quien se parece de verdad el Luis del Olmo de cera es al gran maestro taurino Santiago Martín, *el Viti*, el extraordinario torero de la salmantina Vitigudino. Propongo al Museo de Cera que le hagan una figura al Viti, a ver si suena la flauta, y les sale un buen Luis del Olmo.

Conozco los museos de cera de Madame Thussaud de Londres y Nueva York. Al primero de ellos acudía cuando tenía diez años, y no tiene nada que ver con el madrileño. Las figuras de los Madame Thussaud no se antojan cerúleas y su semejanza con los personajes que representan es asombrosa. Lo pasamos muy bien Antonio Ozores y quien esto les narra paseando entre esa multitud de figuras que se parecen tan poquísimo a quienes anhelan representar. ¿Por qué no se dejan asesorar los responsables del Museo de

Cera de Madrid por expertos de los Madame Thussaud, que han demostrado sobradamente su competencia y maestría?

Al abandonar el local, coincidimos con dos simpáticas mujeres que habían estado con nosotros en la visita. Dos mujeres de eso que se llamaba antes «de provincias». Estaban encantadas con lo que habían visto, y una le aseguraba a otra que «Los Reyes Católicos estaban exactamente igual a como eran». «Sí, de acuerdo, están perfectamente y se parecen una barbaridad, pero el mejor es Colón. A Colón lo han clavado.»

¿Cómo eran en realidad los Reyes Católicos y Colón? Habrá que preguntarles a esas simpáticas señoras que tanto conocieron a los unos como al otro. Recuerdo que en el Thussaud de Londres, de cada tres vigilantes uno era de cera. Estaban tan bien hechas las figuras de cera que el público les preguntaba dónde estaban los cuartos de baño. Pero lo bueno de esos museos es que las figuras de los personajes contemporáneos son iguales a la realidad de éstos, mientras que aquí cualquier parecido con la realidad es pura coincidencia. Lo de nuestro querido e inolvidable Tip no tiene nombre. Puede ser *Tap*, *Tep* o *Tup*, pero de Tip, nada de nada.

Hay surrealismo, eso sí. Que Luis del Olmo no tenga parecido alguno con el grandísimo periodista radiofónico —grandísimo en todos los aspectos—, y su figura de cera haya retratado a la perfección a Santiago Martín, *el Viti*, concede a este museo una capacidad de originalidad digna del mayor elogio. También en la estatura de sus reproducciones, Juan XXIII, que era gordo y chaparrete, es más alto en el Museo de Cera de Madrid que Pío XII, que destacaba por su espigada y alta figura. «Mira, mira —me decía Antonio Ozores—; Hernán Cortés está igualito, y el indio de al lado, ¿qué me dices del indio de al lado? No se puede parecer más.»

Y lo de Antonio Mingote y Manolo Summers es para presentarse en el Juzgado de Guardia. Antonio es igual a Jesús Suevos, aquel eterno concejal del Ayuntamiento de Madrid, y Summers se parece a Puskas, que está muy bien, pero nada que ver con el bueno de Manolo. Pero los Reyes Católicos, Colón, Hernán Cortés y el indio, igualitos a como eran.

En desagravio, Luis del Olmo debería estar presente en el Museo de la plaza de Las Ventas, sustituyendo al Viti. Joé con los parecidos.

ABC, 1 de mayo de 2001

Real Maestranza

De Sevilla, que en el título no cabe. Hace treinta años, por estas fechas, un amigo inglés atravesó por una profunda crisis de identidad cuando descubrió a Sevilla en primavera. De Jerez veníamos, como ahora, y en la avenida de la Palmera estallaban las buganvillas y los jacarandas. De ahí a tomar un cafelito al Alfonso XIII, y paseo detenido —el que anda ligero por Sevilla o es mensajero, o se está haciendo pis o es tonto— a la Real Maestranza. De vuelta me confesó su tragedia: «¿Y después de esto, qué hago yo siendo inglés?» Sevilla emociona y aturde, porque no hay estética y medida comparables a las suyas. Para mí que es la ciudad más bonita del mundo. Si eso lo escribe Antonio Burgos le cortan la barba y le dicen paleto.

Estuve en los toros. ¡Qué diferencia con Madrid y su malhumorada y pueblerina plaza de Las Ventas! En una barrera que Antonio Burgos me afeaba con envidia malsana, disfruté de una tarde prodigiosa. Toreaba José Tomás, el de Galapagar, del que decía mi inolvidable Antonio Ordóñez que era el único en el que se recordaba. Sevilla no se cierra a nadie, porque Sevilla entiende, ama y vive el arte como principio. Sevilla es una mujer que elige. Y acude a los toros a disfrutar, no a regodearse en la intransigencia y la falsa sabiduría. Cada momento se detiene; cada sentencia se celebra, cada silencio se paraliza y cada aplauso se valora. Junto a mí, Amparo Rubiales, y Manuel Teja, y Gregorio y Álvaro, síntesis de la polémica bienhumorada y sabia de sus raíces. Y entre toro y toro, la hermana y el cuñado de Antonio Burgos que me pasaban el móvil para cambiar impresiones con mi compadre barroco, que en peor barrera disfrutaba con su Isabel con el toreo de José Tomás, ese chico tan serio de Galapagar que ha vuelto del revés los tópicos y las normas establecidas. «¿Qué te ha parecido el de Galapagar?»; «Que los de Sevilla nacemos donde nos sale de las narices.» Y no fue «narices» lo que dijo.

En la Real Maestranza de Sevilla no cabe el aburrimiento. Mal toro o mal torero se digieren con el ingenio de al lado, el comentario de la espalda o la benevolencia del viejo aficionado. Mal toro o mal torero pasan pronto, porque uno se dedica a contemplar la belleza de la plaza, el delirio de sus colores y todo lo demás. No hay paletos de pañuelo verde, energúmenos buscadores de cojeras inexistentes, catedráticos de cites y puristas de pitiminí. El toreo no es norma, sino arte; no es libro, sino instante; no es peso, sino movimiento; no es esquizofrenia, sino fiesta. Del sosiego al delirio y viceversa, sin perder jamás las formas. En Sevilla, el público es un señor que se sabe quitar el sombrero, no un desconocido que te pisa el callo para fastidiar sin interesarse previamente si uno tiene o no tiene callos.

Y cuando un torero es de Galapagar, se le adopta y ya está. Así de cierto y sencillo. Al fin y al cabo, no hay nada más fácil que ser de Sevilla. Sevillanos son todos los que se emocionan cuando viven las horas de su ciudad prodigiosa.

Mi amigo inglés no ha vuelto a Sevilla en primavera. Huye de las tentaciones y le van muy bien las cosas por sus brumas. Con el azahar, las buganvillas y las jacarandás en flor estuvo a un paso de renunciar a sus raíces y nacionalizarse español. Allá él con sus millones de libras y su negocio en Manchester. «¿Para qué me sirve el dinero si tengo que pasar cinco días cada semana en Manchester?» No he podido responderle todavía, treinta años después de formularme la pregunta.

Antonio Gala, que nació en Brazatortas —a la vera de Puertollano, en La Mancha minera—, dice ser cordobés. Y en Córdoba nadie le lleva la contraria. Lo mismo ha hecho Antonio Burgos con José Tomás, que se ha convertido en un sevillano nacido en Galapagar. Esos milagros ocurren en La Maestranza. En Las Ventas, el milagro es la sonrisa. San Isidro a un paso, ya se le nota a Madrid la aspereza del sufrimiento. Y yo aquí, y Sevilla en primavera.

ABC, 6 de noviembre de 2001

Arte al retortero

A finales de la década de los sesenta funcionó por Madrid un pujante negocio consistente en el alquiler de obras de arte. Un reducido grupo de herederos sin fortuna se unió para sacarle una buena renta a sus lienzos recibidos, entre los que no faltaba un retrato de Goya. Los clientes principales fueron millonarios sudamericanos en trance de exilio por golpe de Estado en sus países, muy habituales y bien acogidos en aquella sociedad madrileña del franquismo preagónico. Era costumbre de aquellos frescos dar a conocer su condición de desterrados con una gran fiesta, y no reparaban en los gastos. El «Goya» se alquilaba por cincuenta mil pesetas y la organización se encargaba de llevarlo y recogerlo a la mañana siguiente. El valioso lienzo, que representaba a un marqués uniformado de general y cuya identidad oculto por razones de sano compañerismo, era transportado por sistema en el Seat «Seiscientos» de su propietario, accionista mayoritario de la rentable empresa. El precio de alquiler comprendía la usurpación de personalidad del retratado a discreción de los arrendatarios temporales. Así, un venezolano partidario del dictador Pérez-Jiménez me mostró el lienzo goyesco identificando al personaje como el «tío bisabuelo de mi papá». Pocos días después, el tío bisabuelo del papá de aquel millonario recién corrido por las calles de Caracas, colgaba en una pared del salón de un abogado y notario andaluz iluminado por un foco especial. La última vez que coincidí con el «Goya» de alquiler fue en la fiesta de un amigo del general paraguayo Stroessner, que había dejado de serlo y para salvar su vida tomó el primer avión con destino Madrid. Mi presencia en aquella casa respondía a la belleza arrebatadora de una de sus hijas, a la que el exiliado se refería como «mi prinsesita». Aquel último encuentro con el marqués retratado por don Francisco de Goya me conmovió profundamente. El marqués había perdido toda su frescura y presentaba una expresión de cabreo monumental, y eso que ya no se movía de un lado a otro en un «Seiscientos», sino en un confortable «Morris» adquirido con los beneficios de su repetido alquiler.

Lo que fuera picaresca aristocrática de familia noble venida a menos se ha convertido en práctica habitual de nuestros museos. A las pobres «majas» de Goya, de tanto ir y venir por los caminos del mundo, se les están cayendo las peplas a la vestida y las tetas a la desnuda. No he comprendido nunca el afán, por parte de las autoridades de nuestro patrimonio artístico, de convertir en turistas a nuestras más valiosas obras de arte. Lo decía, días atrás, el arquitecto Miguel de Oriol. «El que quiera ver a las "majas" que viaje a Madrid y visite El Prado.»

Las obras de arte, quietas, en su sitio y sin amenazas de movimiento. Por grandes que sean los compromisos, altas las seguridades, satisfactorios los seguros y fiables los depositarios del préstamo, no existen garantías suficientes que compensen el riesgo de deterioro o destrucción de unas joyas que a todos nos pertenecen. Y el que no pueda venir a Madrid para admirar los lienzos de Goya, Velázquez, Zurbarán, El Bosco, Rubens o El Greco, que se compre un libro. Y si no quiere comprarse el libro, que se fastidie.

Sucede que todo responde a la cursilería imperante de lo políticamente correcto. «El arte tiene que ser también solidario», dicen los idiotas de turno. Nada solidario. Las obras maestras de la Pintura y de la Escultura donde mejor están es en su sitio de siempre, bien protegidas, gozadas y admiradas.

Ahora parece que se llevan a las «majas» y otros lienzos de Goya a Londres, para que se den una vuelta por Harrod's, que por estas fechas ya luce de Navidad plena. El día que se rompa o desaparezca alguna maravilla —que llegará, no lo duden— todo serán lágrimas y arrepentimientos. Ocurre que los tontos jamás han sido previsores. Urge una nueva legislación que proteja a nuestro indefenso tesoro artístico.

ABC, 30 de noviembre de 2001

Hierro y oro

Le entregaban a Pepe Hierro la Pluma de Oro en el Ritz. Al principio, un poco de lío, porque coincidía nuestra fiesta dedicada al poeta con otra de menor alcance, eso sí, dotada de la más bella mujer aparecida en los primeros llantos del siglo XXI. Una diosa rubia con un vestido negro de pasmo, sofoco y posterior berrinche de envidia. El poeta llegó con la respiración angustiada, pero se tranquilizó pasado un rato. Además del más grande de los poetas vivos —y de casi todos los muertos—, Pepe Hierro se deja querer por su sincera humildad. Tiene la cabeza de roca, el alma de viento y el corazón de oro, como el de la pluma que le entregó el vicepresidente Rajoy en nombre del Club de la Escritura. Hierro es madrileño, y aunque su poesía es universal, su rincón elegido es La Montaña. Cántabro por elección, que es lo importante. Sucede con los grandes poetas, que nacieron en Madrid y eran montañeses. Quevedo, de Vejorís, en el Real valle de Toranzo. Lope de Vega, de Carriedo, y Calderón de la Barca, de Viveda. El gran Gerardo Diego, santanderino puro, también se instaló en Madrid. A Pepe Hierro le tira el camino contrario. Bueno, que allí estaban, además de Rajoy y Mercedes de la Merced, Mingote, Campmany, Umbral, Gala, De Cuenca, Oneto y la órdiga. Mi turno de palabra lo gasté resumiendo la capacidad de soborno de Pepe Hierro y mi facilidad para corromperme.

Sucedió hace años, durante la cena del «González Ruano», también en el Ritz. A Pepe Hierro le habían prohibido fumar, y su mujer, Nines, no le dejaba a sol ni a sombra. El poeta, gran dibujante también, combatía sus ansias fumadoras a fuerza de dibujos.

Bellísimos trazos de plumilla, con toques de café y pétalos de rosa. Le pedí uno de recuerdo, y allí se inició el soborno. «Te lo cambio por un cigarrillo, pero mientras fumo, para que Nines no lo vea, me cubres con tus orejas.» Al final, me llevé los ocho dibujos que habían nacido a cambio del mismo número de cigarrillos, más una copa de coñac, que también tenía contraindicada. Ahora no lo haría, pero en aquel tiempo, el poeta fumaba sin parar a pesar de la prohibición. Se lo recordé en el acto de la Pluma de Oro con esta letrilla en octosílabos consonantes.

«—Venme presto a socorrer, / y usa, si es menester / tus orejas de soplillo. / Que allí viene mi mujer / y me puede sorprender / mientras fumo un cigarrillo. / Cúbreme con tus orejas / que abarcan más que tu espalda, / y obedéceme y respalda / el motivo de mis quejas. / Te ruego que me protejas / y endulces mi padecer. / Acompáñame al pasillo / y mueve, si es menester, / tus orejas de soplillo, / que allí viene mi mujer /y me quiere sorprender / mientras fumo un cigarrillo. / Tengo terminantemente / prohibido por los doctores, / el gozar de los favores / del humo blanco y decente. / Y mi esposa, impertinente, / me trata como a un chiquillo. / Cúbreme inmediatamente / de un soplillo a otro soplillo, / y cumple con tu deber. / Que allí viene mi mujer / y me puede sorprender / mientras fumo un cigarrillo. / Si me sintiera pillado, / yo le diría a mi esposa, / que yo no quería tal cosa / y que tú me has obligado. / Que un corruptor desalmado / como tú, me dio el pitillo... / Date la vuelta, pardillo / y deja ya de mover / tus orejas de soplillo, / que me ha visto mi mujer / y te tengo que meter / por el culo, el cigarrillo.»

Lo que son las cosas. La angustia que traía en los pulmones cuando llegó, se calmó con la visión y los abrazos de sus amigos. Sus palabras fueron las mejores, y mezcló la emoción con la gracia, y esta última, una vez más, con su sencillez. A punto está el poeta de cumplir los ochenta años, y a pesar de sus problemas respiratorios ofrece su paisaje de roca, de hierro, de fortaleza invencible.

Ha vencido al tabaco y ya no soborna a sus amigos con sus deliciosos dibujos de barcas varadas, rostros de piedra y toreros gráciles. Y ya tiene algo más que llevarse a La Montaña. Una pluma de oro que va a aprender, guiada por su mano, a escribir Poesía.

ABC, 12 de febrero de 2002

Reválida

Escritores, editorialistas, dibujantes, comentaristas, todos de acuerdo en la denuncia del ridículo. Jamás se vieron tan solos los estudiantes que no estudian. Todavía se sienten tibiamente amparados por algún memo del PSOE, y en su totalidad por Llamazares, y de ahí su tragedia. A los estudiantes, aunque no tuvieran razón, se les ha tratado siempre con cortesía y afecto. Todos los que han pasado por la universidad han tenido un novio o una novia instalados en la revolución. Son etapas de la vida, como la de confundir progreso e inteligencia con el desprecio al jabón. En el fondo, la universidad sirve también para aligerar a los tontos de su carga de tópicos y lugares comunes.

Todavía vuela la añoranza de Mayo del Sesenta y Ocho, y los alevines sueñan con protagonizar otro movimiento parecido. Aquello cambió el mundo, y los de ahora no pueden cambiar nada, porque no les da el melón, carecen de motivos, el tiempo no los ayuda y sus argumentos no superan las faltas de ortografía y las puertas derribadas. Los dirigentes de la Izquierda activa estudiantil se han hecho famosos por una hache y un hacha. Las dos sobraban. Al de Sevilla del hacha habrá que acomodarlo en el Código Penal, y a la madrileña de la hache en una academia de bachillerato. Se oyen o se leen las proclamas de los dirigentes del Sindicato de Estudiantes, y el mundo retrocede cincuenta años. Los de antaño eran igual de demagogos, pero estudiaban y sabían. El problema es que no quieren estudiar, y así les va, porque son estudiantes. Como si un bombero se niega a apagar un incendio en defensa de sus «derechos democráticos».

Se insiste en el carácter franquista de la reválida, tesis avalada por algún socialista frívolo. El señor Mateos Rodríguez, catedrático de Instituto, nos regala la verdad con una sencillez demoledora. Si la reválida es franquista, hay que decirles a los historiadores que son unos merluzos, por no haberse enterado de que Franco empezó a gobernar a los nueve años de edad. Si se demuestra la veracidad del dato, los del Sindicato de Estudiantes tienen toda la razón. La reválida se diseña en el Gobierno del conde de Romanones, allá por el año 1901, primer paso del siglo XX. Romanones era Jefe del Gobierno de Alfonso XIII, pero no consultó con el Rey ni con el ministro de Educación o Instrucción Pública de la época. Llamó al Ferrol y pidió permiso a Franco, que acababa de cumplir nueve añitos. Franco se lo dio, inmediatamente, y Romanones quedó muy agradecido. No obstante, la reválida no se establece hasta el Plan Callejo, en 1926, y se consolida en la República con el Plan Villalobos, que se inspira en el proyecto de Fernando de los Ríos, al que —estoy casi seguro de ello— algún dirigente socialista conoce de referencias. Su amigo Federico García Lorca le dedicó unos versos bienhumorados. «Viva Fernando, / viva Fernando / de los Ríos Urruti, / barbas de santo, / padre del socialismo / de guante blanco. / Besteiro es elegante... / pero no tanto.» De todos modos, aunque la reválida fuera impuesta en la República por los progresistas liberales frente a la oposición de las fuerzas conservadoras que controlaban las congregaciones religiosas, estos ignaros y nescientes insisten en atribuírsela al franquismo. Bien es verdad, como recuerda el catedrático Mateos Rodríguez, que durante el régimen de Franco la reválida se endureció con los Planes de Pedro Sainz-Rodríguez y de Joaquín Ruiz-Giménez, y que los alumnos que estudiaron en aquellos tiempos sabían, al menos, lo que es una preposición, un adverbio, un adjetivo y un verbo, y sobre todo, el sitio que les corresponde a las haches en el orden de las palabras.

Mucho me temo que la masiva manifestación estudiantil convocada por estos estudiantes tan mayores e ignorantes no va a disfrutar del apoyo de la cultura y la inteligencia. También los suyos están avergonzados, y lo han expuesto magistralmente en sus espacios periodísticos. De cualquier forma, siempre se aprende. La Historia es caprichosa y flexible en la libre interpretación de sus hechos. Pero hay datos que son incuestionables, como que la reválida es franquista. Vuelvo a ello, para disipar las nubes. Que se hallaba el conde de Romanones muy preocupado por lo de la reválida, en el año 1901, y le dijo a su secretario. «Póngame con Franco, que tengo que pedirle permiso para una cosa.» Y no hubo problemas.

ABC, 8 de marzo de 2002

El pradito

Antonio Hurtado le dedicó estos octosílabos al conde de Villamediana: «Tal fama llegó a alcanzar / en toda la Corte entera, / que no hubo dentro ni fuera, / Grande que le contrastara, / mujer que no le adorara, / hombre que no le temiera.» Y es que Villamediana no tenía pelos en la lengua, y lo mismo le soplaba en los oídos al Rey que al Corregidor. Así se sintió en el Prado después de una larga ausencia: «Llego a Madrid, y no conozco el Prado. / Y no lo desconozco por olvido, / sino porque me consta que es pisado / por muchos que debiera ser pacido.» Aplíquense los dirigentes y máximos responsables del Museo del Prado los endecasílabos de don Juan de Tassis, el más rumboso de los nobles y poetas del Siglo de Oro. ¿Para qué todo el lío, la polémica y el presupuesto de la ampliación del Museo del Prado, si nuestra pinacoteca por excelencia lleva camino de convertirse en el Pradito? Diariamente, centenares de españoles que visitan Madrid, de turistas extranjeros, de madrileños amantes del arte, de estudiantes de colegios y universidades, visitan el Museo del Prado. Ayer, hoy, mañana y durante meses, la decepción habrá sido y será mayúscula. Entre las obras que han viajado al Museo de Arte Occidental de Tokyo —telas de Velázquez, El Greco, Goya, Ribera, Tiziano...—, y los goyas, entre ellos las dos «majas», que han volado a Washington, un centenar de vacíos, de paredes desnudas, se ríen de las miradas de los visitantes. Mucho de fraude tiene la decepción que producen las ausencias. Pero lo fundamental es que cien obras de arte, únicas y originales, que no tienen valor ni precio, que nos pertenecen a todos y que forman parte de nuestro prodigioso patrimonio artístico, anden al retortero como putas por rastrojo por culpa de la política irresponsable y necia de los patronos del Prado. «Las obras están aseguradas», anuncian con el desdén de los prepotentes. ¿Y qué? ¿Qué liquidación de póliza puede compensar la pérdida o el deterioro de una maravilla? ¿Qué valor conceden los aseguradores a las «majas» de Goya? Como tesoros ajenos al mercado, las «majas», *Las Meninas* de Velázquez, el *Jardín de las Delicias* de El Bosco, valen lo mismo un euro que tres mil millones. Su valor es su integridad, su buen estado, su tranquilidad, su sitio y su disposición permanente para ser contemplados y admirados. Los huecos y petulantes responsables del Museo del Prado no pueden jugar con las joyas de nuestro Patrimonio, y urge una ley que garantice la inmovilidad de los tesoros fundamentales de nuestro arte. Y si un norteamericano, o un japonés quiere contemplar los cuadros de Goya o de Velázquez, que acuda a sus sitios, viaje hasta Madrid y disfrute del portento. Y si no puede, que se compre un libro, o en su defecto, una reproducción, y si no, una postal, y en último caso, que le ondulen con la permanén. No está el horno para bollos y menos para que vuelen nuestros cuadros más representativos de un lado a otro. Además, los mil americanos y los diez mil japoneses que hasta Madrid llegan, en gran parte llamados por la singularidad del Prado, no pueden ser estafados mostrándoles las paredes deshabitadas de arte. Aquí está su sitio, y en su sitio deben permanecer siempre.

Colóquese y bien visible un cartel en la puerta principal del Museo del Pradito que informe a los visitantes de las numerosas ausencias. Procédase a renunciar a la ampliación y a mantener la belleza del barrio intacta. Y dejen de tocar los cuadros, que a fuerza de tocar, nos están tocando a una inmensa mayoría otra cosa que, por pudor, prudencia y cortesía, me callo. Claro que con carácter relativo. Mismamente, los cataplines.

ABC, 28 de abril de 2002

La academia y Umbral

He leído con pasmosa facilidad el último libro de Francisco Umbral, *Cela: un cadáver exquisito*. No es un buen libro. Algo de donaire en el continente y mucho de malaire en el contenido. La amistad de Cela y Umbral merecía más reposo y menos precipitación oportunista. Tiene ráfagas estallantes, porque Umbral aunque escriba algún libro malo es un gran escritor, pero no emociona, ni sorprende, ni indigna, ni revela. Cuatro son los héroes y heroínas del ensayo, Inés Oriol, Sisita Milans del Bosch, César González Ruano y el propio Umbral. Camilo va de poca cosa renqueante y Marina Castaño de chisme. Pero no son Camilo José Cela, ni Marina Castaño, ni Carmen Conde, ni Pepe García Nieto los protagonistas de unas vivencias desencuadernadas. La protagonista, la obsesión, casi la enfermedad —un libro es siempre enfermedad de alguien—, es la Real Academia Española, que todavía no le ha abierto las puertas a Umbral, con tanta injusticia como perseverancia. He defendido sistemáticamente el ingreso de Umbral en la RAE, y dos ilustres académicos se molestaron con mis argumentos favorables y mis suspicacias personales. Pedro Laín Entralgo y Julián Marías, el primero ya ausente y el segundo gozosamente vivo, lúcido y brillante. Pero si las cosas no pueden ser porque además son imposibles, se renuncia dignamente y ya está. Ahí tenemos a Jaime Campmany, que es otro académico nato, con elegante silencio ante el inmortal olvido.

Retrata Umbral a Cela a través de una desfiguración propia. Se presenta a Camilo como un escritor que degenera en burgués y esnob. ¿Cree Paco Umbral que su evolución es desbarajuste común?

Cela, según Umbral, cambia con el Nobel y se convierte en un señor bien educado que recibe a sus amigos, viejos y nuevos, en su casa de Puerta de Hierro en Madrid. En esa casa ricachona y desmedida descubre Umbral los defectos que no tiene su proletaria «dacha», isla revolucionaria en una de las urbanizaciones más ricas y rumbosas de los alrededores capitalinos. Hace mal Cela tratando a tanta marquesa, pero Umbral —como su amigo y también magnífico escritor, Raúl del Pozo— acierta plenamente volando de Llamazares a Inés Oriol y del añorado PCE a Sisita Milans del Bosch. En sus casos el esnobismo no existe, los chalés no son burgueses, la alta sociedad no infecta, los bienes materiales no corrompen y la revolución sigue en pie. Pero uno abusa de un muerto amigo para airear sus trapos sucios, y el otro retrata con crueldad a una duquesa que le ofreció amistad y confianza. Lo tengo escrito. La peor deslealtad es la que nace del resentimiento social.

El que pretenda encontrar en este nuevo libro de Umbral el talento continuo de su autor, se llevará una notable decepción. No va más allá de un texto cotilla con un mensaje nada escondido. Cela, que luchó con aspereza y bronca para que el Cervantes se lo llevara Umbral, fracasó en sus intentos de sentarlo en la Real Academia Española. Señores Lázaro Carreter y De la Concha: les recuerdo que me lo han prometido, pero la promesa no se cumple. No me interesa para nada la Real Academia Española, pero si no me hacen académico, se van a enterar ustedes. Ése es el mensaje.

Lo siento por Umbral, que no por Cela, Marina o demás fantasmas zaheridos. Lo siento por mi viejo afecto y honda y cacareada admiración hacia el escritor vallisoletano, uno de los mejores prosistas españoles de las últimas décadas. Lo siento porque creía a Umbral por encima de las pequeñas miserias y los arañazos por la espalda. Lo siento porque un gran escritor nos ofrece un mal libro. Y lo siento porque el gran escritor no ha demostrado, en esta ocasión, que puede ser también —y lo es— una buena y generosa persona.

ABC, 17 de mayo de 2002

Don Manuel

No tengo suerte últimamente con Francisco Umbral. Y mucho que lo siento. Me resulta difícil entender alguna de sus extemporáneas y feroces dentelladas. Ha herido ahora la memoria de Manuel Halcón, innecesaria y cruelmente, aprovechando que el Pisuerga pasa por Valladolid, que ahí está el meollo de la cuestión. Así que leía con mi devoción de siempre su artículo en *El Mundo* —«Carmen, verso y prosa»—, dedicado a la nunca feliz Carmen Díez de Rivera, cuando me topé con este párrafo de pésimo gusto: «Ella nació del *Semana*, revista de la época, bellezas españolas, cosas de Manuel Halcón, señorito andaluz que llegó a dandi pegándose aquel tiro cuando, hecho examen de conciencia literaria, comprendió que no era escritor, que no había escrito nada que lo valiera, y que no era agricultor, porque tampoco había sembrado nada que floreciese. Se lo sembraban todo los siervos del franquismo.» Pues no, Umbral.

Entre el señoritismo y el señorío media un trecho insalvable. Ni uno ni otro son exclusivos —tópico necio— de la nobleza o la aristocracia. En la Izquierda también abundan los señoritos y escasean los señores. José Bergamín fue un señorito de izquierdas, y un señor Julián Besteiro. Manuel Halcón fue un señor rotundo en todas las manifestaciones de su vida, no por ser el marqués de Villar del Tajo, sino por su comportamiento, su forma de ser, su manera de medir y su generosidad al tratar a las personas y sus circunstancias. Don Manuel, como todos los grandes escritores, se sentía insatisfecho con su obra. Pero en la prosa española del siglo XX, tres joyas de la narrativa andaluza esperan a que alguien las supere. Y ni

Francisco Umbral lo ha conseguido. *La historia de una finca*, de los hermanos arqueños Jesús y José de las Cuevas, *Las cosas del campo*, de José Antonio Muñoz Rojas, y los *Recuerdos de Fernando Villalón*, de Manuel Halcón. El prodigioso retrato de su doble primo hermano, Fernando Villalón, el tardío poeta de las marismas, de su entorno, de sus campos, de sus aventuras y de sus desdichas, es una obra maestra de la literatura española. Y creo que Umbral no la ha leído, porque es libre de hacerlo y puede no interesarle. Como *Los Dueñas*, *Manuela* o el *Monólogo de una mujer fría*.

Don Manuel, como Muñoz Rojas, era también agricultor. El primero en sus campos de Lebrija, y el segundo en Antequera. También los hermanos De las Cuevas, en Arcos de la Frontera. La literatura andaluza, prosa o poesía, es campo. Sembrado, sierra, regadío o dehesa. Y don Manuel se pasó media vida sembrando sus tierras de Lebrija, y la otra recogiendo sus cosechas. También sembró afectos, lealtades, amores y buen estilo, esto último tan fácil de enseñar y tan difícil de aprender.

Miente la imagen de un don Manuel frustrado «pegándose aquel tiro». Miente, distorsiona y envilece. Don Manuel tenía muy clara la condición del sitio. Dominaba la inconcreción del sitio, y siempre estuvo en el suyo, sin herir la frontera de lo ajeno y sin permitir que arañaran la libertad del propio. Cuando la vida le anunció que su sitio ya no le pertenecía, don Manuel, que era la buena educación y la cortesía personificadas, interpretó a su manera el mensaje de la vida y aceptó su sugerencia. Se fue porque pudo y porque quiso, cuando la desmedida del desmoronamiento físico que tanto le repelía agrietó la estética que él mismo se exigía para seguir esperando.

Fue don Manuel un señor de los pies a la cabeza. Un escritor luminoso y preciso. Un agricultor que sembró y recogió. Y eso de que se lo sembraban todo los siervos del franquismo es una vulgaridad trivial y con pretensiones. Donde te halles, buenas nubes, don Manuel.

Tiempo, 1 julio de 2002

De viejo

Si alguna vez me buscan y no me encuentran, orienten sus pesquisas en las librerías de viejo, templos prodigiosos del capricho y la cultura. Igual la de García Prieto, que la del Prado de José Blas Vega, que la de Mariano Romo en pleno Rastro madrileño, que la de la Escalinata. Las hay a decenas en este Madrid tan áspero que cobija, simultáneamente, tanta maravilla reposada y escondida.

En las librerías de viejo hay que echar tiempo y paciencia. Se encuentran ejemplares curiosísimos. Hace poco adquirí un precioso volumen de Joan Maragall, editado por sus amigos con motivo de su boda. Y entre Maragall, las «seguiriyas, tiranas y polos» de don Preciso, y un primoroso volumen con el *Cancionero espiritual*, de Valdivielso, me topé con un libro sorprendente. Sorprendente, al menos, para mí, que ignoraba las mañas traductoras del fundador de la Legión, el general José Millán Astray.

El libro en cuestión se titula *El Bushido*, el alma de Japón, y su autor es el escritor japonés Inazo Nitobë, profesor de la Universidad Imperial de Tokyo y miembro de la Academia Imperial del Japón. La edición no es venal y se imprimió en los talleres de Artes Gráficas Ibarra, de Madrid, el 19 de julio de 1941. No obstante, en la contraportada se suplica la difusión de la obra y se recomienda su distribución gratuita entre la juventud escolar. En verdad que jamás había oído hablar de *El Bushido*, y menos aún del conocimiento del japonés del general Millán Astray, que figura como traductor del nipón al español de la obra. Escribe, además, el preámbulo.

En el referido preámbulo, Millán Astray reconoce que en *El Bushido* se inspiró para redactar el *Credo de la Legión*. Y al final del mismo nos tranquiliza en el pasmo. No tradujo *El Bushido* del japonés al español sino de la edición francesa, que le regaló el embajador o alto representante del Japón en España. No obstante, la sorpresa no se desvanece porque no era conocida la afición de la traducción literaria del francés al español del general Millán Astray.

Choca esa afición de Millán Astray con su tópico y típico grito de «¡Muera la inteligencia!», que soltó en presencia de Unamuno. La verdad es que uno creía a Millán Astray un militar combatiente y osado, herido en mil batallas, tuerto, manco y con el rostro atravesado más por las balas del enemigo que por la mano que ayuda al pensamiento. Pero se manifiesta en este libro como un notable redactor, mucho más respetuoso con la lengua española que una buena parte de los periodistas que redactan hoy las noticias de los periódicos o de los medios informativos audiovisuales.

Esas cosas que se pierden, esos libros que duermen años y años hasta que una mano curiosa los rescata de las estanterías olvidadas ponen las cosas, si no en su sitio, sí orientadas hacia otros lugares. Así, por ejemplo, la primera edición de *Bizcaya para su independencia*, de Sabino Arana, que me ha hecho pasar un delicioso rato leyendo sus barbaridades. Entiendo que el libro esté mutilado y censurado por el propio PNV, que no se atreve a publicar una buena parte del presumible, que no demostrado, pensamiento de su fundador. La gente de la calle pasa por delante de los escaparates de las librerías de viejo con prisa e indiferencia. No saben lo que se pierden. Por un módico precio se pueden adquirir, para conservarlos en la curiosidad, los textos de *Formación del Espíritu Nacional* firmados por el juez Joaquín Navarro. Por muy pocos euros. Ver para creer.

LIBRO

ABC, 13 de octubre de 2002

El club de los necios

El «Drones Club» o Club de los Zánganos, nacido de la imaginación de P. G. Wodehouse, el gran maestro de la literatura de humor del siglo XX, reunía en su sede al grupo más divertido y prescindible de la alta sociedad londinense posvictoriana. Desde Bertie Wooster a Freddy Widgeon, pasando por el enamoradizo Bingo Little y Gussie Finknottle, coleccionista de salamandras. La media de inteligencia de los socios del «Drones» era, según Wodehouse, claramente inferior a la de una almeja vuelta al revés. Una almeja, todo hay que decirlo, que hubiera sido golpeada en la cabeza durante su infancia. De Pongo Twistleton, otro socio de Los Zánganos, aseguraba su autor que, aparte de parecer un pterodáctilo con una pena secreta, tenía suficiente inteligencia para abrir la boca cuando quería comer, pero ciertamente no más. No obstante, aquellos asnos, guiados por la pluma maestra de Wodehouse no hicieron otra cosa que el bien, y han ayudado a la sonrisa de millones de lectores en todo el mundo. Lo más grave contra la humanidad que llevaron a cabo los socios del «Drones» fue robar el casco de un policía la noche de la regata entre Oxford y Cambridge, hecho que conmovió a una buena parte de la sociedad inglesa. Sirva este preámbulo a los lectores que no hayan tenido aún la fortuna —siempre están a tiempo para enmendar el error— de leer a Wodehouse para asegurarles que los miembros del «Drones Club» eran en la figuración unos auténticos genios, sin excepción alguna, comparados con los idiotas que se reúnen año tras año en Oslo para conceder el Premio Nobel de la Paz. La relación de mamarrachos, indeseables y hasta terroristas que han recibido en los últimos años el Nobel noruego han convertido su significado en una broma de mal gusto. Un chiste noruego, que vaya usted a saber cómo son los chistes noruegos.

En España hemos sufrido a varios de esos meapilas con sus comprensiones y cercanías a ETA y Batasuna. Una conocida gorda falsificó su vida y se inventó atroces humillaciones sufridas para engañar a los necios del jurado, y como era de prever, consiguió el galardón. Claro que también fue premiada con el Príncipe de Asturias, que asimismo tiene sus tontos nacionales en sus diferentes jurados, pero eso pertenece a otro artículo.

La última edición del Nobel de la Paz ha servido para que sepamos que los necios, al fin, se han quitado las caretas. Como ha reconocido el portavoz del jurado, se le ha concedido a Jimmy Carter para fastidiar a George Bush, es decir, que se concede el premio no para homenajear a una persona sino para darle una patada en los dídimos a otra. Un jurado estúpidamente beligerante es el encargado de conceder una distinción que premia la paz. Se sabía desde que la relación de estafadores, violentos y cretinos enriquecían su nómina, pero en esta ocasión se ha confirmado plenamente.

De Jimmy Carter, el peor presidente de los Estados Unidos del siglo XX —lo cual tiene su mérito—, dijo su madre, Lillian, que era el más tonto de sus hijos. Lo hizo después de expresar en voz alta la siguiente convicción: «Cuando veo a todos mis hijos me digo: Lillian, tendrías que haber permanecido virgen.» Y Ronald Reagan, que fastidia mucho a los progres y que arregló una buena parte de los desconchones que el idiota de Carter le dejó, definió a su antecesor en la Casa Blanca con una sentencia bastante ingeniosa: «Depresión es cuando estás sin trabajo. Recesión es cuando un vecino está sin trabajo. Recuperación es cuando Jimmy Carter está sin trabajo.»

El Nobel al memo de Carter se lo han concedido unos necios. Un ex presidente de los Estados Unidos jamás puede ser Nobel de la Paz, porque si tuviera méritos para serlo, no existirían ni los Estados Unidos ni la cultura occidental. No existiría ni Noruega. No existiría ni el Nobel de la Paz. Sólo en el último caso, lo que quedara del mundo saldría ganando.

El Semanal, 8 de diciembre de 2002

Mi televisión

¡Qué mal huele la casa de *Gran Hermano*!
¡Qué ambiente tan espeso, sopor marrano!
¡Qué mal huele la casa, de esquina a esquina,
de la academia esa que rige Nina!
A cada instante
le echo a mi vieja Sony desodorante.

¡Qué cloacas cotillas los «magazines»,
con tantos contertulios vanos y ruines!
¡Qué invitados, que cuentan sus suciedades
a cambio de un minuto de vanidades!
Pulso y «zapeo»
mientras mi Sony grita: —¡Ay, qué mareo!

Con Sardá se reúne, vencida el hambre,
lo más aborrecible, lo más cochambre.
Y Ana Rosa lo mismo que la Velasco
nos regalan la arcada rosa del asco.
Mi vieja Sony
llora con la cadena de Berlusconi.

Con la de Berlusconi y de Telefónica,
con la «Uno» y la mugre de la autonómica,
—poco importa cuál sea la autonomía
porque siempre es pareja la porquería—.
Mi Sony amada,
sólo piensa en morirse descacharrada.

Que está harta su digna, vieja pantalla
de dar luz a la innoble y necia canalla.
Sueña en ser cachivache de chatarrero,
objeto abandonado de estercolero.
Pues me asegura
que muerta para siempre ya no es basura.

ABC, 26 de enero de 2003

Espectros en la Academia

Me turbó la imagen de esas once sombras fantasmales, espectros del resentimiento, caceroleros de la envidia, que se reunieron en torno a la Real Academia Española para protestar, en nombre del aire, por la admisión del escritor Arturo Pérez-Reverte, que fue recibido por los académicos por abrumadora mayoría. ¿Qué hacían ahí esas estantiguas dolientes y entrepadas? En las entreluces de la calle de Felipe IV se antojaban a veces, espantos coléricos, almas en pena vocingleras, trasgos tontos del culo. Más dibujo sindical que literario. Parecían acampados de Sintel fuera de tiempo y de sitio. Quizás escritores sin libro, o críticos sin lectores, o simplemente esforzados de la amargura. Pudiera ser que también laringes al cobro, mercenarios a cincuenta euros pagados por un eterno aspirante de los muchos eternos aspirantes que se mueven por los alrededores de la literatura. Todo muy chungo, espeso y cutre.

Los académicos, tan difíciles y bromistas en algunas convocatorias, no se tiraron en esta ocasión los diccionarios a la cabeza. Con pasmosa mayoría admitieron el ingreso y compañía de un joven novelista que va por libre y no trajina en las trastiendas literarias. Que se ha ganado a pulso de talento y trabajo a millones de lectores. Que tiene sus libros en los escaparates de las mejores librerías de Nueva York, Londres, París, Roma, Sydney e, incluso, Madrid. Y que probablemente se pueden leer sus aventuras medievales también en zulú. Arturo Pérez-Reverte es de los pocos escritores que no le tienen miedo a su verdad. Ha armado follones prodigiosos con su sinceridad descarnada. Todos bebemos de Borges, pero tuvo que ser Pérez-Reverte el que nos recordara que

Borges, como persona, era un esnob y un tanto gilipollas. Un argentino que presumía de leer el *El Quijote* en francés merece el cariñoso adjetivo. Y lo de Borges no fue nada comparado al terremoto que regaló a la retroprogresía tópica cuando se atrevió a decir que Manuel Azaña no pasó de mediocre en la literatura y de calamidad en la política. Que Azaña había sido un desastre. Las cosas que tuvo que oír y leer Pérez-Reverte de todos los santones de los lugares comunes sobre su persona.

Pero Arturo Pérez-Reverte no ha sido elegido miembro de la Real Academia Española por decir que Borges se comportaba en ocasiones como necio y que Azaña fue un mamotreto desdeñoso y un político pésimo. Pérez-Reverte es académico por sus méritos, por conseguir que decenas de miles de españoles hayan adquirido, gracias al capitán Alatriste, el hábito de leer. Por recuperar la novela bien escrita, que además enseña, y para más pecado, entretiene, engancha y divierte. Por desmontar la teoría de que la literatura coñazo es la buena, cuando en realidad sólo es la coñazo. Todo esto le ha servido a Pérez-Reverte para ser libre, parcial, subjetivo y, en algunas ocasiones, distante e intemperante con los pelmazos y con los tontos. Su popularidad es real porque nace de su obra y no de su personalidad. Se ha pasado media vida en el riesgo físico y la crónica espantada. La otra media huyendo de sus peores recuerdos y naciendo buenas palabras. Ha ganado muchísimo dinero y es un triunfador. Y, para colmo, en un país de envidiosos, en una profesión con más envidiosos todavía y en una actividad artística en la que no cabe un envidioso más, se topa con sólo once espectros detractores.

La Real Academia Española se rejuvenece y se justifica con su presencia. Siempre hay voces y plumas disidentes, que establecen comparaciones y se preguntan por qué uno y por qué no los otros. Ése es un problema de los otros. Los once espectros sindicales han desaparecido y la calle de Felipe IV ha amanecido más risueña después de ver cómo los académicos saludaban al capitán Alatriste.

ABC, 2 de febrero de 2003

Goyitas

Escribo con anterioridad a la celebración del guateque del cine español que humilla a uno de nuestros mayores genios. Prefiero no conocer la identidad del gamberro que bautizó estos premios abusando del nombre de don Francisco de Goya y Lucientes. Y escribo horas antes de que se abrace nuestra mediocridad cinematográfica porque no tengo previsto ver la llamada «Gala del Cine Español». Hace pocos días, los productores se reunieron con la ministra Pilar del Castillo en demanda de dinero público. Ese cine español tan malo, que no engaña a sus verdaderos promotores que son los espectadores que pasan por la taquilla, pretende que seamos todos los españoles los que paguemos su tostón. (Me anuncian que para el próximo año, al fin, va a ser producida una película con trama y argumento originales. La Sánchez-Gijón hará de heroína maqui en los montes de Asturias, y el malvado oficial de la Guardia Civil encargado de neutralizarla será Juan Diego, sin descartar a Juan Echanove.) En Hollywood están que no les llega la camisa al cuerpo.

En España están acostumbrados —me refiero a los chupones del cine— a recibir dinero público para producir e interpretar mediocridades. Después el espectador les dice que no y renuncian a pasar por taquilla. Mucho me gustaría que los Presupuestos Generales del Estado se ocuparan de los escritores sin lectores, los pintores sin clientes y los escultores que intentan esculpir a una mujer desnuda y les sale una ensaimada. Lo curioso es que estos privilegiados de las subvenciones presumen además de contestatarios y antisistema. Para hoy —ayer para los lectores— se prevé una gala muy crítica con el Gobierno por el chapapote del *Prestige* y la guerra con Iraq. La gala estará subvencionada también por el Gobierno, lo que no deja de ser asombroso. Y asistirá la ministra Del Castillo, que al final es la que les financia todas las bobadas que hacen. Claro, que hay excepciones, como Garci y Almodóvar, pero no son bien queridos por la mediocridad imperante. La presidenta de la presunta Academia del Cine nos lo ha anunciado: «El año pasado fue una gala de rojos; este año será más anárquica.» Se me había olvidado que existían los rojos. Pero tiene razón Marisa Paredes. Los rojos están en el Cine, y así es de aburrido el cine español. Pero unos rojos muy raritos, que no renuncian a sus millonarios talones, que viven en su pecera —viene bien la metáfora— de oro, que insultan a quien los mantiene y quieren obligar a los espectadores a ver sus necedades. Y si no, dinero público. Unos rojos muy extraños, seguramente igual de extraños que los anarquistas que nos anuncian. En resumen, más que rojos y anarquistas, unos frescos. Lo que algunos llaman chulos de los presupuestos.

Acostúmbrese la gente del cine español, que para ganar dinero lo que tienen que hacer es un buen cine que interese a los espectadores. La taquilla es la que manda, la que enriquece y la que arruina. Menos conceptualismo barato, menos trasanteayer resentido, menos coñazo trascendente, menos sobreactuación hortera, y verán cómo el público reacciona. Y también más consecuencia en sus actitudes y coherencia en sus manifestaciones.

Y encima, el pobre Goya. No sé qué les habrá hecho Goya a los del cine español. No alcanzo a comprender qué relación tiene Goya con Penélope Cruz, Javier Bardem o León de Aranoa, ese chico que va disfrazado de director de cine español contextualizado. No sé qué lazo une a Goya con Juanma Bajo Ulloa, o Karra Elejalde. Ya de copiar a los americanos —a los que odian y admiran con la misma intensidad— podrían haber buscado otro nombre. En lugar del «Oscar», el «Manolo». Pero Goya es mucho Goya para amparar tanto fracaso intelectual, industrial y social. Como mucho, «Goyitas».

ABC, 14 de febrero de 2003

El latín

Buena noticia es que la Ley de Calidad de la Enseñanza recupere el estudio del latín. Un país latino que no enseña a sus jóvenes la lengua madre colabora con la cojera intelectual de su sociedad. Asumo la probabilidad de ser registrado de retrógrado y antiguo, pero sigo creyendo que el catolicismo, es decir, lo universal, hirió gravemente al latín al arrinconarlo en su liturgia. Mi gran profesor de latín fue Santiago Amón. El primer día de clase ingresó en el aula con diez minutos de retraso. Los alumnos de Letras habíamos oído rumores acerca de su extraña personalidad. Su personalidad, más que extraña, resultó arrolladora. Renqueaba y no nos dirigió la palabra hasta que ocupamos nuestras respectivas mesas. Voz tronante y segura. «Señores, me llamo Santiago Amón y soy su nuevo profesor de latín. Acabo de ser expulsado del Partido Comunista por gastarme, junto a mi compañero de cédula Fernando Sánchez Dragó, el dinero de Moscú. Nos lo hemos gastado en comidas y en copas, que es lo decente. Quiero anunciarles que están ustedes aprobados. No voy a suspender a nadie a final de curso. Pero permítanme que les diga que aquel alumno que no se sienta interesado en aprender y dominar el latín será considerado por mí como un perfecto imbécil. Vayamos con Virgilio.» Y claro, ningún alumno se perdió un solo día de clase y todos aprobamos.

Se cuenta la célebre anécdota de Solís y Muñoz Alonso que Jaime Campmany recoge en su estupendo *El Jardín de las Víboras*. Defendía José Solís la Ley del Deporte en las Cortes franquistas. «Más deporte y menos latín», tronaba el ministro. Tranquilo, desde su escaño, Adolfo Muñoz Alonso, tan antipático como sabio, le respondió: «Deje el señor ministro en paz al latín, porque gracias al latín, ustedes los de Cabra se llaman egabrenses.» Pero al final, ingenios y lances parlamentarios aparte, el latín fue derrotado. Y la derrota ha durado más de treinta años. Y en treinta años se han perdido las raíces de nuestro idioma. Por desgracia, la recuperación del latín como asignatura no viene acompañada del griego, fuente fundamental de la palabra española. Pero, en fin, de todo esto el que tiene que hablar y escribir es el académico y profesor don Francisco Rodríguez-Adrados, que ha luchado casi en solitario por la recuperación de las lenguas clásicas en la enseñanza. En una pequeña parte, su esfuerzo ha resultado vencedor.

Pensará alguno que soy un exagerado, pero mucho me temo que, en gran medida, esa vulgaridad parlante de nuestra juventud, su elementalidad en el dominio del idioma, la preocupante reducción de voces al uso que utiliza en su expresión hablada y escrita, es consecuencia de la agonía y muerte de las lenguas clásicas en los últimos planes de enseñanza. Aquella sutileza de nuestros antiguos en el uso de la palabra enraizaba directamente con el estudio, aunque fuera somero, del griego y el latín. Esa precisión educada y pulcra en las oraciones y los conceptos. Se cuenta la historia de un parlamentario —en su sentido más generoso—, gran aficionado al hembrerío. Cuando su señora esposa se ausentaba para ir al mercado, su señoría se presentaba en la habitación de la joven fámula de servicio con el propósito de llevar a cabo un rápido ayuntamiento, lo que hoy se dice «polvete de conejo». En aquella ocasión el fornicio se alargó en demasía y la esposa, hecha ya la compra y reintegrada al hogar, al no encontrar a su marido en el despacho, busca que te busca, lo halló en situación confusa. Más que confusa, comprometida. No pudiendo reprimir su indignada decepción, gritó con espíritu nada conciliador: «¡Sebastián, estoy sorprendida!» Su señoría, excelso dominador del idioma, hizo un escorzo muelle, abandonó los menesteres en los que se hallaba concentrado, y con voz muy queda corrigió a su ofendida esposa: «No, querida. A lo sumo estarás asombrada. Los sorprendidos hemos sido nosotros.»

Aquel hombre había estudiado latín.

COSTUMBRES

ABC, 20 de abril de 2001

El miná malagueño

El ave que mejor habla e imita los sonidos es el miná del Himalaya. La cotorra, loro o papagayo más orgullosos resignan sus cabezas de admiración y delicia cuando coinciden en una pajarería con un miná, único lugar de posible encuentro. En Asia viven distintas especies de minás, *gracula religiosa* en su denominación latina, desde el gigante de Malaca al del Himalaya. Forman parte de la familia de los córvidos y se caracterizan por los lóbulos amarillo brillante que tienen en la cabeza. Un miná del Himalaya puede hablar durante horas y horas, vocalizando a la perfección y sin tener ni puñetera idea de lo que dice, como los loros. También son grandes profesionales de la charlita y la verborrea el guacamayo azul o ararauna, el rojo o arakanga, el papagayo gris o yaco, el loro gris y la cotorra verde. Todos ellos han demostrado sobrada capacidad para ocupar un escaño en cualquier Parlamento. Pero ninguno le llega al primer plumón de la cola al miná del Himalaya, exceptuando a doña Celia Villalobos.

La ministra de Sanidad habla por los codos y no se entera de lo que dice. Ella misma lo ha reconocido como consecuencia de su última metedura de pata. Con sus palabras ha conseguido la unanimidad del enfado y el estupor. Ha soliviantado a los médicos, a los farmacéuticos, a los ATS, a los enfermos y a la ciudadanía en general. Ahora con el dichoso «copago» de las recetas —horrible término—, ha alcanzado la cumbre del despropósito. El ministro portavoz del Gobierno al que doña Celia pertenece se ha visto obligado a desautorizarla con carácter de urgencia. Sucedió lo mismo con las vacas locas, y no ha tenido lugar con los pollos juguetones porque hasta la fecha no han presentado problema alguno.

Lo que nadie entiende —¡ay, los pagos agradecidos que la política procura!— es su permanencia al frente del Ministerio de Sanidad. Tiene que ser muy agradable ser ministro de algo, pero no tanto como para sujetarse al cargo con tanta fuerza y tan escasa consistencia. Un gobernante desautorizado por sus propios compañeros, lo primero que hace es presentar la dimisión. Cuestión de dignidad, orgullo y apariencia. Otra cosa es el cese y el agradecimiento por los servicios prestados, pero me temo que tan lógico proceso no va a tener lugar en este caso. El presidente del Gobierno no destaca por la virtud de la humildad y el reconocimiento de sus errores. Juan Martín, el Empecinado, era a su lado Juanillo el Dubitativo. El presidente del Gobierno ha mostrado su gratitud al esposo de doña Celia adjudicándonosla de ministra. Una manera muy particular de compensar los favores.

Y lo lamentable de la cosa es que Celia Villalobos, que había conseguido la mayoría absoluta del respaldo popular en su ciudad, desempeñaba favorablemente su cargo de alcaldesa de Málaga. Su locuacidad, su simpatía y su innegable afición por la demagogia ayudaron a que obtuviera unos resultados electorales tan difíciles como sorprendentes. Y su gestión como alcaldesa de Málaga fue aprobada por sus convecinos con otra mayoría absoluta. ¿A quién se le ocurrió sacarla de allí? A quien tiene que reconocer que es humano y también se equivoca.

Vuelvo a lo de siempre. Al desenfreno con la palabra, al cotorrismo alocado. Su práctica lleva al desastre y a la metedura de pata. Recurro una vez más al ingenio del gran Manuel del Palacio, el mejor poeta satírico de nuestro siglo XIX: «Diálogo al vuelo cogido / en el baile de Menchaca. / —Oriénteme usted, querido, / ¿quién es esa horrible vaca / que al pasar le ha sonreído? / —Se lo diré, caballero. / Es doña Julia Terrón / hija del duque de Ampuero, / y madre de este ternero / que está a su disposición.»

El silencio es el mejor aliado de la inteligencia cuando no se sabe controlar la medida de la palabra. Al miná del Himalaya le ha sobrevenido —lo intuyo— un agobiante complejo de inferioridad.

Tiempo, 30 de abril de 2001

Un tipo

Cuando el humor surge y despunta el ingenio, la política se dignifica. No es habitual el fenómeno. Todavía se recuerdan los divertidísimos *bandos* del que fuera alcalde de Madrid, don Enrique Tierno Galván, *el viejo profesor*. Redactó textos prodigiosos. El *bando* que distribuyó entre los madrileños con motivo de la celebración del Mundial del Fútbol de 1982 —los cursis dicen los Mundiales del 82 y las Olimpiadas de Barcelona— no tiene desperdicio. En él se recomendaba a los madrileños hospitalidad para con los visitantes y turistas que a Madrid venían para presenciar los partidos de *Foot-Ball*, un deporte, según sus palabras, «que equivale a que once diestros y aventajados atletas compitan en el esfuerzo de impulsar con los pies y la cabeza una bola elástica, con el afán, a veces desmesurado, de introducirla en el lugar solícitamente guardado por otra cuadrilla de once atletas, y viceversa». No se puede definir el fútbol de manera más culta y cachonda.

Entre Loja y Priego de Córdoba, las cunas de Narváez y Alcalá Zamora, respectivamente, ya en tierras de Granada se ubica la localidad de Zagra. Su alcalde, del Partido Popular, es un florido y respetable émulo del *viejo profesor* socialista. Sucede que en Zagra, que cuenta con más de mil habitantes, los servicios médicos han disminuido como consecuencia de la jubilación de don Miguel, el viejo y magnífico médico rural zagreño. Ahora atiende una buena doctora, que, lógicamente, al no vivir en Zagra, los viernes cierra el consultorio hasta el domingo. El alcalde ha pedido a Sanidad un médico sustituto para los fines de semana, pero no han atendido sus ruegos. Por ello, y para salvaguardar la vida de sus convecinos, ha redactado un *bando* digno de ser enmarcado: «Hago saber, y a la vez, ordeno: Que a partir del viernes a las 15 horas y hasta el lunes a las nueve de la mañana, se prohíbe a todos y cada uno de los zagreños y zagreñas el ponerse enfermos, sencilla y llanamente porque no existe ni médico ni ATS que los atienda, por lo que, en caso de desobediencia, los vecinos de Zagra corren el riesgo de morir. Además, las pésimas condiciones de la carretera que lleva de Zagra a Loja ofrecen al paciente múltiples posibilidades de fallecer en el camino.»

Rizando el rizo del humor, el alcalde de Zagra propina un meneo a dos administraciones. A la de Sanidad y a la de Obras Públicas. A la primera, para que atiendan su petición de médico sustituto para el fin de semana, y a la segunda, para que arreglen la N-321, que se halla en las mismas condiciones que cuando nació Narváez. Pero lo ha hecho sin demagogia, sin cargar las tintas, luciendo sencillamente un luminoso sentido del humor y la oportunidad que merecen la inmediata reacción de los responsables del caos. Con el humor se suavizan mucho las grietas anímicas de la política. El señor alcalde de Zagra ha demostrado que sus conciudadanos acertaron plenamente eligiéndolo con mayoría absoluta. Al fin y al cabo, un alcalde de pueblo es como el hermano mayor de sus vecinos, del que se esperan las soluciones a los problemas y los consejos ante las dudas.

No estaría de más que de cuando en cuando, sin agobios, claro, el Partido Popular dispusiera que el alcalde de Zagra viajara a Madrid, con el único fin de impartir una conferencia a la Ejecutiva del Partido Popular, que justo es reconocer sus virtudes de celo en la administración y honestidad en sus acciones, pero a la que falta eso tan humano y agradable que es el sentido del humor.

Con ese alcalde, todos somos zagreños.

ABC, 3 de junio de 2001

Fumadores

Los fumadores somos conscientes del daño que nos procuramos a nosotros mismos. No todos somos tan sinvergüenzas y aprovechados como aquellos que, después de fumar y fumar durante décadas, contraen una enfermedad y se querellan contra las empresas tabaqueras.

No es válida la justificación de la falta de información. Hace tiempo es posible, pero en la actualidad es muy difícil encontrar a un fumador tan insensible como los que protagonizan la campaña publicitaria institucional contra el tabaco.

Ni en los espacios agresivos con la normalidad —un vuelo de doce horas, por ejemplo— se le permite al fumador aliviar su desasosiego. Está prohibido fumar porque el humo del tabaco puede molestar a los no fumadores, pero no está prohibido viajar oliendo a pies o a sobaco por mucho que esa circunstancia moleste aún más que el humo del tabaco a los viajeros limpios.

Como fumador, doy fe de que siempre, antes de encender un cigarrillo, solicito la venia de cuantos me acompañan. Si el permiso es concedido, expulso el humo con sumo cuidado y mesura, para no herir el aire de los demás. Y no fumo en los hospitales, ni en los lugares donde no hay ceniceros, ni en los coches, ni en los aviones. Entiendo y comprendo la animadversión hacia el tabaco pero no me considero un homínido peligroso por consumirlo. Nunca he robado, ni asaltado, ni esgrimido un arma blanca, ni atracado a mano armada por un cigarrillo.

Los que comparan con demagogia el tabaco con la cocaína o la heroína son, además de unos mentirosos, unos necios.

Las guarradas se pueden hacer libremente desde la iniciativa privada, pero no con dinero público. Los anuncios antitabaco que se emiten en la actualidad son, sencillamente, repugnantes. Y producen un efecto contrario al deseado, porque el no fumador intolerante y marrano que estornuda y moquea el rostro de la fumadora despistada, o la cochina que se corta las uñas de los pies en plena reunión, con vuelo de pedazo de uña al vaso del fumador, caen muy mal a los recipiendiarios del mensaje. De acuerdo que hacer cola en un Banco y soltar el humor en el cogote del cliente inmediatamente anterior es una falta de urbanidad. Pero la reacción del no fumador es una guarrada como la copa de un pino. Fundamentalismo puro y duro. Apología de la intolerancia y la mala educación.

En los anuncios institucionales contra el tabaco, las víctimas son los fumadores y los villanos, los supuestamente afectados por los humos ajenos. Los expertos que han creado la campaña y los marmolillos que la han aprobado desde los despachos ministeriales se han equivocado clamorosamente.

Desde que me considero posible receptor de una grosería como las ensalzadas en dichos anuncios, voy por la vida con una cierta sensación de ciudadano ejemplar. Porque vuelvo a lo mismo, al origen de mi queja. El mismo derecho tiene la atractiva puercona a cortarse las uñas delante de los fumadores que yo a limpiarme las orejas con su blusa si me molesta el pachulí que se ha rociado de mañana para simular su falta de higiene. Que de eso sí que es necesaria una campaña institucional y machacona. La campaña del jabón.

La suciedad corporal también hace daño al prójimo. Junto a los carteles de «Prohibido fumar» en establecimientos y transportes públicos, habría que instalar otros con la siguiente advertencia: «Prohibido a los no usuarios del jabón.» Que ése y no el de fumar es quizás el mayor vicio nacional en este nuevo siglo que termina de nacer.

Por mi parte, seguiré intentando no molestar a nadie con mis humos azules y perniciosos. Insistiré en mi costumbre de pedir permiso para fumar, y aceptaré sin reservas las quejas medidas y educadas. Pero no por ello puedo admitir que la virtud y la decencia estén en la guarrada, la grosería y la brutalidad.

Espero no recibir una bofetada por pensar de este modo.

Tiempo, 16 de julio de 2001

Todos arriba

Se disputaba el primer partido de Liga entre el Atlético de Madrid y el Levante en el Vicente Calderón. Un Atlético que principiaba su calvario en la Segunda División. Por septiembre del pasado año y siglo era cuando el Levante marcó un gol. El público se enfadó y el narrador de Telemadrid resumió de esta guisa la situación: «Empiezan a crecer los pitos en el Vicente Calderón.» Los laboratorios fabricantes de la Viagra, preocupadísimos. Había nacido la competencia, que ahora se confirma con la aparición de otro fármaco estimulante. A partir de mañana, todos para arriba menos el ingenio epigramático. Éste se derrumba. ¿Qué sería del epigrama si, como en el Vicente Calderón, o con la Viagra o con el nuevo producto, hubiesen crecido en su momento todos los pitos? Su ingenio se sentiría mutilado. No tendrían sentido los versos a Francisco de Asís, blando esposo de la Reina Isabel II: «Y don Francisco de Asís / sacando su miga muerta / al amparo de una puerta / lloriquea y hace pis.» Samaniego fue el gran rapsoda de las erecciones y los derrumbamientos: «Llegó la dama / donde estaba la cama / y le dijo: desnúdate, amor mío / y acostémonos pronto, que hace frío. / El guardia la obedece / metiéndose en el lecho que le ofrece, / cuyo valor benéfico, al momento / le templó el instrumento.» Samaniego elogia hasta las potencias obispales: «Al tiempo que su coche se volvía, / el pasajero le hizo cortesía / a que el obispo corresponde atento / con una bendición, y en el momento / soltando el alzapón de sus calzones / ve salir de sus lóbregos rincones, / un matamoscas, largo de una vara / que igual entre mil frailes no se hallara.» La satírica anónima se regodea en el asunto: «Un pájaro se murió / en el patio de un convento / y las monjitas lloraron / con el pajarito dentro.» Las cosas crecían y menguaban sin necesidad de estimulantes. «A un oficial de Marina / cierta reina daba audiencia / para curarle la urgencia / de su parte masculina.» Samaniego, que escribía por entregas, vuelve con el obispo: «Por fin, cerca la noche / como mejor pudieron, en el coche / llevan al Ilustrísimo afligido; / pero, para que fuese en él metido / el cristal delantero le quitaron / y así, la mitad fuera colocaron / de aquel feroz pepino / semejante a una viga de molino.»

En su gran *Diccionario secreto*, Cela recoge una quintilla que sintetiza el gatillazo de un amante y la indiscreción de la frustrada amada: «Porque una vez no atiné / lo proclamas con orgullo. / Otra vez me colgaré / un farol en el capullo / y en cada huevo, un quinqué.» Ángel Carlos Terán, el montañés que mejor conoce y más ama las maravillas del Saja, me recitó un epigrama donde la naturaleza estalla de vigor sin precisar de ayudas: «Tengo tal fuerza en el nabo / que en su hermosísimo lomo / pueden posarse un palomo / siete gallinas y un pavo.» Se refería a un lugareño de la verde Cabuérniga, o de los altos de Sejos, o del valle lebaniego tan dado a cantar por generaciones los míticos obeliscos. Claro que el blanco llama al negro y la dicha al infortunio. Se le atribuye a Ramón Gómez de la Serna y a Catarineu. Nada, que el jefe de su sección en la oficina donde trabajaban de enchufe les exigió un informe urgente sobre la marcha del negociado: «La Sección está al corriente / y los papeles en regla. / Nada me queda pendiente / salvo el rabo que me cuelga.» Del picador Francisco Vera se contaban hazañas portentosas, si bien ninguna como la rimada en esta quintilla: «El picador Paco Vera / picó en la plaza de Lora / a un toro de tal manera / que echó el palo a una señora / que estaba en contrabarrera.» Y también rescatado del *Diccionario secreto* de don Camilo: «Mientras tú estás en la cama / con las teticas calientes / yo estoy bajo tu ventana / con la cosa entre los dientes.» Con la Viagra y su competencia, este soez y clarividente epigrama pierde su tiempo y su sitio: «Crecen los años y mengua la vida; / crecen las cejas y mengua la vista; / crecen los huevos y mengua la picha; / y cuando la picha mengua, / crece la lengua / y sigue la dicha.» Los satíricos no sabían de farmacopeas.

ABC, 24 de septiembre de 2002

Elitistas y aristócratas

En Londres se han manifestado quinientas mil personas. No se producía una concentración mayor de ciudadanos descontentos desde mediados del siglo XIX. Ingleses del campo y amantes de sus costumbres y tradiciones, entre ellas, la caza del zorro, que el Gobierno de Tony Blair quiere prohibir. En los medios de comunicación continentales —al menos, en los españoles— se despacha la manifestación con ignorante desafecto. Se dice que los manifestantes eran «aristócratas y elitistas». Estupidez clamorosa.

Aristócrata es el político poderoso perteneciente a una clase privilegiada. De ese origen, se desarrolla la clase noble de una nación o una provincia. Aristócrata es el elegido, y ha adquirido su condición un tono peyorativo subrayado por el resentimiento. Mucho me temo que decir que quinientos mil aristócratas se han manifestado sea algo más que una exageración. En tal caso, lo difícil en Inglaterra sería no pertenecer a la aristocracia, que por otro lado, nada tiene que ver con la victoriana. Y elitista es la persona perteneciente a una minoría selecta, que se comporta como miembro de una élite y que manifiesta gustos y preferencias opuestos a los del común. Eso, al menos, opina la Real Academia Española. Así que en Inglaterra quinientas mil personas no son lo común. De confirmarse la calidad de aristócratas y elitistas de los quinientos mil manifestantes de Londres habrá que reafirmar la admiración por aquella nación. Una sociedad que se permite el lujo de tener quinientos mil aristócratas y elitistas tiene que ser extraordinaria. Según el duque de Bedford, la culpa de la confusión la tiene Mark&Spencer. «El esnobismo en Inglaterra viene del marxismo, pero no el de Marx, sino el de Mark&Spencer.» Defiende Bedford su teoría de que el modo de vestir del hombre del campo inglés fue imitado en Londres, y que la capital del Imperio, lugar de reunión del turismo mundial, exportó esa moda a todo el orbe. Que fue el londinense el que quiso parecerse al granjero, al ganadero o al agricultor, y que eso lleva al desastre. Y Bedford sí fue un aristócrata, que sobrevivió abriendo las puertas de su castillo al público para mantener su propiedad. Visitaban el castillo al año muchos americanos, y Bedford cobraba una suma adicional si los visitantes reclamaban saludarlo. No tenía fortuna y era partidario de la caza del zorro.

El problema está en la caza del zorro, que es la imagen de Inglaterra. En la caza del zorro, los cazadores no hacen otra cosa que montar a caballo, que es el fin, y no el medio. Al zorro lo capturan los perros, y hay muchísimos en Inglaterra, perros y zorros. Se habla de la crueldad del método, pero nadie defiende a las gallinas, o a los pollos de faisán que el zorro, cruelmente, mata y descuartiza para su posterior beneficio. Ya he escrito con anterioridad que el inglés que protesta por la caza del zorro dejaría de hacerlo un segundo después de haber sido invitado a participar en una cacería. Y ahora viene lo del Príncipe de Gales y su frase polémica. Cuando Carlos de Inglaterra le escribe a Blair —muy indiscreto, por otra parte, en filtrar su contenido— «que los ingleses del campo están peor tratados que los negros y los homosexuales» no pretende, en mi opinión, humillar ni a unos ni a otros, sino establecerlos como punto de referencia de una situación de desafecto general, de un desprecio social consuetudinario y negativo. Se podría haber redactado mejor, pero no es cosa de exigirle al Príncipe de Gales que compita con Shakespeare. El todo de la medida está cimentado en la envidia. Y me pregunto si es lógico envidiar a tantos. A la aristocracia y a los elitistas de siempre se les ha envidiado, porque eran pocos. Pero envidiar a quinientos mil se me antoja una falta de respeto. Hacen bien los ingleses en defender sus costumbres y sus paisajes. Y muy mal los cronistas en confundir el resentimiento con la realidad.

ABC, 6 de octubre de 2002

Jodie la rica

En los Estados Unidos, mucho más peligrosos que George Bush son las leyes, los tribunales y los jurados. No puede considerarse serio que un jurado de Los Ángeles haya considerado culpable a la empresa tabaquera Phillip Morris de producir con engaño y alevosía un cáncer de pulmón en el cuerpo de doña Betty Bullock, y simultáneamente ordenar a la empresa indemnizar a doña Betty con 28.000 millones de dólares, han leído bien, 28.000 millones de dólares, no, no es que estén ustedes todavía con las pegajosas legañas que el sueño de la noche procura, he escrito 28.000 millones de dólares, que son los que se pretende llevar doña Betty por sinvergüenza.

Doña Betty Bullock asegura que no le informaron en su adolescencia que fumar era malo para la salud, y que en las cajetillas de tabaco no le advirtieron de los peligros que asumía consumiendo tabaco. Esta nueva especie de estafadores ha crecido como los hongos en los Estados Unidos, y algún europeo —en España se han dado ya algunos casos— ha seguido su ejemplo para forrarse de euros a costa de su cinismo. Si doña Betty no sabía que fumar era perjudicial para su salud, doña Betty o era idiota o tenía unos padres, unos amigos y unos profesores más tontos todavía. Porque la información la hemos tenido todos los que hemos encendido, un mal o un buen día, un cigarrillo por primera vez.

A los dieciséis años no se piensa en el cáncer de pulmón. A esa edad, la muerte es una lejanía que parece inalcanzable. A mí me dijeron que si fumaba me quedaría enano. Sopesé las posibilidades, analicé los pros y contras, y decidí que me compensaba el riesgo.

Es posible que mi estructura ósea haya visto reducido su proyecto de crecimiento inicial en diez centímetros. En el caso de no haber fumado, mi estatura rondaría los ciento noventa centímetros. ¿Por qué a doña Betty le sueltan esa pila de millones de dólares y a mí nadie me consuela económicamente por no haber materializado esos diez centímetros que me correspondían? Porque doña Betty, por muy enferma de cáncer de pulmón que esté, situación que lamento, es una choriza, y un servidor no lo es tanto.

Es mentira todo, excepto que el tabaco perjudica a la salud. Es mentira que un fumador se inicie en el placer del humo engañado. Es mentira que nadie se lo advirtiera a su tiempo. Es mentira que la empresa haya sido la culpable de su enfermedad. Es mentira que la compañía haya actuado con imprudencia, porque la única imprudencia en el acto de fumar la protagoniza el consumidor. Todo es mentira, pero está montado que lo políticamente correcto en aquel país de patriotas y admirables analfabetos, la mentira, se convierta en verdad, y de la verdad salte a la categoría de dogma.

Si no prosperan los recursos de la tabaquera, doña Betty se va a embolsar una cantidad que, en viejas pesetas, no tendría lugar en este artículo. La principal beneficiada va a ser su hija Jodie, que por las fotografías publicadas no ofrece un insinuante atractivo estético. Claro que una fea con 28.000 millones de dólares pasa inmediatamente a ser guapísima, como un comentario jocoso de un millonario siempre resulta muy gracioso para los que le rodean. El chollo se llama Jodie, y en segundo plano, Jackeline, su hija y nieta de doña Betty, que sonríe abiertamente desde su inocencia de un año intuyendo un futuro dorado y provechoso.

Vamos a ver. Honradamente, 28.000 millones de dólares no se pueden ganar jamás. Suponiendo, que es mucho suponer, que tan impresionante cantidad se ofrezca como recompensa a una vida de trabajo y talento, tampoco sería una cifra honesta. Y si se gana con una mentira, a eso se le llama estafa. Una estafa amparada por unas leyes gilipollas. Jodie, cariño, te llamo un día de éstos.

RECORDATORIOS

ABC, 22 de abril de 2001

Asensio

Cuando se hacen y logran tantas cosas en tan pocos años, uno corre el riesgo de morirse joven. Eso le ha pasado a Antonio Asensio, que de un modesto taller de fotograbado pasó a crear y presidir un imperio. Era el editor de mis libros —Ediciones B—, y lo mejor que puedo escribir de él es que era mi honrado editor. No es fácil esa apreciación en un mundo donde el escritor es tratado con frecuencia como una pulga útil. Se decían de su forma de ser y actuar muchas cosas y más mentiras. Pepe Oneto me llevó hasta él y conocí a un señor de pies a cabeza, con una capacidad asombrosa para oír y atender, y una generosidad abierta, bondadosa y, en ocasiones, ingenua. Su gran orgullo y su gran herida fue Antena 3 de Televisión. Pero su hazaña en el periodismo se llama *El Periódico de Catalunya*, que en pocos años se colocó en cabeza de la prensa catalana y hoy mantiene su liderazgo.

Los que trabajan en su casa aseguran que jamás dejó a nadie desamparado y sin ayuda. Tenía aspecto de jugador, y lo era. Arriesgaba siempre, y llevaba el riesgo al límite de lo soportable, pero sabía resistir y terminaba por ganar. Las peores experiencias le vinieron de la política, que jamás le consideró como un creador de miles de puestos de trabajo, y sí como un advenedizo peligroso y excesivamente libre. En *Interviú*, entre mujeres desnudas, firmaron las más variadas y encontradas plumas del momento. *Tiempo* era y es su publicación de prestigio, y cuando adquirió la Editorial Bruguera, que sería posteriormente Ediciones B, se empeñó en considerar a sus autores como parte fundamental de su desarrollo. Ese espíritu permanece intacto.

Tomó el tren de la Transición, no en el primer vagón, sino en la máquina misma. Y también supo lo que era descarrilar. En su vida familiar, eso tan raro, fue un tipo ejemplar. Todo era discutible, excepto su familia. Ese sentido de lo familiar es lo que debe animar a sus hijos y sobrinos a mantener su obra desde la pluralidad y la independencia.

Cuando se sintió herido por el tumor cerebral que le ha llevado a la muerte, ya había formado un equipo para sucederle. Su recuerdo y su sombra están bien rodeados de personas competentes y leales.

Del casi nada levantó un rascacielos de talentos y talleres. Cuando le quitaron su juguete preferido, la televisión, quedó tan rico como despistado. Siguió fundando medios de comunicación, y soñando aterrizajes imprevistos, pero aquel disgusto debilitó su alegría por el trabajo, que era como su alegría por la vida. Porque Antonio Asensio no podía separar una cosa de la otra. Un día me confesó que sus mejores negociaciones las había llevado a cabo a altas horas de la madrugada. Para triunfar, a lo primero que hay que hacer frente es al cansancio y al sueño.

Cuando supe de la edad de Antonio Asensio, no me lo podía creer. Como todo hombre que le quita espacio a la vida su fecha de nacimiento carecía de importancia. Para mí, que parecía mayor. Como era un apasionado, la enfermedad también se comportó apasionadamente contra su existencia. Lo intentó todo, pero esta vez su resistencia estaba quebrada. Ignoro si la muerte le sobrevino en la madrugada, esa hora que tanto le acompañó en su trabajo diario.

Lo que está claro es que se ha ido un grande del papel impreso, del libro y de la imagen. Su vacío está defendido, pero la obligación de quienes lo guardan es la de resistir. En ellos depositó su confianza cuando las madrugadas se convirtieron en horas interminables de tubos, sueros, un mismo horizonte y un amanecer que ya no importaba.

En lo que a mí respecta, ya lo he escrito. Mi experiencia personal y profesional con Antonio Asensio ocupará siempre un lugar preferente en lo más positivo y agradable de mi memoria. La última vez que hablé con él, con Pepe Oneto de testigo, me dijo que estaba feliz por ser mi editor. Hoy le respondo que yo también lo estoy porque lo siga siendo. Te deseo el mejor descanso, Antonio.

ABC, 22 de mayo de 2001

A una señora

Palabras para ella. Cuando el Rey, en contra de tanto y tantos, designó a Adolfo Suárez como presidente del Gobierno, se inició el camino de un hombre, ensalzado y denostado como pocos, que terminó por alcanzar en vida el lugar de los mitos. Abrasado por el cumplimiento político y social más áspero y difícil del siglo, Adolfo Suárez se recluyó en el pequeño CDS y terminó por despedirse de la política activa. Sus más encendidos defensores no reconocen sus errores, y sus más encontrados adversarios no admiten sus aciertos. Se marchó como un señor y se mantuvo a disposición de todos. Así, hasta que un día llamó a su puerta, con inesperada avaricia, la peor de las visitas.

Desde que se instaló en su casa, para vivir a su costa y sin permiso la sombra de la muerte, Adolfo Suárez fue poco a poco reduciendo su ámbito y su ánimo. Su hija mayor, Mariam, en plena juventud, enfermó de cáncer. Se hallaba embarazada y los médicos le recomendaron que interrumpiera su estado de gestación, pero Mariam se mantuvo en su sitio y en su futuro, y se enfrentó a la incertidumbre del plazo de vida.

Triunfó con valentía, y hasta escribió un libro en el que narraba sus experiencias y que ha servido de ayuda, consuelo y esperanza a muchas mujeres atacadas igualmente por la maldita enfermedad. La misma que se había apoderado ya de la estructura humana de su madre, Amparo Illana.

Cuando fue conocida la situación de Amparo, los ojos se volvieron hacia el ayer. Y ahí no había ni defensores ni detractores. Los sentimientos hacia la duquesa de Suárez se reunían todos en el reconocimiento de su discreción y medida, que se podrán igualar, pero no superar.

Estuvo siempre en su sitio, pero ni un minuto más de lo establecido por las normas protocolarias. No creó cortes paralelas, ni asumió protagonismos en la sombra, ni influyó en nada fuera del ámbito familiar, en el que influía una barbaridad, a Dios gracias. Su expresión, siempre sonriente, se limitó a su familia y amigos cuando los actos oficiales y las presencias públicas dejaron de agobiarla. En la distancia y en la lejanía era una gran señora.

Sólo le falló el organismo, no tan fuerte y joven como el de su hija, no tan rebelde para superar el sufrimiento, no tan necesitado del futuro como el de Mariam. Y poco a poco se fue entregando, discretísimamente, en silencio, abriendo la puerta de atrás para marcharse sin tener que despedirse. No por falta de educación, sino por cortesía hacia todos los que la queríamos.

Eso tan difícil, que es pasar por la vida sin dejar motivo para ningún reproche, eso tan inalcanzable, lo consiguió Amparo Illana con su bondad, inteligencia y equilibrio. No se quedó corta ni se pasó de su espacio. Y cuando Adolfo Suárez abandonó la política activa, ella siguió viviendo como siempre, dedicada a su familia, rodeada de la sombra, casi bruma, de su discreción, que para ella era obsesiva identificación con sus raíces. Más sonriente y alegre que Castilla, pero Castilla plena.

Amparo Illana, duquesa de Suárez, no pretendía nada. Nunca quiso estar por encima de nadie ni que su mirada volara más alto que la de su interlocutor. Hasta en el período de poder de su marido supo afirmarse al suelo, para no destacar. Pero destacaba sin pretenderlo, gracias a su naturalidad precisa, a su encanto personal.

Hoy, que descansa en su bellísima y áspera tierra castellana, la que eligió Dios para descender sus nubes y así rozar a Juan de Yepes y Teresa de Cepeda, hoy que forma ya parte del silencio vivo de sus raíces, quiero dedicarle estas palabras de memoria y homenaje. No sentirá ni fríos ni soledades. Descansará con discreción, como vivió siempre. No sólo fue la esposa y compañera de un gran hombre. Fue una grandísima mujer que supo encontrar la palabra amable y feliz para todos los que la rodearon. Esa que tanto nos falta y añoramos. La palabra amable y feliz, la palabra...

ABC, 24 de julio de 2001

El ciprés

En España el ciprés es árbol de tristeza. En Italia de alegría, de búsqueda de lo alto. Una hilera de cipreses en Castilla señala el camino de un cementerio. En Italia el ciprés es simplemente un árbol orgulloso y era un hombre. Indro Montanelli no era un junco, y menos un álamo. Era un ciprés de la Toscana, alto, fuerte, indomable y elegantísimo. Su inteligencia era también alta, fuerte, indomable y de una elegancia suprema. Miraba como un hombre joven. El gran maestro del periodismo europeo ha muerto con la juventud de casi un siglo de vida. Tendría que haber escrito del periodismo italiano, pero con Montanelli sucede que todos nos sentimos sus discípulos. Queremos que sea de los nuestros, incluso los que descreyeron de su magisterio. Einstein sabía de esa facilidad que tienen los europeos para apropiarse del talento ajeno. «Si mi Teoría de la Relatividad es exacta, los alemanes dirán que soy alemán, y los franceses, que ciudadano del mundo. Pero si es falsa, los franceses dirán que soy alemán, y los alemanes que soy judío.» Indro Montanelli se sentiría orgulloso de ese intento de apropiación de su persona, ya leyenda, porque era un europeísta decidido desde su escaso entusiasmo por el resultado de la unidad europea. En el fondo le entretenía vivir en una Italia políticamente caótica y desmedida. Su camino hacia la libertad lo conocen todos. Fue fascista, y Mussolini tuvo el detalle de condenarlo a muerte. Prisionero de los nazis. Receptor de cuatro balas disparadas por los terroristas de las Brigadas Rojas. Partidario acérrimo de una Monarquía encarnada en un rey que no servía ni como rey ni como italiano. Siempre ciprés, siempre erguido, siempre leal con su raíz y su lealtad a la verdad propia.

Además, siempre ingenioso, divertido, ameno. Sus historias de Roma y de Grecia tendrían que convertirse en textos de obligada lectura y estudio para los jóvenes historiadores. Era amigo de algunos políticos, pero la amistad no le nublaba la libertad de la definición. Le preguntaron hace poco, aquí en *ABC*, por Cossiga. «Es amigo mío, pero idiota, está loco.» Se enfrentó a Berlusconi desde el diario que había fundado con el dinero de Berlusconi. Su casa fue *Il Corriere della Sera*, y en su casa se ha dormido para siempre.

Interpretaba la situación política en España con mucho más rigor, conocimientos y sabiduría que la mayoría de los políticos y periodistas españoles. Amaba a España apasionadamente, como nos ha recordado otro de los pilares del periodismo libre y arriesgado, nuestro «Manu» Leguineche. Enconado enemigo, desde la inteligencia, de los nacionalismos y los proyectos de escisión, combatió con firmeza a Umberto Bossi y su proyecto de dividir Italia en dos naciones diferentes. A los noventa y dos años, hablaba y escribía con la hondura, el sentido común y el humor de siempre. Y amaba y esperaba nuevos y repetidos gozos en el jardín de las ilusiones.

Cuando supe que mi «Mariano de Cavia» coincidía con el «Luca de Tena» para Indro Montanelli, mi alegría se enorgulleció hasta tal punto que llegó a ponerse tonta. Preparó su viaje a Madrid, y hablaba con *ABC* todos los días. Con la mitad de junio cumplido, sus planes se quebraron. Los médicos le habían prohibido volar hasta Madrid para recoger su premio. Una sombra también para quienes pensábamos acompañarle. Por esta vez, habrá que dar la razón a los médicos que desaconsejaron su viaje, aunque a Indro Montanelli le hubiese gustado morir con las botas puestas, recibiendo ese reconocimiento que «ayudaba de forma decidida a conseguir completada y con algún margen de activo su cuenta con la vida».

No pudo estar porque se hallaba en pleno proceso de abandonarlo todo. Ha muerto el más grande, el más inteligente, libre, luchador y defensor de sus verdades, periodista de Europa. Odiaba a la cobardía, a la mentira, a lo políticamente correcto. Le importaba un pimiento escandalizar a los hipócritas y los necios. Desde joven, fue un ídolo para mí. Tenía pensado decírselo en la Noche de los Cavia, pero su primer paso hacia la muerte me lo impidió. Hoy lo hago agradecido y emocionado depositando estas palabras junto a la raíz callada del más alto, firme, decidido, digno, honrado y valiente ciprés de la Toscana.

ABC, 4 de septiembre de 2001

Bárbara

Para celebrar no recuerdo qué, nuestros padres —los míos y de mis hermanos— nos invitaron a Londres. El Big-Ben acababa de anunciar el cumplimiento de las diez horas de la mañana cuando mi insignificante ser humano se topó, en Piccadilly, con una sala de cine erótico que proponía a los viandantes la sugestiva cinta *Una rubia en la playa*. A principios de los años setenta, para un joven español reprimido y con acné juvenil, la proposición era sumamente tentadora. Diez chelines y a disfrutar del Séptimo Arte. La sala se hallaba casi vacía, y la película no defraudó mis expectativas. Al terminar la sesión se encendieron las luces y conté el número de espectadores. Sólo nueve. Tres de ellos italianos y los otros seis, incluyéndome a mí, españoles. Los seis españoles ocupaban localidades salteadas en diferentes filas, y casualidades de la vida, los reconocí al instante. Eran cinco de mis hermanos. Sin cita ni acuerdo establecido, todos habíamos coincidido allí. Los genes tiran, y en algunos casos, comprometen.

Cruzando la calle Piccadilly se ofrecían las Burlington Arcade, donde se reúnen las tiendas mejor surtidas de corbatas de Londres. También jerseys y artículos de joyería, estos últimos menos apetecibles para seis jóvenes españoles recién salidos —y nunca mejor escrito— de una sesión de cine porno. Comentábamos nuestro casual encuentro y contemplábamos los escaparates cuando apareció, como una diosa distante y sublime, la más hermosa mujer jamás vista por nuestros ojos. Los seis hermanos, al unísono, le dedicamos una sutil reverencia de limpia admiración. Y ella nos regaló una sonrisa. Regalada la sonrisa, ingresó en una joyería. La perdimos para siempre.

La buena memoria de la vida se rejuvenece, en ocasiones, gracias a las noticias tristes. Me refiero al fallecimiento en Chipre del doctor Christiaan Neethling Barnard, el cirujano cardiovascular sudafricano que protagonizó el primer trasplante de corazón. La mujer que había roto los nuestros era la suya, Bárbara Zoellner, una alemana afincada en Ciudad del Cabo resueltamente divina.

La juventud es muy caprichosa cuando se pone a admirar. Mi admiración por el doctor Barnard nada tenía que ver con la ciencia, ni con su maestría y pericia en la cirugía cardiovascular, ni por sus trasplantes de corazón, que abrían las puertas de un tiempo de nuevas esperanzas. Yo le admiraba por su mujer. Un tipo con cuarenta años capaz de llevarse al huerto a una mujer como Bárbara Zoellner merecía una atención especial.

Cuando Sir Alexander Fleming visitó Madrid, rindió una visita a la Facultad de Medicina. Centenares de médicos y estudiantes le aclamaron en el Aula Magna. El inventor de la penicilina —¿inventor o descubridor?— leyó un discurso en español. Al finalizarlo, entre ovaciones, hizo una pelota con las cuartillas y la lanzó a una papelera sita a quince metros del estrado. Encestó limpiamente. Los estudiantes enloquecieron y a punto estuvieron de sacar a hombros a Sir Alexander. No por la penicilina, sino por el enceste. La juventud es así, caprichosa, imprevista y desconcertante. Hace del grano de arena montaña altiva y de la más soberbia cumbre, sendero llano. Además, que tampoco hay que analizar con exceso las reacciones espontáneas.

Más tarde supe que Barnard se había divorciado de Bárbara Zoellner. A sus sesenta y seis años se casó de nuevo con una modelo de dieciocho, y con un apellido dificilísimo. Karin Setzkorn. Hace un año, con setenta y siete, se cansó de pronunciar el apellido de Karin y decidió recuperar la libertad. No ha muerto sólo el cirujano de las manos de oro, como era conocido. También ha fallecido el más competente seductor de mujeres del también finado siglo XX.

Sirvan estas líneas de elegía precipitada por su repentina ausencia. Los versos son para ella. Aquella bárbara Bárbara, aquella barbaridad de mujer, aquel junco bellísimo que se topó con mi acné juvenil en una fría mañana ya lejana de Londres.

ABC, 28 de octubre de 2001

¡Entró, entró!

Memoria en blanco y negro. Santana, Arilla, Couder y Gisbert en la pista del Real Club de Tenis Barcelona, inmediato al palacio de Pedralbes. De capitán, Jaime Bartrolí, con su aspecto de tenista antiguo en los versos de Jaime Gil de Biedma: «Yo nací, perdonadme, / en la edad de la pérgola y el tenis.» Andrés Gimeno había volado hacia los Kramer's Boys, los primeros tenistas profesionales, y recorría el mundo junto a Rod Laver, Ken Rosewall, Pancho Segura y Pancho González, entre otros. En el Club Velázquez de Madrid, pocos años atrás, el recogepelotas Manolito Santana había decidido que lo suyo era la gloria. Triunfó en el Campeonato de España, pero la Real Federación Española de Tenis no le incluyó en la nómina de los tenistas elegidos para perfeccionar su juego en Australia. Un socio del Club Velázquez, Álvaro Romero-Girón, montó en cólera por la injusticia, contrató al mejor maestro profesional australiano y se lo trajo a Madrid con un solo objetivo. Jugar al tenis con Manolo Santana. Pronto llegaron las victorias en el Roland Garros parisino, la primera —escribo de memoria— contra Nicola Pietrangeli, el gran tenista italiano. Wimbledon se consiguió más tarde, en aquella final contra el norteamericano Denis Ralston y en la que Manolo Santana jugó con el escudo del Real Madrid. En medio de tanta gloria y maravilla, la Copa Davis, Televisión Española y Juan José Castillo, los tres pilares —junto a Manolo Santana— que establecieron el cambio del tenis en España. De deporte elitista a pasión de masas.

De la casi nada a disputar dos finales de la Copa Davis en Australia, contra Emerson, Stolle, Roche y Newcombe. Fred Stolle, tenista muy inferior a Santana, fue su bestia negra. Jamás consiguió el madrileño ganar al rubio y larguirucho australiano. En aquellos tiempos de la pantalla en blanco y negro, las ciudades de España perdían su vida cuando el equipo español de la Copa Davis disputaba alguna eliminatoria. Siempre con Juan José Castillo de comentarista, ya gordo y fondón, con su voz grave y cercana, simpático y sabio. Su grito «¡Entró, entró!», cuando la bola impulsada por un tenista español botaba en la línea del campo adversario se hizo alarido de unánime júbilo en todos los hogares españoles. El «¡Ha ganado España!» de la noche de Eurovisión de Massiel —noche que aún recordamos algunos con lacerante alipori— no fue nada comparado con los «¡Entró, entró!» de Juan José Castillo.

A pesar de Orantes, del recuperado Andrés Gimeno —hoy comentarista de TVE—, de Higueras y lo que después trajo el tiempo —hasta la maravilla de Santander y la victoria de Barcelona, al fin, en la Copa Davis—, el tenis español se resumía en el arte de Manolo Santana y la voz de Juan José Castillo. Arilla, Couder, Gisbert, Orantes y compañía lo hacían muy bien, pero el tenis eran Santana y Castillo, una pareja que jamás jugó y que resultó invencible.

La desaparición del gran periodista deportivo aragonés enraizado en Barcelona nos ha despertado a muchos eso que no es la melancolía ni la nostalgia y que los portugueses han sabido concretar desde su «saudade». Mucho disfrutamos con los tenistas españoles en la Copa Davis de aquellos tiempos en blanco y negro, pero, en gran parte, aquellas satisfacciones lo fueron gracias a la voz, el tono y los comentarios de Juan José Castillo. Gracias, incluso, a sus equivocaciones, que le brotaban cuando la emoción dominaba su ánimo. A José Luis Arilla le decía Manolo, y a Santana, José Luis. No importaba. Fue un maestro, lejano a la pedantería de muchos de los comentaristas de hoy, que no necesitaba de ayuda alguna para cumplir con brillantez sus obligaciones y que hacía gala de un lenguaje preciso y correcto, nada arraigado en la cursilería.

Algo habrán comentado las nubes al ver subir al bueno de Juan José Castillo hacia el lugar que no se conoce. Y alguna, probablemente, al verlo instalado en su definitivo sitio habrá proclamado con alegría: ¡Entró, entró!

ABC, 21 de diciembre de 2001

Becaud

Por el malecón de Igueldo, a partir de las ocho de la tarde, en aquellas tardes de agosto de viento calmo y marea baja, se oía la voz de Gilbert Becaud cantando su *Et maintenant*. Ayudó a muchas parejas a enamorarse un poco más. A mí, personalmente, Becaud me parecía bastante cursi, porque tenía la boca excesivamente francesa. El francés que no se domina de niño en los gestos termina por acostumbrar sus labios a un permanente acoso del «oui» que es la manera menos natural que existe para decir que sí. Gilbert Becaud grabó centenares de canciones, pero sólo dos o tres se entendían fuera de Francia. No obstante, conmigo se portó muy bien amparándome con su voz en los atardecielos donostiarras de pérgolas y tamarindos.

San Sebastián, en verano, bailaba con Becaud y con Jacques Brel, con Adamo y Dalida, con Mireille Mathieu y Edith Piaf. Pero sin su *Et maintenant*, Becaud desaparecía por todos los horizontes, el de Igueldo, el de la isla de Santa Clara, y Urgull al norte, el de la Zurriola. Su huida me ha entristecido porque se ha marchado para siempre un viejo colaborador. Pero Becaud no era natural, como han escrito muchos después de su muerte. Gilbert Becaud era un cantante afectado y creído, que nos abrazó a muchos y nos convenció a menos. Para enamorarse con una canción de Gilbert Becaud era imprescindible borrar sus gestos, su sonrisa de bulevar, sus movimientos innecesarios ante las teclas del piano. Entonces sí, su voz se hacía con todo el aire, descendía como plomo salino la noche sobre San Sebastián y hasta Javier Arzallus, paseando de la mano de su novia por los jardines de la Reina Cristina, era capaz de decirle a su amada «te quiero» sin tener que explicarle, inmediatamente después, que no la estaba regañando.

A medida del tiempo pasado, las voces, los olores y las músicas se anclan en el recuerdo con sus sitios asignados. La célebre y nunca justamente aplaudida balada de Dodó Escolá *¿Qué pasa en el Congo?*, me lleva irremediablemente al valle de Loyola, porque así lo quiso el destino. El taxista que me llevó de San Sebastián a la triste casa de Ignacio, además de conducir a toda pastilla, era un rendido admirador del cachondo juglar catalán. Nada menos apropiado para entrar en trance espiritual que la canción *¿Qué pasa en el Congo?*, pero ahí la tengo clavada. Los robles tristes y desnudos del invierno, la gran explanada, el santuario y la casa de Ignacio de Loyola, y la voz de Dodó Escolá repitiendo su expresivo estribillo: «¿Qué pasa en el Congo? / ¿Qué pasa en el Congo? / ¡Que a blanco que pillan / lo hacen mondongo!»

Becaud, en cambio, significa para mí la caída del día ante la bahía de La Concha, siempre con la mirada desde la proa de Igueldo hacia la tenaza verde que cierra la forma perfecta de la bahía en el paseo Nuevo de Urgull. Porque al paseo Nuevo sólo íbamos cuando las mareas vivas de septiembre coincidían con los nortazos de mar y viento y las olas rompían en las rocas elevándose veinte metros por encima de los muros del paseo. Urgull olía a sardinas de La Panchica, siempre abarrotadas sus mesas en el muelle de pescadores.

En aquellos tiempos, los jóvenes donostiarras no se regodeaban en sus ombligos. Ya era una hermosa y precisa bailarina Jone Goricelaya, pero también bailaba abrazada con la música de los grandes juglares franceses, e incluso de los Beatles, que tenían más éxito en Bilbao, por aquello de los gustos. San Sebastián tiraba más para Francia, y Bilbao para Inglaterra. Ya lo dijo la mujer de un conocido empresario que coqueteaba —a más no se atrevía— con las ideas nacionalistas. «Vivo en Neguri, en la segunda calle a la derecha según se llega de Inglaterra.»

De ahí que, aparte del sentimiento, no he padecido la emoción de la pérdida irreparable con la muerte de Becaud, que tanto me ayudó en su día a enamorarme fugazmente. Porque el sitio que su voz tiene en mi memoria es el malecón de Igueldo, tan añorado siempre y tan escondido a mis miradas de hoy. Porque no puedo intentar que aquellos atardeceres vuelvan a caer sobre San Sebastián para mitigar mis melancolías. Porque aquellos perfiles y sombras de mi juventud se han marchado, en su mayoría, a lugares donde vivir y pensar libremente no supone un riesgo demostrado. Me conformo con dejar aquí mi oración antigua a modo de agradecimiento. Lo siento, Gilbert.

ABC, 17 de febrero de 2002

El conde de Osborne

Alguien escribió que el señoritismo es al señorío lo que el patrioterismo al patriotismo. No estoy de acuerdo, por cuanto el patriotero es un patriota exagerado, compulsivo e histérico, en tanto que el señorito nada tiene de señor. De un señor que se ha ido me dispongo a escribir, ahora que van quedando tan pocos. De cuando en cuando las tristezas personales nublan las noticias y caemos en pie sobre nuestra fragilidad. Con el permiso de ustedes, hoy me reúno con mis asuntos. En el Puerto de Santa María, mi Puerto de Santa María, el viejo de Menesteos rasgado por el Guadalete, que es el río del olvido, se ha marchado de la vida uno de los grandes señores de Andalucía la Baja. Fue mi segundo padre durante meses, y lo era de un amigo del alma, y «esposo que fue», como dicen las esquelas de Córdoba hacia abajo, de una mujer extraordinaria que hoy tiene su alma ahogada de lágrimas y memorias. Fue además un gran empresario, que resistió malos vientos y mantuvo en su sitio a una gran empresa española, tentada y acosada por el capital extranjero que predomina en la actualidad en el sector del vino de Jerez, eso que los ingleses, sus principales impulsores, llaman el «sherry».

Y no sólo la mantuvo, sino que la reafirmó y expandió, y cuando a su generación le llegó el momento del descanso, con su hermano Ignacio especialmente compenetrado, supo dejarlo todo en manos de la nueva, y ahora son otro Tomás y otro Ignacio Osborne los que sostienen la generosa y brillante tradición familiar. Se llamaba Tomás Osborne y Vázquez, era el conde de Osborne, y llevaba en su forma de ser eso tan difícil que se entiende por medida. La medida que equilibra el verdadero señorío con la decencia, la inteligencia con la humildad y la generosidad con el aire que se respira. Su aire, su viento, era el de la bahía de Cádiz, atlántico y blanco, de pinares y bodegas, tan metido en Dios como abierto a todas las tolerancias.

En aquel rincón del talento y la poesía, dominado por el torreón del castillo de San Marcos y el Colegio de los Jesuitas —allí estudiaron Juan Ramón Jiménez, Pedro Muñoz-Seca, Fernando Villalón y Rafael Alberti, entre otros—, las cosas no son como en el resto de los sitios. En el Puerto de Santa María el trabajo y la calma pasean de la mano, con toda la naturalidad del mundo. El conde de Osborne era un portuense decidido, y no podía dar tres pasos en su ciudad sin ser reclamado para responder a un saludo. A nadie del Puerto le oí jamás una crítica adversa o un motivo de queja referida a quien resumía el señorío de su lugar. «Siempre con Dios, don Tomás.» Que allí se saluda todavía con la intención.

Sin olvidar a nadie, Jerez es Domecq y González, y el Puerto de Santa María, Osborne, Caballero y Terry. Quedan los matices, los rasgos característicos de cada familia, pero el paisaje impera en todos sus miembros. No siempre el momento y la oportunidad coinciden, y los Domecq y los Terry —ya lo habían hecho los González en su sociedad con los Byass— se vieron obligados a compartir el espíritu familiar de sus empresas bodegueras. En el Puerto, los Osborne y los Caballero tuvieron más suerte, y todavía entrar en sus recintos es lo mismo que llegar a sus casas. Sucede que nadie puede sentirse ajeno, porque todas las familias tienen raíces de las otras. Pero el concepto que establece la actitud del primer apellido era sagrado en el conde de Osborne. Y en esa actitud ante la vida destacaba el constante servicio al señorío puro y llano, a la generosidad sin testigos y a la humildad sin aspavientos.

Tuve la suerte de convivir con ellos durante quince meses. Siempre que me dejo caer por el Puerto, en ellos encuentro a mi familia, que lo es mucho más que mis parientes portuenses. Para un desmedido como yo, la presencia, la naturalidad y la palabra de Tomás Osborne eran lecciones diarias de medida, que es una asignatura muy complicada de aprobar en la vida. Su perfil de gran señor no podrá dibujarse, a partir de ahora, bajo el gran magnolio de las tertulias en la bodega de Mora. Ignoro el viento que hoy sopla en la bahía, si el poniente o el levante. Será igual de triste. Quizá la calma, la renuncia de ambos a manifestarse, sea el mejor homenaje de despedida de quien hizo de la calma y la discreción el norte de su vida. Y quedan los que se han formado con su ejemplo.

ABC, 19 de marzo de 2002

Un grande

«Los mediocres no me perdonan que sea marqués de Villar del Tajo y Maestrante de Sevilla.» Lo decía Manuel Halcón, aquel gran señor de nuestra mejor literatura. «Mi primo Fernando Villalón fue un poeta tardío y lo aceptaron por su arrolladora personalidad. Cuando supieron que era el conde de Miraflores de los Ángeles, ya no pudieron rectificar.» La envidia a la nobleza es común característica en España. Lo vemos y leemos todos los días. El cutre regocijo montado en torno a las desventuras de la familia Alba es un ejemplo incuestionable de ello. El desdichado duque de Feria fue condenado a una pena de prisión que muchos terroristas no alcanzan, y estuvo años en la cárcel más por duque que por otros motivos. Y al extraordinario Rafael de León se le ha encasillado en el apartado de letrista de coplas porque era marqués del Valle de la Reina y conde de Gómara.

Con Alfredo Goyeneche ha pasado algo parecido que con Fernando Villalón. Que con excepción del mundillo de la hípica, muy pocos sabían que era el conde de Guaqui, con Grandeza de España, marqués de Artasona, marqués de Villafuerte y conde de Casa Saavedra. Gracias a su discreto pasar se le ha perdonado tamaña provocación. Y más que a su discreto pasar, a la ignorancia de la mayoría, que no hubiese tolerado la nobleza de sangre de Alfredo. Primero como deportista de élite y después ocupando puestos directivos en el deporte, Alfredo Goyeneche ha sido un grande en todos los sentidos, un señor rotundo y completo, un hombre bueno como pocos y un amigo leal. En mi caso y el de mi familia, tan leal como viejo y bienquerido.

Lo comentaba Sergio Sauca, periodista especializado en deportes en un informativo de Televisión Española. «Es muy difícil que después de cincuenta años en el deporte español, nadie hable mal de Alfredo Goyeneche.» No hablaron mal porque no pudieron, porque fue un deportista magnífico y un dirigente que se hizo querer y respetar, pero de haber sabido su colección de títulos nobiliarios, más de un abrazo se hubiese convertido en agresión, y más de una sonrisa en gesto de desprecio.

De los cinco hermanos Goyeneche, los tres varones fueron campeones sobre el caballo. Los dos mayores, Alfredo y José, marqués de Corpa, destacaron en el Concurso Hípico, y el menor, Juancho, conde de Ruiz de Castilla, en las carreras de caballos. Mi memoria vuela a mis años infantiles en San Sebastián, al Concurso Hípico de Loyola, con Alfredo montado sobre una yegua llamada *Menorca*, triunfando en un premio y haciéndome ganar en las apuestas las cuatrocientas pesetas más ilusionantes de mi vida. La casa de Guaqui en San Sebastián, al pie del monte Igueldo, era un lugar abierto a todos los amigos. Los Goyeneche, como su apellido indica, son vascos hasta la médula y Alfredo se sentía muy orgulloso de que el presidente del Comité Olímpico Español fuera un donostiarra enraizado en su tierra como él.

Vi a Alfredo Goyeneche por última vez la noche de la cena del Centenario del Real Madrid. Todo el mundo le preguntaba por «Juanito» Muehlegg y, sin perder la sonrisa, medía las palabras, ponía las cosas en su sitio y no perdía la paciencia. Como buen señor, jamás aparentaba ser más de lo que era, siendo muchísimo. Y para colmo del buen gusto, se casó y tuvo dos hijos con la más guapa de mis primas, que es un dato que a pocos interesa, pero a mí me ahonda aún más, si cabe, el cariño, y ahora, mientras escribo, la tristeza.

Era marqués, conde, Grande de España, presidente del COE y no estaba arruinado. Y no le rozó la envidia. Se mereció su vida.

ABC, 10 de mayo de 2002

Gure Aitá

En *Amigos y Maestros*, la extraordinaria galería de retratos llorados de José Antonio Muñoz Rojas —¿cuándo el Cervantes o el Príncipe de Asturias al más claro poeta y más luminoso prosista de España?—, nos trae de la mano y del alma al inolvidable padre jesuita Ramón Ceñal, que «humilde se creía avena en los trigos, cuando era el trigo más limpio y rico del campo. Flaco, podía con todas nuestras carencias. Débil con nuestras flaquezas. Siempre nos preguntamos cómo aquel cuerpecillo de nada alimentaba tal fuerza de espíritu». Y recuerda el gran señor de Antequera cómo nuestras miserias y tribulaciones eran siempre recogidas por el padre Ceñal en una tierra de misericordia, ámbito del Misterio. Siempre el Misterio. «Mira, mira, todo se funde en el Gran Misterio.» Fue al padre Ceñal al primero que oí —cosas del Misterio— que a Dios se llega más fácil con la música y la poesía. «Mira, mira, a Dios le alcanza lo más hondo y con una buena música la oración se hace infinitamente más profunda, ¿ve?» El padre Ceñal terminaba sus frases con una pregunta recurrente que jamás contestaba. «¿Ve, ve?» Y Gonzalo Anes me lo confirmaba apenas dos horas después de mis emociones. «La solemnidad de la música en una iglesia nos acerca a Dios.» A eso, el Gran Misterio.

Se nos murió Íñigo Barcáiztegui Uhagón, conde del Llobregat, señor de Guipúzcoa, vasco hasta la médula y español profundo. Síntesis de lo vasco. Austero, sencillo, irónico, honesto y tan buen padre de sus hijos como de los amigos de sus hijos. Quizás, en los primeros momentos de luz en su misterio, necesitaba de la música para recorrer con más soltura el camino que no conocemos. Puede ser que hasta sonriera al sentir nuestras emociones. El conde del Llobregat derrochó en vida firmezas y amnistías. En septiembre de 1936, con dieciséis años, preso en el fuerte de Guadalupe, tan cercano a su solar ondarabitarra de Zuloaga Aundi, fue obligado a presenciar el asesinato de su padre a manos de los milicianos, que actuaron con el gentil permiso de los *gudaris* nacionalistas. Aquella herida la llevó siempre consigo, pero nunca permitió que el odio venciera a su sentido cristiano del perdón.

En Madrid, en una iglesia donde no cabía ni la esquina de un alma, el organista regaló a la memoria de Íñigo la oración de la Marcha Real. Y cuando nadie lo esperaba, en Madrid, en pleno distrito de Chamberí, órgano y coral se unieron para cantar el *Agur Jesusen Ama.* Y en Madrid se cantó el *Agur Jesusen Ama* como en cualquier parroquia de San Sebastián, o de Fuenterrabía o de Guetaria. Y en Madrid, el sacerdote, antes de rezar el padre nuestro, recordó las raíces guipuzcoanas de Íñigo y las muchas veces que en su vida se había acercado a Dios en el idioma de los vascos, y todos cantamos el *Gure Aitá*, y aquellos que no lo sabían en vascuence, bajaron la cabeza y lo rezaron en español, con la emoción bellísima de la música, con la seguridad de que a Dios todas las palabras le llegaban unidas, las españolas y las vascas porque así se ha rezado en Euskalerría durante siglos y siglos hasta que algunos decidieron separar todo lo que nos une. Pero en Madrid, en el funeral por el alma de un guipuzcoano, el Misterio nos reunió nuevamente y el *Gure Aitá*, antes de llegar a Dios, voló sobre los montes queridos de Guipúzcoa, la tierra madre de Íñigo, y cumplido el mandato de la melancolía, se dejó alcanzar emocionado por quien el Misterio administra, cuida, ama y resuelve.

Así son las cosas de sencillas, aunque muchos no terminen de entenderlas. A un gran señor de Guipúzcoa, a un español sin fisuras, le ha acompañado en su camino hacia Dios el *Gure Aitá* de su infancia.

ABC, 10 de diciembre de 2002

Copla popular

Las esquelas de *ABC* se han leído siempre con mucha atención. En Madrid y en Sevilla, principalmente. Arzallus —que es un constante y asiduo lector de *ABC*— reconoció que lo primero que hace con nuestro periódico es consultar las páginas de las esquelas para ver si ha muerto algún miembro de las familias tradicionales de Las Arenas o Neguri. Si así sucede, sonríe con la misma intensidad que al ver a su nieto decir «ajo, ajo» y se anima a sí mismo: «Uno menos.» Rasgos de su amabilidad.

Por las esquelas se humillan muchos e injustos olvidos. Sólo en *ABC*, y por una esquela, se ha recordado la muerte, hace veinte años, de Rafael de León y Arias de Saavedra, marqués del Valle de la Reina y conde de Gómara, grandísimo poeta sevillano y maestro de la copla popular. Pasan esas cosas con la poesía del pueblo, allá abajo en Andalucía la honda, que Antonio Burgos, antólogo de Rafael de León, no gusta de llamarla Andalucía la Baja o Baja Andalucía, contradiciendo a Fernando Villalón, otro poeta del pueblo, y también marqués, de Miraflores de los Ángeles, que eso es lo que más le molesta al golfales del alcalde de Marinaleda, que siempre que abre la boca para cantar, lo hace con poemas de marqueses.

De Rafael de León los que saben de verdad son el referido Antonio Burgos y Carlos Herrera. Los que reniegan de su talento dicen que era un García Lorca en versión señorito de Sevilla. Al resentimiento social siempre le ha sido rentable la herida y el desprecio. Rafael de León fue un grandísimo poeta, y un valiente para su época. Se atrevió a amar libremente y a reconocerlo, y más de un disgusto, una humillación y un desafecto se ganó por ello. Su poema «Las muertes de Sevilla» es un prodigio. Su copla popular, escrita en buena parte con Antonio Quintero y entregada a la inspiración del maestro Quiroga, es hoy fundamento de la cultura andaluza, que es un regate rácano para no hablar de la cultura popular española. «Romance de valentía», «Pena mora», «La Parrala» y ese «No me digas que no» que se canta en todos los amaneceres de Andalucía, que vuela de balcón en balcón, de cancela en cancela y de campo a campo como si fuera invención e ingenio de un pueblo entregado a la poesía: «A la vera del agua / tengo un barco de vela / que es de miel y canela / de plata y cristal.»

Por ser marqués y conde, Rafael de León fue encarcelado durante tres años por la simpática y «democrática» República que hoy añoran los que no la padecieron. Pero Rafael de León no era persona de venganzas ni de rencores, y terminada la Guerra Civil se abraza a lo suyo, a la Poesía, y nace ese trío mágico, Quintero, León y Quiroga que llena de amor y de romance una época triste y desvanecida.

Veinte años después de su fallecimiento, apenas nadie recuerda a Rafael de León. El mismo Fernando Villalón, tan relacionado en su obra con el poeta de Sevilla, navega por el olvido. Muy pocos tienen presente al Pemán poeta, con su «Soledad», su «Elegía al niño mariscador» y su «Resignación». A Romero Murube lo ha rescatado *ABC* de la melancolía suprema, bautizando con su nombre el premio sevillano de periodismo literario. Y al gran Manuel Halcón —otro marqués— le atizan sin pudor con arañazos envenenados y anecdóticos. Algunos de ellos han superado su «centenario», pero todo el dinero oficial se reúne en Alberti y Cernuda, que me parece muy bien, pero no tanto para unos y para otros tan nada.

Y eso es lo que nos traen las esquelas. En las páginas de ayer, ninguna alegría para Javier Arzallus. Y mucha nostalgia de aquel poeta de Sevilla al que Andalucía toda canta cada mañana sin acordarse de su nombre.

ABC, 24 de diciembre de 2002

Hierro y Cantabria

Parecía un guerrero del Genghis-Kan nacido en Ulan Bator. Pero era madrileño de origen y montañés de alma. Su cráneo duro y redondo, roca y hierro, hospedaba toda la sensibilidad posible en un ser humano. Su cerebro enviaba órdenes a su mano, brusca y fuerte, y esa mano nacía poemas prodigiosos y dibujos para los amigos. Con pétalos de rosas, gotas de coñac y posos de café creaba rostros, playas, barcas, flores y toreros. Tenía un mucho de gamberrillo y unos ojos fieros que se humedecían con los afectos y las cercanías. Fumaba sin parar y vendía su alma al diablo bueno por un cigarrillo a escondidas de Angelines. Era Pepe, y no José, y menos don José, que le agobiaba. Se lo decía a sus alumnos, de todas las edades, en sus cursos veraniegos. «Si me llamáis don José, terminaréis por escribirme este pareado.» «Qué pelma se pone usté / recitando, don José.» Pepe Hierro era el hombre sin rencor, amigo de todos, sobrevolado de políticas y enconos, a pesar de haberlos sufrido tanto y durante un tiempo que nunca se recupera. Sus años de preso en el franquismo —cárceles de Santander, de las Comendadoras en Madrid, de Palencia, de Portier, de Torrijos y Alcalá de Henares— le dejaron huellas y arrugas en su rostro pero no amarguras ni resentimientos en el ánimo. Siempre en segundo plano, Pepe Hierro se atribuía el papel de intermediario entre la poesía y los lectores, no el de autor o el de poeta. La poesía se escribe cuando ella quiere, decía, y si no quiere, apaga y vámonos.

Pepe Hierro era un paisaje más de La Montaña, un pino que destacaba sobre los demás en la península de La Magdalena. Horas y horas regaló a los cursos de verano de la Universidad Internacional Menéndez y Pelayo, siempre rodeado de un cariño especial y un alumnado multitudinario y variopinto. Y en Cabezón de la Sal, el día de Cantabria, Pepe Hierro se vestía de domingo —Pepe era de los que aún se visten de domingo—, y recitaba en la gran fiesta del pregón sus últimos poemas. Y en Santander era un monumento más de la ciudad, y se respetaban su lugar y su sitio, y nadie le importunaba porque el cariño lo demuestran los montañeses con el silencio y la cortesía antigua.

Hizo de un casco de soldado su mejor tiesto para las flores. Del todo la nada y de la nada el todo, en su obsesión constante de la oscuridad absoluta. Se atrevió con Nueva York después de García Lorca. Y séame permitido opinar que allí voló más alto que Federico. «Central Park» nevado y el villancico del montañés errante: «Y arranco con mis manos / un puñado, un pichón de nieve, / y con amor, y con delicadeza, y con ternura, / lo acaricio, lo acuno, lo protejo. / Para que no llore de frío.»

Esa mar, esos vientos, esas playas, que en Rafael Alberti eran siempre las luminosas de la bahía de Cádiz, de su Puerto de Santa María, en Pepe Hierro son los mares, los vientos y las playas de Santander. Más broncos los primeros, más nortazos los segundos, más blancas y limpias las últimas. Mar y piedra, viento y hierro, melancolía y casa, es decir, La Montaña, su tierra amadísima y añorada, su debilidad suprema.

Mi casa en La Montaña está habitada por decenas de dibujos de Pepe Hierro. Su rostro, el de una mujer, dos barcas varadas, como las de Manolo Altolaguirre —«Las barcas de dos en dos / como sandalias al viento / puestas a secar al sol»—, un jarrón con flores, y toreros y más toreros. Hasta allí me llegó su libro de sonetos con una dedicatoria que guardo para mí y un dibujo portentoso. «En el umbral del descanso», le escribió al gran poeta extremeño José Miguel Santiago Castelo. La Tercera de Víctor de la Concha y la «Canela Fina» de Anson han resumido con maestría el viento del poeta escapado. Hoy todo descansa en Santander, junto a su mar, su viento y su paisaje. Ya es tierra de su tierra. Y ahí estará para siempre poniendo las cosas en su sitio, el amor en el suyo y la armonía en sus valles.

LA *JET*/EL FAMOSEO

ABC, 24 de agosto de 2001

El vuelo del moscón

Jaime Campmany y Juan Manuel de Prada han dedicado sus siempre brillantes artículos a la señorita Eva Sannum. Campmany lo ha hecho desde la distancia y Prada desde la pasión. Retoma su obsesión con los moscones dinásticos, entre los que me incluye y me incluyo. «Esperemos —escribe— que en esta ocasión el desaliento, el hastío, o siquiera cierto residuo de lealtad a los intereses de esa institución que presuntamente defienden apacigüen el zumbido de su vuelo.» Para el joven y gran escritor zamorano, la lealtad a la Corona, o los residuos que de ella restan en el ánimo de los moscones, sólo es estimable a través del silencio. La lealtad a la Monarquía es otra cosa, que el pudor me impide explicar con la debida precisión. Lo contrario, el silencio, la adulación, la aceptación del todo y la fragilidad conceptual nada tienen que ver con la lealtad y sí con la cortesanía. Los moscones no consideran, como insiste Prada, «que la institución monárquica sólo se salvará mientras persevere en sus empingorotados privilegios». Completamente al revés. Los moscones recuerdan que los privilegios, empingorotados o sin empingorotar, no pueden constituirse en la sola base de las acciones de un príncipe. Sin los deberes sobradamente cumplidos, los privilegios se convierten en una constante agresión a la soberanía popular. Campmany acierta cuando recalca que Eva Sannum nos reencuentra de nuevo partidos en dos Españas. ¿Significa eso que la mitad de España se compone de moscones dinásticos? No, querido Prada. La sabiduría popular, la España más pensante y sabia, la más reflexiva y menos influida por eso que ambos denominamos el pedorrío, se ha manifestado y ha puesto las cosas en su sitio. De tal forma que el anunciado «compromiso matrimonial» del Príncipe y la joven noruega no se ha producido por motivos mucho más cercanos al Palacio de La Zarzuela que a la reacción social.

Prada recurre a la condición humanísima, a su naturaleza carnal y doliente, a la mayor gloria de Jesucristo y a lo que le ha convertido en un Dios indestructible para defender el amor del Príncipe por la señorita Sannum. Ni Bonmatí de Codecido, ni Ginés de Albareda, ni Fernando González-Doria, ni Julián Cortés-Cavanillas ni Pilar Urbano se hubiesen atrevido a tanto. Nos dice que un soberano lo es más cuando desciende del trono. Eso lo ha hecho el Rey sin dejar de cumplir ni uno solo de sus deberes. Para descender del trono, primero hay que ascender a él, y para ello hay que cumplir estrictamente con las cargas del cargo. No por el hecho de que la señorita Sannum sea una chica corriente tiene el derecho a ser la Reina de España. Eso es de Corín Tellado. Ni se humilla su profesión, ni se mancilla su procedencia, ni se discute su belleza —que es susceptible de ser discutida aunque a Prada le resulte «hermosa como el cantar de los nibelungos»—. Se recuerda, sencillamente, que al Príncipe de Asturias, a cambio de sus incontables privilegios, se le recomienda una especial cautela y reflexión en la elección de su futura mujer, por la también especial circunstancia de que su futura mujer será la próxima Reina de España. A estas alturas de la cosa, los moscones dinásticos no nos atrevemos a pedir más que prudencia, serenidad y reflexión.

Defender la igualdad del Príncipe con el resto de los jóvenes es bonito y moderno, pero falso. Que todos los jóvenes tengan los privilegios del Príncipe. Que se formen a costa del Presupuesto, que accedan a los mejores colegios y profesores del mundo a costa del Presupuesto. Que viajen a costa del Presupuesto. Que sean recibidos en todo el mundo con los honores y deferencias que el Príncipe es obsequiado. Que se les construya una preciosa casa en una maravillosa zona de una finca del Patrimonio Nacional para su trabajo, vida, representación y disfrute. Todo ello es necesario, preciso y socialmente correcto. Pero marca una diferencia entre el Príncipe y los demás. Si la hay en lo positivo, también debe prevalecer en lo molesto.

Decir esto, y más si a cuento viene, es lo que mi pobre formación entiende por lealtad. La señorita Sannum no es el problema. Al fin y al cabo, a su manera, lo está haciendo muy bien. El problema sería que el Príncipe, a la suya, lo estuviera haciendo mal.

ABC, 26 de agosto de 2001

El moscón se posa

Querido y admirado Juan Manuel de Prada: El moscón se posa por aburrimiento, pero antes de hacerlo, permite que te zumbe en los oídos un último vuelo efímero, sincero y afectuoso. El moscón se posa, entre otras razones, porque el motivo de su presumible molestia no ha sido todavía confirmado, y conocedor de sus limitadas fuerzas, prefiere guardar para el futuro, por si fuera necesario, las pocas energías que le restan.

No he pretendido ofenderte emparentándote con caterva alguna de plumíferos distantes de tu valía e incuestionable talento. He comparado tu escasa cautela con la pasión de aquellos escritores que, por diferentes causas, se sintieron un día arrebatados por el influjo mágico de determinadas personas Reales. No puedo representar la facción de Pantócrator, la defensora de lo antiguo, en un debate de por sí pantocrático. Nada más antiguo que la Monarquía, que por mucho y bien que se adapte —y lo ha hecho— a los tiempos y costumbres modernos, se basa en orígenes, legitimidades y eslabones dinásticos que nada tienen que ver con la innovación y la moda.

La búsqueda de la modernidad no comprende siempre la aceptación del todo y la eliminación de las distancias. Los reyes lo son, entre otras causas, porque existe y se establece de común acuerdo entre la soberanía real y la soberanía popular una distancia marcada por la costumbre. Una separación consuetudinaria que garantiza su continuidad. He escrito, en efecto, que no me gustaría como Reina de España una señorita que ofrece «un surtido repertorio de fotografías luciendo lencería fina». Nada hay de ofensivo en ello, y menos de insultante. Creo de sentido común opinar que una reina exhibida en bragas no ayuda a sostener la magia de la distancia ni la solemnidad escénica —artificial en ocasiones, pero siempre recomendable— propias de una institución. ¿Te figuras, querido Juan Manuel, a un cardenal papable previamente dedicado a la publicidad de camisetas y calzoncillos? Respeto profundamente a las modelos, pero no considero su profesión un antecedente propicio para reinar en una nación tan caprichosa y cambiante como la nuestra. Aquellos que defienden su bello paisaje de lencería fina —y no me refiero a ti— serán los primeros en despedazarla al primer fallo.

Me afeas un desvío conceptual de la lealtad. «La lealtad —escribes— no consiste en usurpar la decisión de un Príncipe que siempre ha mostrado clarividencia.» Nada tan lejano a mi intención que el ejercicio de usurpar decisiones, y menos aún de un Príncipe clarividente. Quizás en algunos rasgos de su personalidad no lo sea tanto. Al menos, en su capacidad de elegir influencias y cercanías, su clarividencia merece, al menos, el digno aprecio de la duda. Quizá sea pantocrático en la defensa —de ahí que la usurpación resulte imposible— de una limitada libertad, en las decisiones del Príncipe, pero es lo que hay. He escrito, y lo mantengo, que la libertad individual y colectiva que la Constitución y la Corona nos garantizan no alcanzan a dos españoles. El Rey y el Príncipe de Asturias. Y me reafirmo en mi opinión. Para compensar sus libertades reducidas ahí están sus largos privilegios que todos defendemos y muy pocos discuten.

Me señalas como falsificador de datos, y te basas en una divertida encuesta publicada por el diario *El Mundo* en la que más del sesenta por ciento de los encuestados veían con buenos ojos «la coronación» [sic] de Eva Sannum. No mencionas que, apenas un mes después, ese mismo diario publicó el resultado de una segunda consulta con unos resultados decididamente enfrentados a los primeros. Te refieres en tu artículo a Carlos Seco Serrano, y usas de una frase con intención preocupante. Mucho más preocupante que mis argumentos traspillados. La tercera de *ABC* del ilustre historiador y académico, que sobrevolaba pasiones y enconamientos, supuso una lección magistral de lo que debe ser un Príncipe.

El problema no es Eva Sannum, querido Juan Manuel de Prada.

El problema nos lo ha creado a todos los españoles —no seamos tan soberbios reduciendo este debate a tu opinión y la mía— quien ha sido formado y educado para no crear problemas. Pero mientras se mantenga en una posibilidad no confirmada, el moscón se posa y, con el mayor afecto y admiración, te abraza.

Tiempo, 17 de diciembre de 2001

Los *croquétez*

En Madrid, en plena temporada, la media de actos a los que uno es requerido supera el trío por día. De cuando en cuando hay que acudir a alguno porque la personalidad homenajeada, o lo que sea, merece el esfuerzo. Lo curioso es que, sean actos de presentación de libros, o de reconocimiento a escritores, o de inauguración de exposición de cuadros, o de conmemoración de la colocación de la primera piedra en el edificio que se tercie, o musical, o frívolo, o religioso, o de lo que se trate, siempre están los *croquétez*. La banda de los *croquétez* no falla jamás, y su dominio de las situaciones resulta pasmoso.

Hay una *croquétez* peruana que abarrota ella misma cualquier acto, y un *croquétez* español, de buen vestir, voz grave y resuelta andadura, que mantiene con los ministros presentes conversaciones de larga duración. En la presentación del último libro de Isabel San Sebastián —donde conocí a una diosa de negro, creo que apellidada Fuster y que desapareció entre nubes—, el *croquétez* español, muy probablemente el jefe de la banda, se ancló junto a Jaime Mayor Oreja y le largó un sermón de diez minutos realmente demoledor. Ante la visión de una bandeja de canapés, el *croquétez* concluyó su charla dejando a Mayor Oreja en una situación de difícil equilibrio. El *croquétez*, habilísimo, jamás se presenta, y como sus facciones son conocidas por todos, actúa con la desenvoltura del íntimo de toda la vida. Lo mismo hace la *croquétez* peruana, gran acaparadora de canapés y salchichas, y últimamente opositora a lugar de honor en el Parnaso. Porque ahora no sólo se cuela y da la tabarra sino que también recita.

Han desaparecido, quizá por la edad, las tres fundadoras de la banda de los *croquétez*, que daban un aire de cordialidad a los actos culturales muy a tener en cuenta. Los de la actualidad resultan más pesados, y abusan de la costumbre de hacerse con el protagonista del acto y los invitados más o menos conocidos una serie de fotografías. Para ello se dejan acompañar por una aspirante al clan de los *croquétez* que obedece con sumisión las órdenes de la titular. Sin posibilidad de engaño o fallo en el cálculo, puedo asegurar que la *croquétez* del Perú cuenta en su poder con unas doscientas setenta y tres fotografías que nos inmortalizan al unísono. El *croquétez*, en cambio, no es aficionado a la colección de placas. Se limita a dar el coñazo al importante más cercano en espera de la aparición de la primera bandeja de croquetas o canapés. Y no bebe alcohol porque terminaría la jornada con un pedo descomunal.

En Brasil se conoce a los *croquétez* como *penetras*, y los hay de todas las clases y condiciones. Una fiesta sin *penetra* elegante pierde su significado. El problema es que nadie se atreve a invitarlos porque el *penetra* desprecia todo acto al que es requerido. El más famoso y deseado *penetra* de Brasil, Wilmar das Antas, ha llegado a colarse en una cena privada de cuatro personas sin ningún tipo de problemas. Es más, al despedirse, recibió la gratitud del anfitrión de la cena, a cuya esposa se había cepillado previamente.

Propongo a los organizadores de fiestas y *eventos* —como ahora se dice— que reserven una decena de lugares de honor para nuestros esforzados *croquétez*, toda vez que si no se consideran bien tratados, pueden elegir, dada la proliferación de acontecimientos festejables, castigarnos con su ausencia. Y es más, añado a mi anterior proposición la de confeccionar unas buenas bolsas o recipientes para regalarlas a los *croquétez* a su llegada a las fiestas, con el fin de que puedan transportar hasta sus casas, con toda la comodidad del mundo, las viandas y canapés que deseen.

Con la condición de que no hablen, no se hagan fotografías, no besen y no reciten.

Tiempo, 31 de diciembre de 2001

Repudiados

La ruptura de relaciones entre el Príncipe de Asturias y Eva Sannum, exquisitamente anunciada por el propio Don Felipe como decisión conjunta de ambos, se ha convertido en un *boomerang* peligroso contra cuantos de una manera u otra, con mayor o menor acierto y mejor o peor estilo —que de todo ha habido—, nos hemos manifestado poco o nada partidarios de su boda. Con ironía y estilo, Manuel Hidalgo propone la creación de una Comisión de Bodas compuesta por Sabino Fernández-Campo, Carlos Seco Serrano, Antonio Burgos, José Luis Villalonga y este humilde escriba, entre otros, dedicada a buscar la novia apropiada para el Príncipe. Y mi buen amigo Raúl del Pozo, como ya hiciera mi admirado colega Juan Manuel de Prada, arremete contra los monárquicos inquisidores que han impedido una historia de amor. Olvida Raúl que entre esos monárquicos caducos e impertinentes que han escrito contra las relaciones del Príncipe y Eva Sannum destacan Francisco Umbral y Antonio Gala, por ponerle dos ejemplos cercanos.

A esas voces y plumas inteligentemente acusadoras hay que sumar los cacareos de los loros televisivos, que están que trinan, perdón, que cacarean. Ese submundo de marujas y miramelindos que han perdido la mejor excusa para seguir forrándose con los chismes. Y claro, ahí están personas de criterio tan universalmente respetado como Pilar Rahola lamentando el fin de este sueño de amor.

El resumen de todo ello no es otro que el retorno de la normalidad, y la normalidad no llama a la literatura. El Príncipe de Asturias ha acordado, de mutuo acuerdo con su novia, terminar unas relaciones que «no han prosperado», según sus palabras. Y lo ha hecho admirablemente bien y con grandísimo estilo. Por mi parte, lamento la posibilidad de que mis palabras le hayan podido entristecer o preocupar, pero en una situación similar volvería a hacer lo mismo.

La opinión pública, y no los miembros de la Comisión de Bodas ni los monárquicos recalcitrantes, ha sido la que ha ayudado a reflexionar al Príncipe. Los demagogos nos atribuyen excesiva importancia e influencia. Y no digamos los loros y las cotorras. Por mi parte, cumplida la desagradable misión de escribir de acuerdo con mi verdad y mi conciencia, me declaro normalmente contento por la resolución del caso. Creo que he sabido encontrar argumentos para justificar mi opinión negativa y que no he caído en el mal gusto exponiéndolos.

Lo importante es que, en pocas semanas, hasta los loros y las cotorras televisivas olvidarán el asunto y se centrarán en diferentes chismes y cotilleos menos trascendentales para la ciudadanía. Por mucho que cacareen, han perdido la oportunidad de colaborar con sus frivolidades en un asunto que iba mucho más allá de una simple historia de amor.

El Príncipe de Asturias se ha tomado su tiempo, ha recabado la opinión de muchas personas, cercanas y lejanas, ha oído y escuchado con atención y respeto, ha valorado la voz de la calle y ha tomado una decisión. Escribir que el Príncipe se ha dejado influir por la postura de diez personas demuestra lo poco que conocen a Don Felipe los defensores a ultranza del cuento de *La cenicienta*. Y otra cosa, dirigida especialmente a mi querido Raúl del Pozo: nadie pretende que el Príncipe se case con una princesa tontita y desmayable. Una Pérez, una López, una Gómez o una García, siempre que no levante las suspicacias ciudadanas, estaría muy bien.

Yo sólo lo siento por el Príncipe, al que hemos dado la tabarra durante un buen tiempo y nos ha correspondido con su paciencia y educación. Por eso es el Príncipe.

Tiempo, 10 de junio de 2002

La Rosa

Lo ha contado Jaime Campmany, que fue íntimo amigo del personaje. Cuando Massiel ganó en la cosa esa de la Eurovisión, Juan José Rosón era el director de Televisión Española. El astuto y callado gallego, que más tarde sería ministro del Interior con Adolfo Suárez, se dedicó durante meses a engatusar a sus colegas europeos. Parece ser que a Franco le hacía ilusión que España venciera en el asunto, y que un año que no tuvimos ni un solo voto, enojadísimo, comentó mientras ordenaba que apagaran el aparato de televisión: *«Ezto no puede zeguir azí.»* Rosón alcanzó su objetivo, ignorante del daño que hacía a España con la victoria de Massiel. Y al año siguiente, en Madrid, también ganó España, compartiendo el triunfo con otros tres países, y nuestra representante, de terrorífico recuerdo, se llamaba Salomé. Después, la nave perdió el rumbo y ni Julio Iglesias pudo enderezarlo. Y así, hasta Rosa.

Con Rosa ha sucedido que un programa de televisión de éxito incuestionable, sólo comprensible en una sociedad tan ordinaria como la nuestra, la convirtió en segura vencedora de un certamen que no se había celebrado. Acompañada de sus amigos y compañeros de *Operación Triunfo*, Rosa cantó una composición atroz creada por su peor enemigo. La presión de Televisión Española, a falta de un buen Rosón, no dio su fruto en este caso, y *Rosa de España* quedó la séptima, que es lugar honroso, pero no triunfante. La expectación —más de doce millones de telespectadores pendientes del antediluviano espectáculo— se convirtió en decepción, sollozos y rechinar de dientes. Y Uribarri estuvo a puntito de decir lo mismo que Franco: «Es que nos tienen manía», cuando en realidad, dentro de lo malo, hubo canciones e intérpretes mejores que las nuestras. Otra cosa es que la descomposición de la URSS haya establecido sesenta naciones ex soviéticas que se llevan muy bien y se votan entre ellas. Pero eso forma parte de lo normal.

A Rosa hay que animarla porque su sencillez ha encandilado al personal y tiene una voz magnífica, y es simpática y abierta, y todavía no ha ingresado en el insoportable mundo de la vanidad. No ha tenido culpa de nada porque han sido otros los que le entregaron el premio con meses de antelación al chasco definitivo. Es bueno para la salud mental de la sociedad que las cosas no se salgan de sus límites. Un festival de la Eurovisión no puede concentrar tanto interés. Eso también ha servido para que la frágil y estupenda Rosa no supere la presión. Pero la síntesis no puede ser otra que ésta. Televisión Española no ha logrado engatusar a los jurados ajenos para que nos votaran. Teníamos a Rosa, pero no a Rosón. Y en España, el que ha ganado los festivales de Eurovisión siempre ha sido Rosón, que cantaba muy mal, por otra parte.

Se ha perdido la oportunidad, porque este año se ha celebrado el festival durante la Presidencia de España de la Unión Europea. Aznar tendría que haberle dicho a Blair: «Tony, dejamos aparcado el asunto de Gibraltar si nos dais *seven points.*» Y a Putin: «Con *ten points* te apoyo en la OTAN, Putin.» No ha estado Aznar afortunado. Tiene la cabeza en otros asuntos, y no es consciente de lo que interesa al pueblo. No la huelga general, que sólo le importa a la tía de Llamazares; no Gibraltar; no la Ley de Partidos Políticos; lo importante era Rosa, y se nos ha desvanecido. Como Juan Ramón Jiménez: «¡No la toques ya más / que así es la rosa!» Y la hemos tocado demasiado.

ABC, 30 de julio de 2002

La casa

Dicen que es fácil distinguir el diseño moderno. Si cuelga en la pared es un cartel, y si se puede caminar a su alrededor, es una escultura. Nancy Banks-Smith afirmaba que, según su experiencia, si tienes que aguantar cerrada la puerta del cuarto de baño extendiendo tu pierna izquierda, eso es arquitectura moderna. Claro que Al Capp, gran conocedor de la obra de Mariscal, opina que el diseño actual es un producto de los que no tienen talento, vendido por los que no tienen principios y comprado por los que están totalmente aturdidos. Arquitectura y diseño, una de las Bellas Artes y una bobada, respectivamente. Claro que entre los arquitectos también hay sublimes diseñadores. El Príncipe de Gales, que es mucho más inteligente de lo que aseguran los partidarios de la difunta, se granjeó la antipatía de los arquitectos progresistas británicos con una aseveración digna de ser reproducida al pie de la letra: «En un gran número de nosotros se ha desarrollado la sensación de que los arquitectos diseñan casas para la aprobación de sus compañeros arquitectos y críticos, no para los inquilinos.» Gaudí fue un genio, pero vivir en una casa proyectada por Gaudí ha llevado a más de uno a la locura. Y Mariscal es a Gaudí lo que Sara Montiel a Montserrat Caballé. Y Berthold Lubetkyn —nombre y apellido que de por sí garantizan la seriedad— dice que la arquitectura es demasiado importante para ser dejada sólo a los arquitectos, y que como el crimen, es un problema para la sociedad en su conjunto.

Extenso preámbulo para hablar de la casa del Príncipe de Asturias, cuyo diseño ha conmovido profundamente al importante colectivo que compone el CGA, el Club de Gilipollas Autocomplacidos, que lidera el eminente diseñador Mariscal, autor, entre otras birrias, del famoso mamífero Cobi, del que algunos aseguran que pretende ser un perro. A Mariscal le ha parecido la casa del Príncipe una cosa muy antigua y rancia, y tampoco le gustan sus «corbatitas». A mí, que Mariscal guste o no de las «corbatitas» del Príncipe, sinceramente me la refanfinfla. Me intriga más su animadversión por la casa, que se me antoja más política que estética, ya que de la segunda, Mariscal no tiene ni zorra idea.

Hay que decirle a Mariscal que un Príncipe de Asturias tiene demasiado trabajo como para hacerle perder el tiempo descubriendo la utilidad de los muebles y enseres de su casa. No sería de recibo que el Príncipe llegara con retraso a un acto porque al lavarse los dientes, el lavabo fuera la lámpara, o viceversa, que al encender la lámpara para repasar su discurso, en lugar de brillar la bombilla manara agua de su casquillo. Los sillones de la casa del Príncipe tienen que ser sillones, y por lo normal, apoyados en cuatro patas, porque si Don Felipe invita a un mandatario extranjero a sentarse y el mandatario se rompe la rabadilla, se llevaría una impresión muy limitada de la hospitalidad del Heredero de la Corona. Y si el Príncipe quiere descansar, no debe perder ni un segundo intentando averiguar cuál es la cama. Que uno cree que Mariscal y compañía dicen tantas tonterías porque duermen en camas diseñadas por ellos, y lo pasan fatal.

La casa del Príncipe es una construcción normal tirando a buena, enmarcada en un lugar con cierta tradición establecida y destinada a ser el hogar de una persona que, según la Constitución, es libre para vivir en una casa donde el salón sea el salón, el despacho el despacho, el cuarto de baño un cuarto de baño, y la biblioteca una estancia con estantería para libros. Y también tiene derecho a tener un perro que sea perro, con el permiso de Mariscal, claro, del gran Mariscal, vaya, del tontorrón de Mariscal, eso.

ABC, 1 de septiembre de 2002

Esa mano

Despido al mes de agosto con celos levantados e indignación contenida. Una fotografía publicada en *ABC* me ha desasosegado y herido. Tortura de sinsabores. En ella, la fotografía, se adivina la armonía existente entre Enrique Iglesias y Anna Kournikova. El chico aparece con un gorrito y su habitual uniforme pensadísimo de desarreglado. Ella es una catarata de oro con su punto de barriguita y un culo respingón que compite con un melocotón temprano, un albaricoque de geometría o un pomelo perfecto. Mientras ella sonríe a los fotógrafos, él posa su mano izquierda con intención de agarre precisamente en el culete de Anna. Para mí, un verdadero desastre.

Tengo a Anna Kournikova en la misma cumbre que a Nicole Kidman. Tom Cruise se me antoja un auténtico merluzo. Abandonar a Nicole para caer —supuestamente— en los brazos de «Pe» es una desconsideración a la estética. Lo mismo me atrevo a decir y aventurar de Enrique Iglesias, al que no veo con intención de ahondar sus relaciones con esa diosa rusa que se ha ganado el amor del universo jugando fatal al tenis. Su tía, Ludmila Fedorova, recuerda en sus memorias que su sobrina Anna, cuando tenía quince años, ganó un partido a su compatriota Shura Estrelnikova por 6-7, 7-6 y 7-5. Fue el primer partido que jugó Shura Estrelnikova después del accidente que sufrió en Sudáfrica, en el río Sabi. Lo quiso cruzar a nado y se topó con dos cocodrilos, que la dejaron en un santiamén sin el brazo derecho y sin la pierna izquierda. A pesar de ello, a punto estuvo de ganar a Anna Kournikova, que jugó el mejor partido de su vida. Aparte de este lance, Anna no ha ganado nunca. Pero para muchos aficionados, el tenis es ella, y la verdad es que no encuentro gravedad alguna en su empeño de estrellar las bolas en la red o de lanzarlas para que boten dos metros más allá de la línea de fondo. Anna no juega al tenis para ganar trofeos o títulos, que es una vulgaridad. Juega para enamorarnos, y nadie hasta ahora ha podido superarla en el empeño.

De ahí lo mal que me ha sentado esa manita de Iglesias trincando el culo de Anna, que no le pertenece. Lo hace, además, con indiferencia. También es verdad que Anna pasa de la situación, pero no es consuelo. Mis mejores amigos —que me han llamado para expresarme su solidaridad— me han dicho que se trata de una campaña publicitaria. Pero no me ha tranquilizado lo suficiente. El gesto de Iglesias es, dentro de su clamorosa falta de naturalidad, fácil y espontáneo. Deduzco que lo ha hecho centenares de veces, y me hierve la sangre y me pone de los nervios. Que más aún que melocotón, albaricoque o pomelo, ese culo es la luna, y por ahí no paso, que la luna es mía aunque me la disputen los demás poetas. Así que, Quique, esa manita la vas a retirar inmediatamente o te vas a enterar de lo que vale un peine.

¿Para qué quiere Enrique Iglesias el culo de la Kournikova? Se lo he preguntado a mis amigos y no han sabido responderme. Pero el documento gráfico no engaña, ni está manipulado, ni hay truco en la imagen. No se trata de una palmadita cariñosa de cesión de paso, ni de un descuido, ni del desmayo de una mano tonta que se encuentra de golpe con la maravilla. Iglesias le está tocando el culo a la Kournikova sin cautela ni disimulo, y sus dedos índice, corazón y anular deambulan por una zona sagrada y restringida al tráfico de dedos. Y es lo que sospecho. Que están juntos. Pero estos chicos no son constantes y duermo mis celos pensando que en poco tiempo, el culo de Anna volverá a ser exclusivamente nuestro. Es decir, de cien millones de enamorados.

ABC, 8 de septiembre de 2002

La boda

El Escorial es sitio de Reyes, no de Agages
—Boyer junto a la Preysler recibiendo homenajes—.
Y Blair y Berlusconi
cohibidos por el rayo del cutre colorido.
También hubiera estado, de no haber fallecido,
Espartaco Santoni.

Tantos años sencillo y austero castellano
para romper en puro vanidoso mundano.
Adiós interrogantes.
Un poco más y Aznar, cuando deje el Gobierno
exige como sitio de su descanso eterno
el Panteón de Infantes.

Todos los ricachones del viejo «pelotazo»
de tiempos de González, ingresaban del brazo
en el gran monasterio.
Ya volaron las nubes de las limpias empresas,
de las voces airadas denunciando filesas.
Del honrado criterio.

Eran los mismos que antes con otros de anfitriones.
Los mismos que ofrecían al PSOE sus millones
cambiando de chaqueta.
El poder, cuando es largo, nubla todos los ojos,

y abre a las vanidades la luz de los antojos.
Indigna pirueta.

Son los mismos de siempre. Antaño pintureros
pelotas socialistas. Hoy pelotas peperos.
Poder y gusto pésimo.
Todo acaba en lo mismo. El acero era arcilla,
y aquella austeridad se quedó en Quintanilla,
Quintanilla de Onésimo.

¿Penumbra de un momento? ¿Quizá temblor de gloria?
Aquel hombre discreto que pasará a la Historia
por ser fiel a sí mismo,
por limpiar los despachos de manos y de gestos
obsesos por llevarse los altos presupuestos.
Quien le dio al terrorismo

la cara, la firmeza, la lucha y el quebranto.
Aquel hombre discreto, aquel que hiciera tanto
arrancando de poco;
que simpático o no, que brillante o nublado
descolgó los chorizos del techo del Estado...
Aquel —no me equivoco—,

que es leal a su palabra áspera, seca y llana,
que siempre despreció la inmundicia mundana,
que no piel sino lija
le dedicó al abuso, a la farsa y al cuento...
¿Por qué la desmesura en ese enterramiento
de Reyes con su hija?

Muy probable, un impulso de pelotas cercanos,
de grises monclovinos, de asesores fulanos.
Treinta páginas de *¡Hola!*
Y la sombra asesora de anátidos cobistas
crecidos al amparo de vientos arribistas.
—¡Ay Cortés! ¡Ay, Arriola!

La Política tiene sus sombras y sus leyes.
¿Por qué en El Escorial? ¿Por qué estaban los Reyes?
¿Dónde el ciprés de Silos?
Se casaba la hija del señor presidente
y la austera Castilla se quedó de repente...
sin sus viejos estilos.

ABC, 22 de septiembre de 2002

Ordóñez y Tomás

En la última goyesca trabajada, vivida y mirada por Antonio Ordóñez, toreó José Tomás. Tuve la suerte de ver la corrida desde un burladero de la plaza de la Real Maestranza de Caballería de Ronda, junto a Antonio Ordóñez y mi cuñado, el doctor Javier Hornedo. El maestro, recién licenciado de un período de sesiones de quimioterapia estaba pálido y calvo, pero con fuerza de árbol renovado. Para mí, seguir una corrida de toros desde un burladero era situación nueva, y hacerlo en compañía de Antonio Ordóñez, ilusión cumplida. Digan lo que digan algunos críticos, nadie ha toreado mejor que Antonio Ordóñez en los últimos cincuenta años, y me parece tacaña la medida. Fue aquella tarde rondeña, ordoñista, cayetana, palmera, romerina y villalona. Al final, también tomasina, de José Tomás, que toreó como los ángeles, y dio su junco a la media luna fiera albertiana en una faena, a su segundo toro, de ensueño.

De José Tomás dijo el maestro: «Es en el único torero de hoy que me reconozco algo.» Repasó, muy por encima, con precisión cáustica, la nómina de las figuras del momento. «Sólo Ponce le puede hacer sombra, a su manera, a José Tomás.» De Francisco Rivera Ordóñez, su nieto, que también toreó en aquella goyesca, decía que sí, que llevaba mucho dentro, y que el día que encontrara la cadencia, sería un gran torero. He leído que este verano ha toreado con prodigio. No obstante, y con todo el respeto y afecto que me merece Francisco Rivera, sus genes ordoñistas compiten con los rivereños de su padre, muy valiosos, pero alejados de la hondura y la solemnidad rondeña del abuelo. Y no le gustaba Joselito. «Se nota que es torero de fábrica, y lo hace muy bien, pero no me emociona.» Porque el toreo, como arte que es, sólo es supremo cuando emociona, cuando a la soledad del torero ante el toro se une la emoción del público, y arte, ritmo, cadencia, baile, música, escultura, embestida, toreo y clamor se resumen en un mismo cuerpo, en un solo milagro.

José Tomás, aquella tarde y muchas otras, consiguió el milagro. En la emoción sí, pero su toreo y estilo —ahí no coincido con el inolvidado maestro— no eran ordoñistas. José Tomás nació en el toreo como él mismo y fue poco a poco derivando a Manolete, que también emocionaba a los que tuvieron la suerte de verlo. Claro que hay mística en su forma de torear, y un valor asombroso, y un arte solemne, y un sentido del sitio extraordinario. José Tomás ha sido un torero respetuoso con el sitio, dentro y fuera de la plaza, y ha renunciado al agobio de la popularidad. Algunos dicen de él que es distante y raro, y no saben que esa frívola descripción despectiva no es otra cosa que un elogio. Para mí, que José Tomás se ha dejado de convencer a sí mismo y ha decidido que es momento de descanso. Volverá un día a los ruedos, como han hecho todos los grandes toreros artistas cuando el sitio descansado les exigió el retorno. José Tomás tiene la honradez de no hacer arte por cumplir un contrato. Si él no se gusta, deja las cosas por un tiempo y espera de nuevo la llamada. Se va porque se siente más sombra que luz, y cumple con su destino. Sucede que su sombra es infinitamente más luminosa que muchas luces del toreo, y por ello su ausencia va a resultar larga y penosa.

Le escribí a José Tomás una columna emocionada en su primer San Isidro triunfante. Aquello era diferente y establecía distancias con el lugar común. Discretamente, y desde fuera del mundillo taurino, he seguido su trayectoria. Se va un torero como la copa de un pino de Villalón, más ciprés de Silos que ráfaga de palmera. Estuvo en la última goyesca de Antonio Ordóñez. Con la misma emoción del primer saludo, hoy le despido con la esperanza de que vuelva a su sitio cuando el arte se lo ordene.

El Semanal, 29 de septiembre de 2002

Bimba Bosé

¿Dios mío, qué le he hecho yo a Bimba Bosé?
¿Qué le he hecho, Dios mío, que yo no lo sé?

Si no la conozco —y mucho lo siento—,
si nunca en directo la vi desfilar,
¿por qué esa mirada de distanciamiento?
¿Por qué esa dureza suya en el mirar?

¿Por qué, si ya he dicho que ella se me antoja
como un infinito lago del amor?...
¿Por qué esos andares, por qué se me enoja,
por qué su tan malo, malísimo humor?

Si no hay en su cuerpo, que no lo aproveche
ni un sólo centímetro la divinidad,
¿por qué ese mal rollo y esa mala leche?
¿Por qué tan aguda, su agresividad?

Que yo esté enfadado porque nací feo
y cada mañana lo soy mucho más
tiene su amnistía... Pero ese cabreo
en quien por delante y en quien por detrás

es síntesis pura de inmensa belleza
no admite el enfado así porque sí;
y duele que mire con tanta fiereza
ya sea en Cibeles, ya sea en Gaudí.

Bimba Bosé, ríe, disfruta, agradece
que tu arquitectura sea celestial.
Y alegra tu rostro, que no me parece
justo lo que haces con el personal.

¿Dios mío, qué le hecho yo a Bimba Bosé?...
¿Qué le he hecho, Dios mío, que yo no lo sé?

El Semanal, 27 de octubre de 2002

Miramelindos, putones

Miramelindos, putones
copan las televisiones.

Culiesponjados y zorras,
mercachifles de la injuria,
huidos de la penuria
por pedorros y pedorras.
Sodomitas y gomorras
que venden su intimidad.
Repugnante zafiedad,
delirante porquería,
y un día más, y otro día,
y de aquí a la eternidad.

Miramelindos, putones,
copan las televisiones.

Chulos de viejas pintadas,
viejas pintadas con chulos,
chismes, bolas, lechos, bulos,
y exclusivas bien pagadas.
Necios e indocumentadas
fingiéndose periodistas,
comentarios y entrevistas

a zorras, jetas y memos,
a gilipollas supremos
y a inguinales arribistas.

Miramelindos, putones,
copan las televisiones.

El Semanal, 10 de noviembre de 2002

Sara

Nació en Campo de Criptana
a la vera de un molino,
y le regaló el destino
una estructura galana.
Actriz antediluviana
tuvo gloria y oropel.
Era Sarita Montiel.

Cuando ya no fue Sarita
tuvo que acoplarse a Sara,
y su cara estiró, para
competir con Marujita.
Dejó de ser favorita
con la traición de su piel.
Era ya Sara Montiel.

Sus dotes de actriz duraron
lo que le duró el semblante,
y su cuerpo insinuante
que los hispanos soñaron.
Pasaron años, pasaron
y otoñó el rico vergel.
Ya no era Sara Montiel.

Con su barca a la deriva
y fumando un puro habano

dio con un chico cubano
armado de un buen «cohíba».
Vendió la cutre exclusiva
y casó con el doncel.
Ya, ni Sara ni Montiel.

Por mantenerlo en el tálamo
con su apreciable adminículo
hizo un sonado ridículo
con el cubano del cálamo.
Cuando a La Habana o Guantánamo
escape el plátano infiel...
¿Qué venderá la Montiel?

El Semanal, 24 de noviembre de 2002

Carta a Carolina

Carolina de Mónaco:
No te contesto
a tu carta, por pánico,
por miedo a Ernesto.
Sé que has estado ha poco,
mi Carolina,
en España cazando
en Las Golondrinas.
Que estuviste muy torpe
con las perdices
de granja que soltaron
—las muy infelices—,
y que en vista del trance
diote un consejo
tu marido Hannover:
—Mata a un conejo.
A lo cual replicaste
con tono soso
a Su Alteza alemana,
tu dulce esposo:
—Si una paloma pasa,
¡pobre paloma!
pero siendo un conejo,
mi amor, ni en broma.
Ese detalle tuyo,
Carol, tan bello,

me ha erizado las puntas
de mi cabello.
En la vida no es fácil
ser tan valiente,
y en cuestión de conejos
tan consecuente,
que un conejo es esquivo
a la puntería
excepto el de tu hermana
la Estefanía.
Gracias, princesa mía
por ser discreta,
que Hannover posee
larga escopeta,
además de un carácter
y áspero trato,
que como nos descubra,
de un arrebato,
es capaz, niña mía,
de hacer jirones
lo que me cubre el cuero
de los zahones.
Así que, Carolina,
yo te lo ruego,
no juegues más conmigo
ni con el fuego.
Que yo sé que te gusto
por *latin lover*,
pero le tengo mucho
miedo a Hannover.
Lo que pueda pararse
hay que pararlo.
Un beso, y feliz vuelta
a Montecarlo.

ABC, 29 de noviembre de 2002

Más que nenúfares

Son más cursis que los nenúfares, pero no se han enterado. Ramón Gómez de la Serna y Pío Baroja estudiaron bien la cursilería, pero ninguno de ellos con la profundidad y acierto de Francisco Silvela, aquel gran personaje de la Restauración. Don Francisco, fundador con Santiago Liniers del «Club de los filócalos» y redactor de su reglamento, lo habría pasado guay reguay del Paraguay con la nueva cursilería de la Izquierda que se cree revolucionaria. Eso que algunos llaman el anarquismo de la mamandurria.

Nadie más cursi que el subcomandante Marcos, el dirigente zapatista que combate en Chiapas contra un enemigo que no le hace caso. Siempre con su pasamontañas modelo Lacandona, dejando ver sus profundos ojos verdes. Este «Che» en versión descafeinada escribe poemas para Joaquín Sabina y cuenta con la amistad de Manuel Vázquez Montalbán, José Saramago, León de Aranoa y Manu Chao, que a propósito no tengo ni remota idea de quién es el tal Manu Chao y a qué se dedica. En Madrid se acaba de inaugurar un local «alternativo» —¿hay algo más cursi?— de nombre Aguascalientes y que pretende reunir en su sede a toda esta izquierda oficiosa y millonaria que se lo pasa tan bien disfrazada de marginal. No asistió a la inauguración Hebe de Bonafini porque no cabía en el local.

Durante el acto inaugural, se leyó una carta del subcomandante con finca en Chiapas. La escribió mientras el juglar de la calle Joaquín Sabina —también en la calle están los cubos de basura— visitaba en Chiapas a su amigo y letrista. Sabedores del lenguaje canallesco que usa el rapsoda de Úbeda —y si no es de Úbeda que me perdonen los de Úbeda— podría interpretarse que la emocionante misiva haya sido el resultado de una interesante colaboración. En la carta, cuyo contenido fue muy celebrado por los asistentes —incluido León de Aranoa, el cineasta subvencionado por el Ministerio de Cultura—, el subcomandante Marcos, solo o acompañado, llama «imbécil» al presidente del Gobierno José María Aznar, «bufón» a Felipe González, y «payaso que hace terrorismo de Estado» al juez Baltasar Garzón. De la mugre moral siempre queda algo, y no hay que olvidar que el trovador Sabina —en la actualidad en fase de contrición— reconoció en una entrevista publicada en el semanario *Interviú* haber albergado en su casa de Londres a etarras que le contaban lo divertido y apasionante que resultaba asesinar a guardias civiles y militares. Aquellas diversiones con nieve y whisky coincidieron con la época más anarquista y revolucionaria de nuestro trinador, que vivía en Londres porque la capital del Reino Unido ha sido siempre un lugar muy revolucionario, con Harrod's, la calle Carnaby, Fortnum & Mason, Saville Row y el Palacio de Buckingham. En Moscú hacía demasiado frío y su garganta peligraba.

En la carta, también se refiere el arrojado dandy del pasamontañas al Rey. Dice de Don Juan Carlos que es un «Rey estreñido». Me sorprende esa precisión. Estreñido es el que padece estreñimiento, y estreñir (del latín «stringere», apretar, comprimir) no es otra cosa que retrasar el curso del contenido intestinal y dificultar su evacuación. Claro que estreñido en una segunda acepción de la Real Academia Española es «miserable, avaro y mezquino», y por ahí pueden ir los tiros del comandante y su inspirador, porque mucho dudo que estén al corriente de las dificultades intestinales de Su Majestad. Y a mí, que este cursi redomado y su canalla ruiseñor insulten al Rey no se me antoja correcto. Y así, sin abandonar el libro de la buena palabra, me topo con «gilipollas», y los académicos, muy escuetos y concisos, no se andan por las ramas y dicen: «Gilipollas. Adjetivo vulgar de gilí, que viene del caló: Tonto.» Pues eso, que además de cursis, tontos. Y eso es lo que hay.

ABC, 12 de enero de 2003

El gatito

Ha escrito Juan Manuel de Prada de Tom Cruise y su última estupidez. La anterior fue repudiar a Nicole Kidman en beneficio de Penélope Cruz, que con todos los respetos habidos y por haber no le llega a la uña del dedo meñique del pie izquierdo a la sirena de Sidney. Ignoro si Nicole Kidman es natural de esa gran ciudad australiana, pero queda muy bien lo de sirena de Sidney y no tengo intención de apearme. Se pitorrea Prada, con toda la razón, de la nueva exigencia contractual que exige Cruise para rodar películas. Que ningún técnico de cuantos participan en el rodaje le mire a los ojos. No le gusta que los técnicos le miren a los ojos, con lo bonito que es eso. El gran José Luis Garci, que ni ha salido del armario ni lo hará jamás porque sus aficiones se ajustan a la más agradable ortodoxia, se hacía pis literalmente de los nervios durante la ceremonia de los «Oscar» de la que salió triunfante con su magistral obra *Volver a empezar.* Abandonó su localidad y se dirigió a los cuartos de baño asignados al sexo masculino. Cumplida la operación se lavaba las manos cuando reparó en un individuo, que en el lavabo contiguo, humedecía su rostro con una toalla mojada. Finalmente, el individuo tiró la toalla y miró a Garci durante unos segundos. Era Paul Newman. Garci, que insisto, no coincide en inclinaciones con Mendiluce, quedó paralizado. «Es lo más guapo que he visto en mi vida», apostilló. Treinta minutos después ganaba el «Oscar» a la mejor película extranjera.

Hace años, no los ecologistas, sino los ecologistas «sandía», a punto estuvieron de conseguir que la Junta de Extremadura impusiera una fuerte multa a quienes, topándose en las sierras con algún ejemplar de lince ibérico, tuvieran la desfachatez de mirarlo. Decían que un lince se siente muy cohibido con la mirada del hombre. Escribí un artículo, aquí en *ABC*, que se titulaba «No me mire que soy un lince» y que me salió redondo. Lo reconozco años después de su brillante creación. La diferencia entre Tom Cruise y los linces es que los últimos no intervinieron para nada en la ridiculez, mientras que el primero es el único responsable de la suya. No soporta la mirada de los técnicos. Es un gatito caprichoso, pero sobre todo, un cretino.

De ser técnico de cine, rodar la película de Tom Cruise y hallarme en Nueva Zelanda —ninguno de los tres supuestos coincide con mi realidad—, no sería necesaria una exigencia contractual para que mis ojos no enturbiaran la mirada de Cruise. Un tipo que, por supuesto golpe de amor o montaje de promoción, deja en la cuneta a Nicole Kidman es un cenutrio que como poco, mira muy mal. Un asno de esa catadura es muy capaz de asistir a un partido de tenis en el que participa Anna Kournikova y mostrarse decepcionado por lo mal que juega al tenis la maravillosa rusa. Mirar y ser mirado, incluso por técnicos neozelandeses, forma parte de la vida y de sus sensaciones. Imponer la prohibición de compartir una mirada con los semejantes es consecuencia de un divismo y una prepotencia indeseables. Prada recuerda en su escrito a Michael Jackson, ese racista miserable que no quiere ser negro y se ha convertido en un monstruo repugnante, que vive con una mascarilla antiséptica para no contagiarse de la polución humana, cuando es la humanidad la que tendría que adaptarse una enorme mascarilla para no respirar el mismo aire que ese asco de degenerado.

Tampoco ha hecho Cruise tan grandes cosas como para despreciar a sus semejantes y privarlos de su mirada. A mí, y lo escribo desde mi responsabilidad, la mirada de Tom Cruise no me dice nada. A mí, y sigo con mi responsabilidad a cuestas, la mirada que me enloquece es la de Nicole Kidman. Que permite ser vista, admirada y deseada por quienes, cada día menos, en los armarios sólo guardamos la ropa.

ABC, 18 de febrero de 2003

La «espantá»

El energúmeno a punto estaba de estallar de vulgaridad y grosería. Las mulillas arrastraban al toro que terminaba de matar Curro Romero. El maestro se refrescaba el rostro junto al burladero, como si nada sucediera. Sucedía que el público le dedicaba una bronca de órdago a la grande. El energúmeno no se resignaba y le berreaba a Curro todos los insultos elementales de su simple vocabulario. El maestro, con parsimonia, terminó su tarea de refresco, miró al bárbaro y le comentó a uno de sus subalternos: «¿Has visto lo mal que lo está pasando esa criatura?» Curro Romero, el maestro de Camas, el dique del Guadalquivir, el asombro de la cadencia desmayada, abomina de la muchedumbre. Fue a Nueva York y juró no volver. «No se puede vivir en una ciudad donde la gente anda tan deprisa.» Porque Curro es Sevilla, y ahí no hay vuelta de hoja. Como lo es mi compadre Antonio Burgos, biógrafo del maestro, que tomaba una copita en una terracilla sevillana cuando vio a Juancho Armas Marcelo pasar cerca de él a toda velocidad camino de una firma en El Corte Inglés. «Es que llego tarde.» «En Sevilla nunca se llega tarde. Se llega y ya está.» Eso es la calidad de vida. De ahí que los provenientes de Madrid, al pisar Sevilla, lo primero que sentimos es el consuelo de la belleza detenida, del prodigio sosegado. En Sevilla, la mayoría de las veces, el reloj es un adorno. Mi amigo Juan Carlos Villalta, que es de Lucena pero tiene el alma en Sevilla, llevaba un día un reloj de oro y rumbo viejo en su muñeca izquierda. Había pertenecido a su padre. En treinta años nadie le había dado cuerda. Y así seguía, hermosamente parado. «¿Para qué te sirve?» «Para mirarlo cuando alguien de Madrid me dice: a las dos en punto en "Oriza".

Entonces hago que miro la hora, le digo que de acuerdo, y llego a "Oriza" cuando me da la gana. En Sevilla nadie dice "en punto". Es una falta de formalidad y de educación.»

Sevilla no agobia, acaricia. Y el buen sevillano vive su vida sin molestar a la ajena. Exige ser correspondido en las cortesías. Y mide. No hay en el mundo ciudad más medida que Sevilla. Los sevillanos son todos botánicos, que observan, oyen, calculan y miden a los que llegan. Si la medida es aceptable, brazos abiertos para siempre. Si el resultado es malo, educado desafecto. Su tradición es la medida, y al desmedido no lo soportan. Para un sevillano todo lo que hiera la armonía es una provocación. Estalla el azahar y sonríen. Se nublan las buganvillas y se entristecen. Rompen de flores azules las jacarandás y lo ven como si fuera la cosa más natural del mundo. Ahí es nada, que florezcan las jacarandás. En Castilla florece una jacarandá y se organiza una fiesta. Hasta la medida de la expresión es concisa. Si hace mucho calor se dice «uff, qué calor» y si el calor no hay quien lo soporte, cambia por «uff, muchísima calor». Dedicarle más atención a la calor, que en Andalucía es hembra, no vale la pena. Un catalán dice: «Hace un calor realmente agobiante.» Y lo dice muy bien. Pero sobra.

Y la medida es lo que ha recomendado a Curro Romero casarse como lo ha hecho. Es tanta la popularidad y el cariño que despiertan Carmen y Curro, que la boda iba en camino de la desmedida. Guadalquivir desbordado. Quinientos invitados y dos mil fotógrafos, que eso es lo malo. Las revistas del corazón alerta, los programas de televisión preparados, y la angustia asegurada. Para mí, que antes de la llamada «espantá», Curro y Carmen tuvieron charlita. Y cuando nadie lo esperaba, boda al canto y en Espartinas, con los amigos más cercanos y las familias de los novios. Es decir, medida.

Pues eso, que está muy bien hecho. Y que han engañado a todo el cutrerío, pedorrío y horterío de la prensa del corazón. Y en este caso, sin medida, clamorosamente. Os quiere. Alfonso Ussía.

Inédito

Sabina

Tiene la voz cascada y desafina,
escribe incluso peor que Moncho Alpuente,
va de canalla progre y trascendente
y confunde menina con minina.

En Lacandona canta cosa fina
a su subcomandante y escribiente,
y en Madrid se alimenta de la gente
que engaña con su anarcocupletina.

Del pentagrama, ronco analfabeto;
de nieves y licores, un pelele;
de la Hoz y el Martillo, su elegía.

Del soneto, verdugo del soneto,
y cada dos por tres le da un telele,
y se enferma la retroprogresía.

Varios

Sabina

Amante de la nieve
nacido en Úbeda.
Inteligencia leve,
larga la húmeda.

Penélope Cruz

Al lado de la Kidman
—sueño al galope—,
no me gusta ese pene
aunque sea Lope.

Emma Suárez

Emma,
poemma,
amor que quemma
commo mil brasas que estallan.
Que te envidien, no es problemma,
que la gente, Emma, es muy memma
y tú, mejor que Meg Ryan.*

* Pronúnciese «Rallan», claro.

Miguel Ríos

Que yo aún gastaba chupete
y ya estaba Miguel Ríos
moviendo ritmo y paquete.
¡Cómo se conserva el tío!

Maruja Torres

Culo tremendo,
talento romo,
aspecto horrendo,
pluma de plomo.

Bardem

Uno, dos, tres, cuatro, cinco...
cien.
Cien, doscientos, mil quinientos...
los Bardem.

Se nos murió el Capitán

(«Se nos murió el Capitán, pero el Dios misericordioso nos dejó a otro. Y hoy, ante la tumba de José Antonio, la figura egregia del Caudillo Franco. El mensaje recto de destino y enderezador de la Historia que José Antonio traía, es fecundo y genial en el cerebro y la mano del Generalísimo. Una alegría tenemos. La de ver que a José Antonio le sucede un hombre tan firme y sereno como el que lleva a España por los senderos que él marcó.» Eduardo Haro Tecglen, «Informaciones», 20 de noviembre de 1944.)

Mi pésame más sentido
—impasible tu ademán—,
por lo mucho que te ha herido,
Eduardo, el haber perdido
a tu mejor Capitán.
(Perdona por hacerlo, en cualquier caso,
con más de medio siglo de retraso.)

VARIOS

Año 2000

El lago de la carne*

Entre los pinos, los castaños y los álamos de la Casa de Campo de Madrid, vuelan los virus del sida, las luciérnagas de la sífilis, las negras mariposas de los estragos genitales. No es un problema sexual, sino social, como bien ha escrito el gran Francisco Umbral en una de sus columnas. También vuelan los pitorreales, y ahora las oropéndolas, y se nublan los atardecielos de vencejos y palomas, cada vez en andamios más altos, separándose de suelos sucios, de condones infectados y jeringuillas de muerte. Ahí, al lado, la hipócrita ciudad que no reacciona. El lago de la Casa de Campo tiene sus fondos podridos de musgos de rana, detritus de carpa y escombros de sexo. Lago de la carne, de la carne negra de patera arribada, de carne sufriente y apaleada, culo a la carretera, pechos al camino, sangre de esclava, el gran negocio, el viejo negocio, el peor negocio. ¿Quién las lleva y quién las recoge? No una, ni dos, ni tres, sino centenares de camionetas con carne hacinada, manos de chulo al volante, amenazas de rendimiento, golpes de noche. Putas sin sábanas, ni carantoñas de dueñas, ni órdenes de «niñas, al salón» de la Celestina urbana. Putas de lechos entre pinos, amores vendidos sobre rastrojos, hierba hiriente que rasga a latigazos de sexo las negras espaldas de la nueva esclavitud. Y los coches que se detienen, y el pobre marrano incapaz de hacerse hombre por sus propios medios, tirando de cartera, regateando tiempos y posturas, humillando nalgas sin dueño, y esto puta, y eso negra, y como no me gustes te doy cuatro leches y te paga tu madre de la selva. Y nadie que

* Este artículo fue premiado con el Mariano de Cavia del año 2000.

ponga coto ni remedio al espectáculo devorante de la trata de esclavas, del mercado de esclavas, de la muerte diaria de las nuevas esclavas de esta creciente y florecida sociedad sin rumbo. Bajo los castaños, la carne negra centroafricana, o la negra caribe, o la negra de tierra adentro de la América nuestra. Carne barata y humillada, hipotecada ante las mafias, las manadas de chulos, las bandas de los mayores canallas del submundo nocherniego. Y diurno, que las horas extraordinarias alivian los créditos, y ahí están, a pie del camino, ancladas en las curvas, esperando en pleno día al coche que se detiene con el cliente salido, el salvador que la humilla por un precio de cabra moribunda. Lago de la carne, y los políticos a lo suyo, y la sociedad a su aire, y la esclavitud presente y sin disfraces, actuando a su libre albedrío, llevando putas, negras putas sin nombre ni pasado, de un lado a otro, abiertamente, sin temer a nadie, que aquí no pasa nada, hombre, que nadie se atreve a luchar contra el exterminio de la dignidad humana. Son putas negras, yeguas alquiladas, malditas perras. De todas partes llegan, en cualquier rincón trabajan, bajo el más frondoso de los árboles, sufren, se entregan, cobran y pagan, que son ellas, las esclavas, las que mantienen el negocio más vil de esta España que va tan bien. Trota un gamo escapado del monte de El Pardo y galopa un degenerado sobre una negra, negra carne, mañana negro, negra muerte acumulada tierra a tierra, polvo a polvo, herida a herida. Han venido en paisaje de ganado. Pateras, bodegas de mercantes, hacinadas en camiones que no se detienen. Y ahí está, carne negra y maltratada, bordeando el lago de los sueños infantiles, disputando a las ardillas el reino de las ramas, compartiendo con los gorriones los vientos infectados y miserables de una sociedad que las desprecia, apenas las mira, jamás las contempla con el estupor y la piedad que inspiran los seres humanos derrumbados. Ellas no son seres humanos. Son putas negras, negras putas, que bastante tienen con poder trabajar en esta tierra acogedora, primer paso de la Europa libre y unida, paraíso del dinero, retrato indignante del cinismo y la hipocresía. Ya vienen los chulos a recaudar sus ganancias. Pero tú te quedas aquí, negra puta, puta negra, que hoy has trabajado muy poco. Si sigues en este plan, desapareces, o te dejamos inútil para siempre, tía guarra, puta negra, negra puta, que bastante hemos hecho trayéndote hasta aquí, a Madrid, puerta de Europa, que no te lo mereces, maldita, que no te lo mereces. Lago de la carne negra.

ABC, 18 de enero de 2001

Vicios y defectos de Mingote

Cumplir ochenta y dos años nada tiene de especial. Ochenta y cinco es cifra culminante y ochenta redonda. No obstante en esta casa se han empeñado en celebrar el octogésimo segundo aniversario del nacimiento de Ángel Antonio Mingote Barrachina, más conocido como Antonio Mingote, e incluso, como Mingote a secas. De este importante sujeto se han escrito toda suerte de delicias y elogios, que mucho merece, por otra parte. Antonio Mingote es un hombre que inspira un fácil afecto, y ello determina una derivación contumaz hacia sus aspectos positivos. Me refiero a los característicos y humanos, que los artísticos e intelectuales están fuera de toda duda o discusión. Es por ello que aprovechando esta birria de cumpleaños, que no es ni chicha ni limoná, ni caoba ni alhelí, me esfuerce en el empeño de abrir los ojos a tanto ingenuo intentando un retrato a vuela pluma del auténtico Antonio Mingote, recreándome, si ello es posible, en sus vicios y defectos.

Entre los primeros no destaca el vulgar de la bebida, pero es fumador empedernido y, para colmo, vergonzante. Lo hace a escondidas y por lo normal, de gorra. Y viciosa, o sea, entregada al vicio con vigor y fuerza, es su insaciable y desenfrenada bulimia, eso que los parcos de expresión denominan gula. La voracidad de Mingote sólo puede ser interpretada desde el acertado punto de vista del padre Ripalda. «¿Qué es gula?: el apetito desordenado al comer y beber. ¿Y templanza, qué es? El freno de este apetito.» De ahí que sean consideradas consecuencias de la gula la pereza, el ocio, la lujuria y la libertad de decir inconveniencias.

Antonio Mingote dibuja de la mano del prodigio y escribe extraordinariamente. Pero, como él mismo reconoce, sabe hacer muchas menos cosas que las que domina. Es incapaz de cambiar la rueda a un coche, de pedir un café con leche en una cafetería y no protestar cuando le sirven un té con limón. No sabe bailar porque carece de ritmo. Mingote es un aragonés nacido en Cataluña y trasplantado en Madrid sin el vigor trepidante de la jota, la armonía ordenada de la sardana o el escorzo enladrillado del chotis. De ahí su admiración por el actor y bailarín más torpe de la historia del cinematógrafo, Fred Astaire. En el hogar de Antonio Mingote no es difícil toparse con fotografías enmarcadas de aquel tontito que hacía «claqué» a las primeras de cambio.

Antonio conduce su automóvil a una velocidad endiablada y se salta a la torera las normas y señales de tráfico. Presume de ello en los restaurantes que frecuenta. Lo que más le divierte es afeitar a los ciclistas en los adelantamientos, a los que dedica, cuando ya están superados, toda suerte de cortes de manga y vituperios. Su animosidad hacia la bicicleta le lleva, en ocasiones, a protagonizar hechos bochornosos en el parque del Retiro, lugar del que es alcalde honorario y en el que ha abofeteado a más de un niño que montaba en bici. Porque su gran defecto no es otro que su incontenible irascibilidad. Cuando algo no le gusta, o le molesta, o le interrumpe la concentración, no hay quien lo detenga. En Islandia fue detenido por el único policía municipal de Reykjavik segundos después de que le arrease un soplamocos a un turista que le confundió con un islandés.

Mal compañero de viajes, poco aseado en la selva, nada conciliador en las playas, donde saca a relucir su poca paciencia con la humanidad. Lo que más le divierte es cortar los hilos de las cometas de los niños huérfanos. Extraña perversidad la de este hombre, que también, de cuando en cuando, zancadillea a las damas de avanzada edad que pasean por la orilla.

Profundamente vanidoso, gusta de toda clase de premios y homenajes, en los que hace uso de la palabra tejiendo interminables discursos. Su afición a la larga perorata se reafirma con los años. En enero de 1999, cuando cumplió ochenta años, se le agasajó en esta casa de *ABC* con una cena homenaje que terminó pasadas las cinco de la mañana. Lo curioso del caso es que inició su intervención de la siguiente guisa: «Sólo dos palabras para agradecer este inmerecido homenaje que...»

Gran aficionado a la Fiesta Nacional, ha volcado contra ella todas sus antipatías por razones de rencor invencible. En su juventud intentó ser figura del toreo, y en Colmenarejo debutó vestido de luces con reses del conde de Chinchilla. Sus dos novillos fueron devueltos vivos al corral y el novillero Antonio Mingote, *el Niño de Daroca*, perseguido por la enfurecida multitud que a punto estuvo de proceder a su linchamiento. Gracias a ello se puso a dibujar y a escribir para llenar el vacío de su afición frustrada.

Es cleptómano. En las casas roba ceniceros de plata. Su colección supera los cinco mil ceniceros, catorce de los cuales eran míos. Si no encuentra ceniceros a mano, se lleva los jarrones de porcelana, que guarda en su casa-palacio de Castellón, que ganó con una apuesta. Porque ésa es otra. Es un jugador empedernido, compulsivo, y en el parchís, bastante tramposo.

Los domingos no perdona su partido de fútbol, del que es gran entendido y aficionado. En los años cincuenta llegó a jugar en La Cultural Leonesa, pero una lesión de rodilla acabó con su prometedora carrera. Era medio-punta, con más dominio de la pierna izquierda y muy ratón en el área contraria. Como suele decir orgulloso cuando le preguntan, «yo luchaba por los colores y sudaba la camiseta como el que más».

Mingote es muy agarrado con el dinero, y desconfía del sistema bancario. Tan es así que todos los meses se presenta en *ABC* para cobrar el importe de sus colaboraciones en metálico. El jefe de caja sabe del carácter de Mingote cuando se le olvida valorar algún dibujo o artículo. Más de una vez ha sido sacado de la ventanilla agarrado por las solapas.

Sin antecedentes familiares, Mingote es simpatizante del nacionalismo vasco. Militó en el PNV durante el anterior régimen y se dio de baja en el partido cuando Arzalluz no quiso hacerle miembro del «Euzkadi Buru Batzar», su ilusión de siempre. Hoy forma parte de la corriente crítica, como se puede apreciar en su último ensayo recientemente publicado *El soberanismo y la incidencia foral en los caseríos del Monte Gorbea* (Editorial Krónika, Bilbo. Año 2000).

Así, y no de otra forma, es Antonio Mingote. Una persona normal, con sus defectos, sus vicios y sus miserias humanas. Después viene lo que todos sabemos. Que es un genio. Pero su condición de ser genial no nos debe nublar la perspectiva del horizonte. Aceptando de buena gana su superioridad intelectual y artística, debemos también conocer, para no caer en el mismo fango, sus múltiples defectos y vicios. Una muestra de difícil indulgencia. Lleva más de treinta años sin ir a misa los domingos, y en esas condiciones, colaboró en la Cope.

Cumple hoy ochenta y dos años este hombre al que todos queremos. Espero que continúen amándolo después de leer este breve muestrario de sus defectillos. Lo malo de verdad, me lo guardo para mí. Muchas felicidades, Antonio.

ABC, 16 de marzo de 2001

El renuevo

Los milagros simples, o lo que es lo mismo, los verdaderos milagros, deben ser comentados, al menos, una vez al año. Tres días de sol y ya ha estallado el renuevo. A punto estará de estallar el azahar en Sevilla, y en apenas un mes, las flores azules de las jacarandás. Los cerezos del valle del Jerte ya han adoptado su personalidad de primavera. En Madrid, los plátanos y las acacias han adquirido el color pálido del nacimiento de las hojas, y ya se anuncian en los magnolios los grandes capullos que se romperán en flores blancas. Por arriba, en la lengua verde del Cantábrico, se aprecian las diminutas yemas verdes en las hayas y los castaños. Consumados los milagros de los prunos y los frutales, el campo y los prados regalan la realidad de la esperanza, el triunfo de la vida sobre la muerte, el bosque que despierta. Por las sierras del sur, las adelfas silvestres han surgido de golpe, hartas y poderosas de agua pasada, y en los senderos y carriles han aparecido las peonías. José Antonio Muñoz Rojas, en los campos de Antequera, habrá adivinado ya el primer vuelo de los abejarucos y tendrán flor sus yerbas ignoradas, desde los jaramagos a los zapaticos del niño Dios, desde las lechitreznas a los nazarenos. Las llanuras de Castilla son ya una acuarela de margaritas y violetas, y en las solanas más persistentes, se han atrevido a asomar las primeras amapolas. Esta primavera el campo será sangre.

Sólo tres días de sol después de tanta oscuridad, melancolía y agua, y las encinas han iniciado la colgadura de sus racimos ocres, que en verano se harán bellota y en otoño caerán en generosa montanera. También los alcornoques, que en Extremadura se reúnen para formar las dehesas más prodigiosas de España. Y en las líneas marcadas por los ríos y los arroyos, los sotos de álamos y chopos ofrecen ya la sombra del calor que viene y han abandonado su perfil de altos cadáveres.

A principios de siglo, llamaban a las buganvillas «la flor de los ricos». En el norte, sólo cubrían las paredes de los viejos pazos señoriales, las casonas nobles de La Montaña o las piedras solariegas de Asturias y las tierras vascongadas. Y en Andalucía, eran adorno de casas pudientes y bodegas antiguas. La buganvilla de la gran tapia de las Bodegas de Mora de Osborne en el Puerto de Santa María es una obra de arte de cien años. Hoy, la «flor de los ricos» es de todos, y millones de buganvillas moradas, rojas y tostadas se hacen dueñas de tapias y jardines allá donde las heladas del invierno no acostumbran a herir su fuerza. Las islas, Canarias y Baleares, ya están pintadas de buganvillas renovadas. En las Canarias, además, se han tintado de naranjas y rojos vivos las copas de los flamboyanes.

Es decir, que todo va hacia arriba, y en menos de cumplirse un mes, la piel de España será un renuevo de verdes diferentes y chocantes, de flores esperadas, de paisaje repetido que nunca deja de sorprender. Piel verde de trigo naciente, que sólo por unos días, a la vista del hombre, se viste de césped del sur de Inglaterra, hasta que se levanta y poco a poco va amarilleando hacia la sequedad parda del verano. Éste es el milagro simple de cada año, que nos sorprende y maravilla más y más cuando menos y menos nos queda de futuro. No olvido la obsesión de Moncho del Corral, el pasado verano, analizando el avance de su enfermedad y adaptando su esperanza a la mera llegada de la primavera siguiente, esta que ahora estalla, la primera de su ausencia, que no ha podido esperarlo.

Si en otoño, en la caída, una nube de añoranza y melancolía nos sobrevuela, desde ahora todo se hace claridad, y luces, y promesas. Ya los días vencen sobre las noches. No es malo, de cuando en cuando, dejar a un lado las pasiones políticas, las críticas efímeras y las decepciones que procuran los hombres y sus actos, y resumir el ánimo en lo verdaderamente importante. Esto que está ya ante nosotros y muchos no advierten. Que han pasado los fríos, que los bosques han perdido su silencio, que han vuelto los verdes nuevos y las flores de siempre. Ésa es la gran noticia. Que ha estallado, al fin, la primavera.

Tiempo, 19 de marzo de 2001

Los porteros

Que nunca han faltado los obispos raros no es noticia. Sucede que en la actualidad añaden a sus rarezas —algunos, claro, que no todos— altas dosis de cinismo, cobardía y hasta de perversidad. Mi abuelo materno, el dramaturgo Pedro Muñoz-Seca, fue coprotagonista de una rareza obispal que ha dejado el buen recuerdo de la sonrisa. Había escrito su *Venganza de Don Mendo* y se hallaba relajado. Sólo un disgusto efímero. Una carta insultante del crítico Enrique de Mesa que Muñoz-Seca despachó con celeridad: «Señor don Enrique de Mesa. Muy señor mío. Tengo su carta delante. En unos segundos, la tendré detrás.» Salió a tomar café con su habitual tertulia cuando algo le detuvo. La portera de su casa lloraba amargamente. Su esposo, el portero, había muerto. Formaban una pareja irrompible, armónica y antigua. A los tres días del fallecimiento del portero, su esposa, la portera, invadida de melancolía, cerró los ojos para siempre.

Heredó la portería el hijo de ambos, y solicitó a mi abuelo —era costumbre extendida en aquellos tiempos— que compusiera unos versos para esculpir sobre la lápida de sus padres. Mi abuelo salió del paso con una quintilla facilona y nada comprometida:

Fue tan grande su bondad
tal su laboriosidad
y la virtud de los dos,
que están, con seguridad,
en el cielo junto a Dios.

Se olvidó del asunto de sus porteros. Pero una semana después el hijo se presentó en su despacho: «Don Pedro, que hay que escribir otros versos. El señor obispo no ha autorizado los anteriores. Dice que usted no es nadie para asegurar que mis padres están en el cielo y junto a Dios.»

Al instante, a vuela pluma, Muñoz-Seca escribió los versos del segundo intento. Metió el papel en un sobre, se lo entregó al portero, y se olvidó del contencioso. La segunda quintilla decía:

Fueron muy juntos los dos,
el uno del otro en pos
donde va siempre el que muere,
pero no están junto a Dios...
porque el obispo no quiere.

Fueron rechazados los versos con ira fulminante. El hijo de los porteros no entendía nada. El obispo envió una carta a Muñoz-Seca en la que justificaba su prohibición y le rogaba más rigor y seriedad en los textos. Muñoz-Seca, divertido y harto al mismo tiempo, se arriesgó a un tercer intento, sabiendo que no serían jamás aprobados:

Flotando sus almas van
por el éter, débilmente
sin saber qué es lo que harán...
Porque desgraciadamente,
ni Dios sabe dónde están.

Los porteros se quedaron sin epitafio, y el señor obispo perdió el último humor que le quedaba. Muñoz-Seca, católico practicante y devoto, escribiría un último epigrama sobre los hombres de la Iglesia a la vuelta de Roma, donde asistió a la boda de Don Juan de Borbón con Doña María de las Mercedes. Parece ser que el papa Pío XI no estuvo muy cariñoso y paternal con los monárquicos españoles.

Vengo de tierras de Dios
tan humilde y tan cristiano,
que en mi casa, al «waterclós»
se le llama el «waticano».

Dios tiene sentido del humor. Los malos son los obispos.

Tiempo, 16 de marzo de 2001

Fallido intento

Ni con recomendación ni con enchufe. Después de meses de espera, de ilusión callada, de sueño acariciado, me han dado con la puerta en las narices. No he sido elegido para participar en la nueva edición de *Gran Hermano*. No ha servido ni mi vieja vinculación con Tele-5, en cuya cadena colaboré tres años en el programa *Este país necesita un repaso*, junto a Antonio Mingote, Luis Sánchez Polack, *Tip*, Antonio Ozores, José Luis Coll, Antonio Burgos, Miguel Durán y Chumy Chúmez. Debo presentar un perfil poco adecuado para intervenir en la comuna. Claro que he sabido del número de aspirantes y comprendo que algunos tenemos que perder. Cien mil se han presentado. Mal de muchos, consuelo de tontos. Pero mi caso no se alivia ni con el consuelo de la desdicha ajena. Me siento desconsolado.

Ya está a punto la casa, que se ha construido en Guadalix de la Sierra. Y dispuesta a todo, Mercedes Milá, que tan acertadamente llevó el invento el pasado año. En esta edición, si las cosas no se tuercen a última hora, van a colaborar los veteranos, los héroes del año 2000, o sea, *el Pichas*, Iván, Vanessa, Nacho, Ania, María José, *el bosnio*, el gallego, la peluquera, la gorda, la azafata y el *abertzale*. España y yo somos así, señora.

Este año, los psicólogos y seleccionadores han mirado con lupa los currículos, y parece ser que han eliminado a las prostitutas profesionales. También, y para no repetir la tortura de soportar a una pedorra, se ha descartado a todo aspirante con problemas de aerofagia. Tampoco están bien vistos los enamoradizos fulminantes, como Jorge, porque se ha demostrado que no dan resultados positivos. Ni médicos como Nacho, que no daban una. El pasado año intentó curar la colitis de Ania y aquello fue Troya.

Dicen los organizadores que los elegidos «representarán a la media de los espectadores». Ésa ha debido de ser la causa de mi eliminación. Yo jamás he representado a la media de nadie ni de nada. Siempre he sido muy especial y elitista, y en algunas ocasiones hasta distante. Y con poca paciencia para convivir con personas desconocidas. Una noche en el tren, vendidos todos los compartimentos individuales del coche-cama, tuve que compartir habitáculo con un representante de maderas que se llevó de mí una impresión penosa. Renuncio a narrar los pormenores de aquella convivencia por respeto a mi propia humillación. Sólo un dato. Su destino era San Sebastián y se apeó en Medina del Campo. Simulé ser un borracho inglés o un inglés borracho, que no es lo mismo. Claro que la media de los espectadores no puede ser la medida, porque la mitad de los españoles tiene más de 70 años. Si así fuera, en lugar de *Gran Hermano* tendría que llamarse *Gran Inserso*, que, a propósito del Inserso, me han llegado noticias de que en los viajes de nuestros octogenarios el sexo está a la orden del día. Y es que un viaje en autobús une mucho. Tip decía que los autobuses eran pornográficos.

Bueno, el triste resumen, la dolorosa síntesis, es que ni me han llamado, ni me han comunicado mi eliminación, ni me han pedido disculpas. Ninguneo total. Falta de clase, educación y cordialidad. He echado de menos un *saluda* de cortesía. «El presidente de Tele-5 y el director de *Gran Hermano* saludan a... (en mi caso, a Alfonso Ussía) y lamentan comunicarle que no ha sido seleccionado para participar en la presente edición de *Gran Hermano* por no cumplir satisfactoriamente los requisitos mínimos para ser un buen concursante.» Un *saluda* duro y sincero, pero diferente.

Me tendré que conformar con seguir sus peripecias por la televisión. Que tiene una ventaja: las televisiones no huelen.

Tiempo, 30 de julio de 2001

A la playa

Me vestí de turista antiguo y bajé a la playa. Me gusta pasear por la orilla de las grandes playas norteñas, y más si están libres de la agosteña masa de homínidos. Me cubro con un panamá de ala media, me camuflo con unas gafas de sol y acudo a los límites arenosos de la tierra sin precaución y desparpajo. Tuve mala suerte. El día nació caluroso y de cielo limpio, y para colmo era domingo. Centenares de seres bastante parecidos a los humanos ocupaban la franja de arena seca, allí donde no llega la influencia de las mareas. Como el pasado año —voy a la playa sólo una vez en el verano—, comprobé que los invasores playeros no hacen otra cosa que dar la lata y hablar por el móvil. Antes, cuando yo era niño y joven con acné, nos limitábamos a dar la lata entre chapuzón y chapuzón. Ahora, entre chapuzón y chapuzón hablan por teléfono con otros usuarios de la playa que se hallan a menos de cincuenta metros. «¡Hola, Mati! Te estoy viendo. Yo llevo puesto un biquini naranja. ¿Ya me has visto? Te llamo en media hora para quedar en la orilla. ¿Que tienes *eso* y no te has traído ningún *evax* con alas o sin alas? No importa, Mati, le pido uno a mamá, que es muy precavida. Hasta luego.»

En las playas de oleaje macho es ya imposible jugar a las olas, que es como se decía en mis tiempos. Sin quitarme el panamá ni las gafas de sol estuve observando a un señor de mediana edad que, impulsado por los recuerdos de su infancia, se puso a jugar a las olas. A punto estuvo de morir decapitado en tres ocasiones dentro de un mismo minuto. Esperó a la ola y se lanzó contra ella cuando un tipo que hacía *surfing* pasó rozando su cabeza con la quilla cortante de la tabla. Se incorporó cabreadísimo para increpar al surfista cuando un golpe por la espalda le derribó. Se le metió medio Cantábrico en la boca. El golpe se lo había propinado un niño que también jugaba a las olas, pero con una plancha de madera. Cuando se disponía a arrearle al niño una bofetada, le embistió una Zodiac tripulada por una señora que parecía estar bastante trompa. Cuando el impacto se presumía en un plazo inferior a los dos segundos, el infortunado bañista demostró que el deporte practicado en la juventud garantiza la agilidad en la madurez. Ni un delfín enamorado, ni un atún presuntuoso, ni una orca altanera hubiesen igualado el salto hacia babor con escorzo final rumbo al nordeste que dio el asustado bañista. Casi descoyuntado por el esfuerzo, aún tuvo tiempo de oír cómo la gorda de la Zodiac le gritaba: «¡Cabrón!»

Aquel hombre, o lo que fuera, abandonó la orilla con un malestar, un desamor y una falta de confianza en el prójimo dignos de lástima y consuelo. A un celemín de impulso estuve de hacerlo, pero mi camuflaje me lo impedía. No es normal que un turista inglés se dedique a consolar a naturales y autóctonos de una región española que terminan de salvar su vida en tres ocasiones y en un plazo tan breve de tiempo. Aquel hombre, o lo que fuera, portador de un traje de baño color carmesí más ajustado que lo admitido por el pudor —presentaba un *paquete* que no lo aceptaría ni Seur—, anduvo perdido durante unos minutos y abandonó la playa con el estupor y el miedo clavados en su rostro. Al salir del aparcamiento no miró a la izquierda y de milagro no le aplastó un camión. No creo que vuelva a la playa después de haber superado tan horribles pruebas.

En vista de todo ello, y consciente del peligro que corría, abandoné la playa en el preciso instante en el que la niña no tan niña que se había olvidado lo de las alas en casa llamaba por el móvil a su amiga, que se hallaba a dos metros de ella, para quedar en la orilla y darse un baño. Asco de playas.

Tiempo, 3 de septiembre de 2001

Presencia de espíritu

La mejor literatura se escribe, a veces, desde la involuntariedad. Ha caído en mis manos y alegrado mis ojos un documento desternillante por su redacción y autenticidad. Se trata de la explicación de un albañil gallego a su compañía de seguros que no comprendía —por la naturaleza de sus lesiones— cómo podía haber ocurrido el accidente denunciado. El caso fue juzgado por el Tribunal de Primera Instancia de Pontevedra y el denunciante —y gran escritor de humor— ganó el litigio. Dice así su descripción del accidente: «Soy albañil desde hace diez años. El día del accidente estaba trabajando sin ayuda colocando los ladrillos de una pared del sexto piso de un edificio en construcción en esta ciudad (Pontevedra). Finalizadas mis tareas, verifiqué que habían sobrado aproximadamente 250 kg. de ladrillos. En vez de cargarlos hasta la planta baja a mano, decidí colocarlos en un barril y bajarlos con ayuda de una roldana, que felizmente se hallaba fijada en una viga en el techo del sexto piso.

»Bajé hasta la planta baja, até el barril con una soga, y con la ayuda de la roldana, lo levanté hasta el sexto piso, atando el extremo de la soga en una columna de la planta baja. Luego subí y cargué los ladrillos en el barril.

»Volví a la planta baja, desaté la soga, y la agarré con fuerza, de modo que los 250 kg. de ladrillos bajasen suavemente. Pero sorpresivamente, mis pies se separaron del suelo y comencé a ascender rápidamente, arrastrado por la soga. Debido al susto, perdí mi presencia de espíritu e irreflexivamente me aferré más a la soga mientras ascendía a gran velocidad.

»En las proximidades del tercer piso me encontré con el barril que bajaba a una velocidad aproximadamente similar a la de mi subida, y me fue imposible evitar el choque. Creo que allí se produjo la fractura del cráneo.

»Continué subiendo hasta que mis dedos se engancharon dentro de la roldana, lo que provocó la detención de mi subida y también las quebraduras múltiples de los dedos y de la muñeca.

»A esta altura de los acontecimientos ya había recuperado mi presencia de espíritu, y pese a los dolores, continúe aferrado a la cuerda. Fue en ese instante cuando el barril chocó contra el suelo, y su fondo se partió, resultando que los ladrillos se desparramaron.

»Sin ladrillos, el barril sólo pesaba aproximadamente 25 kg. Debido a un principio simplísimo, comencé a descender rápidamente hacia la planta baja. Aproximadamente, al pasar por el tercer piso, me encontré de nuevo con el barril que subía. En el inevitable choque que sobrevino, estoy casi seguro que se produjeron las fracturas de los tobillos y la nariz.

»Este choque, felizmente, disminuyó la velocidad de mi caída, de manera que cuando aterricé sobre la montaña de ladrillos, sólo me quebré tres vértebras. Lamento, sin embargo, informar que cuando me encontraba caído encima de los ladrillos, con dolores insoportables, sin poder moverme y viendo encima de mí el barril, perdí nuevamente mi presencia de espíritu y solté la soga. Debido a que el barril pesaba más que la soga, descendió rápidamente y cayó sobre mis piernas quebrándome las dos tibias.

»Esperando haber aclarado definitivamente las causas y desarrollo de los acontecimientos, me despido atentamente.»

Creo que no se puede describir con más puntualidad, acierto y claridad una tragedia encadenada como la padecida por el albañil de Pontevedra. Pero lo que concede un respetable nivel semántico al documento es su aroma literario, la ausencia y presencia de espíritu del dañado albañil. Cuando pierde la presencia de espíritu y cuando la recupera, sube, baja y choca con barriles repletos o vacíos de ladrillos, y mantiene un tono de resignación heroica digno del mejor premio.

Como muestra de lo que significa esta joya de la literatura judicial, aquí la expongo y regalo en estos días últimos de agosto, ya inmediata la melancolía anunciada del otoño.

ABC, 4 de noviembre de 2001

No existe

Es una de nuestras más bellas aves y no existe para los académicos. Anátida casi exclusiva de los humedales de España, y como si fuera ilusión o sueño. Símbolo de una resistencia casi heroica, y ausente en el cuerpo general de nuestra palabra. El Diccionario de la Real Academia Española, en su nueva y recién aparecida edición, insiste en olvidar su singularidad. Es conocida con una de las voces más armónicas del español, malvasía. Pero «malvasía», según el diccionario, es sólo la uva y el vino. La uva dulce y fragante que transportaron los catalanes desde la isla de Quío en tiempos de las Cruzadas y el vino que nace de ella. Uva mingotiana, porque se da muy bien en los viñedos de Sitges, lugar de nacimiento de ese individuo peligroso de sangre aragonesa llamado Ángel Antonio Mingote y que lleva unos pocos años publicando sus dibujos en *ABC*. La uva malvasía también se desenvuelve muy bien en Andalucía la Baja, y racimos maduros, sarmientos desnudos y tierra endulzada han sentido el ritmo de los galopes de Fernando Villalón o el sudor de las vendimias bodegueras de Jerez y el Puerto de Santa María. Pero la malvasía uva o el malvasía vino nada tienen que hacer comparados con el pato malvasía, el tesoro desaparecido de Europa y sólo disponible para la mirada en los últimos humedales de España. El pato malvasía, *Oxyura leucocephala*, cariblanco y de pico azul, criatura prodigiosa que se extingue lentamente, pero que aún permanece.

Propongo la papeleta para la próxima reunión de los jueves académicos. «Malvasía *(Oxyura leucocephala)*. Pato en vías de extinción cuyos últimos ejemplares viven en España. Cría en lagos someros y con abundante vegetación. Se caracteriza por el tono azulado de su pico.» Seguro estoy de que algún ornitólogo me afeará la exclusividad española del malvasía. También en Portugal, y en el sur de Francia e Italia viven ejemplares, pero la colonia fundamental reside en nuestra tierra. Y existen otros patos malvasía, el canela o «jamaicensis», especie americana introducida en España y perturbadora para la autóctona, y el malvasía argentino, de menor tamaño y con un brillante azul en el pico que ni los cielos de Patinir. De estos malvasías argentinos tiene decenas de ejemplares el Zoo de Santillana del Mar, bien controlados para que no encuentren en su libertad el principio del fin definitivo de sus parientes españoles.

En la *Guía de Campo de Aves de España y Europa* (Editorial Omega, 2001) de la que son autores Killian Mullarney, Lars Stevenson, Dan Zetterström y Peter J. Grant, los territorios del pato malvasía se resumen en los humedales del Coto Doñana, del Guadiana y del Levante español. No creo que nadie pueda acusar de patrioterismo ornitológico a esos cuatro científicos con apellidos tan ajenos al Pérez. Prodigio casi exclusivo de España apenas conocido por los españoles. ¿Y qué hace usted escribiendo de patos?, se preguntarán mis lectores. Pues escribo de patos porque estoy en pleno puente y termino de llevarme un soponcio con su omisión en el nuevo Diccionario de la RAE. Para escribir de ratas y de cerdos, siempre estaremos, por desgracia, a tiempo y a mano.

El pato malvasía es muy español de carácter y temperamento. Le asalta una gran pereza cuando se ve obligado a levantar el vuelo, y siempre que sea posible prefiere desplazarse a nado. Cuando otros patos o gansos —los ánsares, especialmente— le buscan las cosquillas, el malvasía se limita a resignar su cabeza y dejar el campo libre a los violentos. Los políticos y legisladores españoles de los últimos años saben mucho del comportamiento del pato malvasía y de la tolerada violencia de los gansos. No pretendía reparar en coincidencias ni caer en comparaciones figuradas, pero las cosas salen y no hay quien las detenga.

Otra característica del pato malvasía es su inclinación al silencio. Sólo en casos muy señalados, los machos se deciden a emitir algún sonido que otro. En esto no se parecen a los políticos y, menos aún, a los gansos. Los gansos no descansan de hacer ruido ni en los mejores momentos de su descanso. Arzallus, de ser anátida, jamás sería un pato malvasía. Tampoco pretendía escribir esto, pero me ha salido y ya está.

A quien dirijo estas líneas, los señores miembros de la Real Academia Española, les garantizo mi respeto. Y les ruego que acepten la papeleta de un intruso. Malvasía es uva y vino, pero sobre todo, es pato.

ABC, 14 de diciembre de 2001

Asquito

Cuando la Navidad se acerca, la publicidad en televisión se centra en los juguetes, los turrones, los cavas y las compresas femeninas, con alas o sin ellas. También aparece una fiesta en la que una mujer sonriente llamada Isabel recibe muy bien a sus invitados ofreciéndoles una torre de bombones. Este anuncio necesita de una nueva versión porque todos sus protagonistas, desde el camarero a la señora que recibe, pasando por los invitados y los bombones se han echado a las espaldas diez años más. Hasta las sonrisas envejecen. Pero a mí lo que más me choca es lo de las compresas, sin olvidar a las muñecas que, salvo excepciones, son bastante guarras. Una muñeca de ahora no tiene nada que hacer si no ofrece algún detalle sucio. Muñecas y muñecos, que también los niños se las traen. Existe un modelo de muñeco que, además de presentar un desarrollado pitilín, hace pis con una facilidad asombrosa y se pasa el día mojando los dodotis. Todo lo contrario que el sufrido paciente de mal de orina del epigrama decimonónico. «Sin estudiar Medicina / se sabe con evidencia, / que la retención de orina / es una fuerte dolencia. / Era uno que se quejaba / de esta grave enfermedad, / y su mujer le exhortaba / a tener conformidad. / "¡Acuérdate —le decía—, / lo que el santo Job pasaba /y cuánto el pobre sufría!"; / y el marido respondía: / "De acuerdo... ¡Pero meaba!"» Que los muñecos y las muñecas de hoy son bastante guarretes no precisa de exégesis ni interpretaciones. Basta y sobra con acudir a una juguetería y comprobar en el sitio las porquerías que hacen. A una le salen toda suerte de pompitas por la nariz de color confuso que son para devolver el desayuno. Pero los Reyes Magos las agotan en las tiendas porque las niñas se las piden en las cartas, después de asegurar que han sido muy buenas. Muy buenas y muy espesitas, todo hay que decirlo.

Pero donde los creativos publicitarios alcanzan la máxima altura de impudicia es en los anuncios de compresas femeninas, que ésas no las traen ni Melchor, ni Gaspar ni Baltasar, por muy buenas que hayan sido sus usuarias, porque una niña que crea en los Reyes y necesite de esos artilugios, o es muy tontina o es una fresca. Pero en las cadenas de televisión, entre anuncio de muñeca que hace pis, de turrón para endulzar las fiestas y de la señora Isabel ofreciendo chocolates por medio de un mayordomo de alquiler, aparecen sistemáticamente toda suerte de sugerentes espacios en los cuales las mujeres nos informan de sus intimidades con pasmosa naturalidad. Ahora, el que más «echan» —como se decía de las películas en los cines de sesión continua— es uno en el que varias modelos publicitarias nos revelan lo mal que lo pasan cuando les visita el tío de América, y cómo ponen remedio al mal rato. Este nuevo modelo de compresas ofrece un sentido de la adaptación exacta que no deben poseer los productos de la competencia, porque todas hacen hincapié en la lealtad de su posición. Siempre centradita y sin moverse de su sitio. Una chica nos cuenta que hasta que no probó el nuevo modelo, lo pasó fatal. Las que usaba se desplazaban con los movimientos bruscos. Y se le arrugaban las braguillas, dando paso a toda clase de situaciones tan humillantes como comprometidas. Según he podido averiguar, el hallazgo de esta nueva compresa no es otro que la facilidad que presentan sus alas para adaptarse a la piel. Otras alas se mueven más y aunque en principio sus portadoras estén cómodas, estén bien, al mínimo esfuerzo se desajustan. Si inmediatamente después de un anuncio como el que se comenta, aparece otro acerca de la fibra en los yogures para acudir con más puntualidad al cuarto de baño, se comprende que las muñecas de los niños se pasen el día haciendo marranadas. Y es lógico, porque el análisis de los niños es muy simple: «Si mamá aparece en televisión diciendo que las braguitas se le arrugan con las compresas y la madre de mi amigo dice que comiendo un yogur no padece de estreñimiento, yo quiero que mi muñeca, por lo menos, se tire pedorretas para no desentonar.»

Y tiene razón.

Tiempo, 4 de febrero de 2002

Carné de mochila

Ignoro la suerte final de la infeliz señora, pero para mí que falleció con anterioridad a la llegada de la ambulancia. No pude atenderla porque un médico viandante se hizo cargo de lo que quedaba de ella, y una muchedumbre hizo corrillo en torno a su cuerpo yacente. Resulta curioso que existan tantos médicos paseando por las calles de Madrid. Siempre que sucede algo en la animada rúa, al grito de «¡Un médico, un médico!», aparecen tres como mínimo. Pero retomemos el caso. La pobre señora, unos segundos antes, paseaba tranquilamente por el paseo de Recoletos cuando un estudiante, que la precedía en los andares, se detuvo con brusquedad, giró de improviso y golpeó con su mochila a la infortunada mujer. El golpe fue terrible y la damnificada se precipitó contra el suelo en menos que tarda en hacer pis un gorrión. El involuntario autor de los hechos, confundido y turbado, echó a correr calle de Prim hacia arriba y se perdió en el bullicioso tumulto callejero. Llegó la ambulancia y se llevaron a la buena mujer —probablemente en estado de agonía—, y el río volvió a su cauce.

Aprovechando que ha entrado en vigor la nueva Ley de Circulación Vial, se echa en falta la no exigencia de un documento especial para llevar mochilas. Como el carné de conducir, pero atendiendo a la realidad de las mochilas. Todos los jóvenes cargan a sus espaldas enormes y desproporcionadas mochilas, casi siempre atiborradas de pesados libros de texto que pesan un quintal. Algunos añaden a los libros de texto y apuntes fotocopiados el *Ulises*, de Joyce, convirtiendo a la mochila en un arma más que peligrosa.

Como con el carné de conducir, se podrían establecer varias categorías. Categoría A, para los usuarios de mochilas en espacios libres, y sería el carné más fácil de conseguir. El B precisaría de un examen más duro, y estarían obligados a sacárselo todos los estudiantes que acostumbren a subirse con la mochila en la espalda a los transportes públicos. Del mismo modo que para aprobar el carné de conducir hay que aparcar el coche en un espacio angosto, para conseguir el carné de mochila habría que superar una prueba de alta dificultad, como la de subir a un autobús en hora punta por la puerta delantera y descender por la trasera después de hacer el recorrido sin golpear con la mochila a ningún usuario del transporte urbano. Y, como en la nueva Ley de Circulación, estudiar la posible retirada del carné de mochila a la tercera infracción grave.

Para ello es imprescindible dotar a las mochilas de luces intermitentes en sus extremos, que anuncien la maniobra del estudiante que las porta. De ese modo se evitarían colisiones como la acaecida en el paseo de Recoletos y que dio lugar, sin duda alguna, al fallecimiento por fractura occipital de la infortunada mujer de marras. Y una tercera categoría, muy restringida, para los que llevan mochilas y se trasladan de un lado a otro sobre patines de ruedas. A estos últimos, además, advirtiéndoles que el exceso de velocidad puede acarrear la pena de prisión.

El mochileo estudiantil ha convertido a Madrid en una de las ciudades más peligrosas del mundo. Aunque las autoridades municipales oculten los datos —escalofriantes, por cierto—, se calcula que más de setenta personas de la tercera edad fallecen diariamente por golpe imprevisto de mochila. Urge, por lo tanto, la creación y exigencia de un documento que garantice el buen uso y la prudencia vial de los portadores de tan impresionantes artilugios.

Oremos todos al unísono, queridos lectores, por los fallecidos en tan terribles circunstancias.

Tiempo, 18 de febrero de 2002

Lo del cura

Para mí, que se está sacando de quicio lo del cura de Valverde del Camino. Aquí no tiene culpa alguna la Iglesia, como pretenden demostrar los demagogos y los portavoces del *pink power*. Desde el punto de vista del Derecho Canónico, nada puede ser reprochado a la Iglesia católica. Su probable suspensión *a divinis* no tiene que ver con su condición de marica confeso y sí mucho con su reconocimiento público de bujarrón activo. Nadie ha obligado a Mantero a tomar los hábitos y a asumir el voto de castidad. Por supuesto que ese voto lo han roto con frenesí muchos clérigos antes que él, pero no lo han dicho. Mantero, además de guindorro, es tonto con balcones a la calle, que es el tonto más tonto de todos, según el maestro barroco Antonio Burgos.

Sucede que esto de la homosexualidad forma parte de lo políticamente correcto. A mí, que cada uno haga con su retambufa lo que quiera, pero tampoco es cosa de pregonarlo. Lo malo es que el invencible *poder rosa* se ha puesto en marcha y no hay quien lo detenga. Ya ha anunciado el tal Zerolo, que es algo así como el director general de Asuntos Homosexuales, que va a dar nombres de obispos alocados si Mantero es suspendido. No me parece correcto por parte de Zerolo, que amenaza con hacer público lo que supuestamente pertenece al ámbito privado. Si Mantero, que a la legua se advierte que tiene pluma, hubiese permanecido en silencio, nadie le habría amonestado. Pero un párroco que tiene novio es, como poco, un párroco a tener en cuenta.

El *poder rosa* no se contenta con dominar el mundo de la televisión y aspira a gobernar la Iglesia. A este paso se va a quedar con todo. Ser marica no significa nada, y no hay mérito ni demérito en derivar hacia esa inclinación. Pero tampoco admitiría la Iglesia que otro párroco reconociera en público su afición a fornicar con sus parroquianas. No es la mariconería lo que se reprueba sino la falta de castidad. Mantero sabía muy bien en dónde se metía y las normas que rigen su condición de sacerdote. Lo demás es palabrería vana y ganas de hacerse notar.

En mi opinión, que ha sido el novio el culpable del desbarajuste. Cuando se quiere a una persona, el amor se convierte en egoísmo, y el enamorado no desea compartir con nadie los mimos y querencias. Mantero se debía también a su parroquia, y el novio no soportaba esa obligación. Lo malo es que una preciosa historia de amor se ha precipitado al barranco de la vulgaridad más absoluta. El obispo llamando sin parar por teléfono, y Mantero tapándose las orejas para no oír el aviso del móvil. Como si escondiéndose pudiera arreglar lo que él mismo ha desarticulado. Y el novio, a cada llamada obispal, con la misma cantinela: «¡Ay, mi amor, otra vez el obispo!»

Los de siempre, esos que en Italia llaman *«i soliti»*, ya se han puesto de acuerdo para escribir y decir que la culpable de todo es la Iglesia. Un poco de formalidad, pelmazos. Un fornicador en activo, ya sea de mujeres o de hombres, no está capacitado para desarrollar una labor parroquial, igual en Valverde del Camino que en Cumbre Rosa de la Senda. Apuntar a la homosexualidad del cura equivale a fallar el tiro y que el pájaro vuele. A Mantero no se le suspende por mariquita. Se le suspende porque no para de darle al vaivén del gozo. Y todo ello según sus propias palabras.

Que parecemos imbéciles.

Tiempo, 8 de abril de 2002

Micrófonos

Los micrófonos son traidores. El olvido de pulsar un simple y bien visible botoncito deja a los políticos en enaguas silvestres por culpa de sus comentarios. Otros meten la pata con el micro abierto y por razones de interpretación semántica. Así, el bueno de Gregorio Peces Barba, que viendo al por entonces *superministro* Boyer luchando con su micrófono en el escaño le dijo aquello de «señor Boyer, a usted no le funciona el aparato», cuando el aparato le funcionaba divinamente, como se demostró unos meses más tarde. Los políticos del Partido Popular son expertos en hacer comentarios con el micrófono abierto. Federico Trillo con su «¡Manda huevos!» al resumir el título de una ley presentada para su aprobación en el Congreso de los Diputados; José María Aznar con su reconocimiento de «discurso coñazo» a los parlamentarios europeos, y ahora Manuel Fraga, que en el término de una rueda de prensa, seguramente refiriéndose a un periodista, le preguntó a uno de sus asesores: «¿Quién es ese imbécil?» No hay motivos para la alarma ni el enfado, porque esa pregunta la hemos formulado, con o sin micrófonos, la mitad al menos de la humanidad viviente.

Grabábamos un programa de televisión, aquel que se inventó Valerio Lazarov, *Este país necesita un repaso*, y que se cepilló Mikel Legarza por sus críticas a los nacionalismos. Lo dirigió en su segunda época Alfredo Amestoy y yo me sentaba junto a Antonio Burgos. Aquella tarde Alfredo no estaba tan fino como de costumbre y nos recomendó más acción durante nuestras verborreas, recomendación que rechazamos al unísono porque éramos sosos —excepto Tip y Antonio Ozores— de nacimiento. Me dirigí a

Antonio Burgos y con voz muy queda y controlada le comenté: «Alfredo se ha levantado hoy completamente gilipollas.» El micro instalado en mi corbata se hallaba abierto y Alfredo Amestoy oyó mi lindeza perfectamente. Con gran elegancia me respondió: «Muchas gracias, Alfonso.» Todos hemos visto aquel resumen de los malos pasos en Televisión Española. La imagen del inolvidable Félix Rodríguez de la Fuente fuera de sus casillas, creyéndose al amparo de las cámaras apagadas —que no lo estaban— y advirtiéndole al realizador que a la siguiente equivocación le «iba a plantar dos buenas hostias en los morros». Cuando mis hijos, de corta edad, vieron a Félix en tan extrañas circunstancias, rompieron en llanto inconsolable. En un acto en Barcelona, repleto de fallos protocolarios y que presidía el Rey, le hicieron dar la palabra a Don Juan Carlos a dos personas con el orden invertido. El Rey dijo: «Tiene la palabra don Pedro Tal», cuando le correspondía a don Julio Cual, y cuando el siguiente orador era don Pedro Tal, el Rey, que se había hecho un lío, se la dio a don Julio Cual, que terminaba de hablar en ese momento. Entonces al Rey le entró esa risa que no se controla y le comentó a Jordi Pujol: «*Joé*, Jordi, no doy una.» Y estuvo extraordinario, convirtiendo un tostón de acto en una reunión sonriente y positiva. Creo que los políticos se equivocan demasiado poco y tendrían que ser más indiscretos. A Lilian Carter, madre del tontísimo presidente de EE.UU. Jimmy Carter, le preguntaron por su hijo. Dijo maravillas de él. Cuando creyó que los periodistas se habían ido, le comentó a su acompañante: «No pretenderán que diga la verdad y que reconozca que es el más tonto de mis hijos.» Se oyó a la perfección y aquella noche todo el Imperio, exceptuando al más tonto de sus hijos, sonrió.

ABC, 7 de mayo de 2002

La risa

El *Libro Guinness de los Récords* es, sin duda alguna, la gran enciclopedia de los tontos. Hay gente que vive para figurar en sus páginas. Dedicar parte de una vida a elaborar el bocadillo de salchichón más grande del mundo es, como poco, una bobada. Por ahí pulula un joven que lleva recorridos doscientos kilómetros dándole pataditas a un balón sin permitir que bote en el suelo. Se apresta a batir la hazaña de un noruego que hizo lo mismo durante trescientos treinta kilómetros hace veinte años. Si lo consigue, ese infantillo se va a quedar tonto para toda la vida, pero sus padres podrán presumir de su hazaña mostrando la reseña publicada en la necia obra. Resulta muy fácil aparecer en el *Guinness*, y algunos mueren en el intento. Por ejemplo, intentar la ingestión de quinientas canicas de cristal en una hora. Se puede hacer, pero te vas al otro barrio. Claro que queda para siempre la constatación de la estupidez.

Ahora, en Australia, que es una nación prodigiosa y rarísima, se han reunido 250 personas para batir el «récord» más cretino que cabe en cabeza humana. El mundial de tiempo de risa. Durante media hora, estos tipos y tipas —ciudadanos y ciudadanas, diría Ibarreche— no pararon de reír ni de carcajearse. Que 250 australianos y australianas —espero que las feministas reconozcan mi esfuerzo— se dediquen a esa mamarrachada dice muy poco de la salud mental de aquella inmensa isla. Se comprende ahora mejor al gran Barry Humphries cuando dijo que «vivir en Australia permanentemente es peor que ir a una fiesta y bailar toda la noche con la propia madre». Un hecho como éste tiene que avergonzar a todo un país, por grande, populoso y tontorrón que sea.

El hombre —el hombre y la mujer, perdón— es la única criatura viviente capaz de reír. Mejor aún, de sonreír, que es la risa cultivada. Un leve movimiento en los labios dice infinitamente más que una exposición descarada de encías. No pretendo demostrar que la risa es de tontos. En muchas ocasiones está plenamente justificada y actúa como un fármaco milagroso. Ya lo he contado. Nos hallábamos Pepe Oneto, Antonio Burgos y el abajo firmante en la Plaza Roja de Moscú, avanzada la madrugada, feroz el frío y con algunas botellas de vodka trasegadas, cuando dos centinelas del mausoleo de Lenin, de la conocida Momia, se acercaron hasta nosotros para vendernos sus gorros por diez dólares la pieza, con piojos congelados incluidos en el precio. «¿Por qué supieron ustedes que éramos extranjeros?», preguntamos a los soldados. «Porque se reían. Los rusos ahora no sabemos reír.» Aquello nos descorazonó bastante.

El ser humano tiene que reír o sonreír, pero en su momento y lo justo. La mirada verde y maravillosa de la joven afgana que ha dado la vuelta al mundo es luz de infinita tristeza. Esos ojos no han sonreído jamás, de ahí la belleza más animal que humana de esa mujer prodigiosa. A los seres humanos nos salen arrugas porque sabemos reírnos, y nos reímos o sonreímos porque sin volar de cuando en cuando por el humor, la vida se haría insoportable. Pero reírse por reírse, carcajearse para batir una marca, reunirse para tamaña mentecatez, es más que una innecesaria humillación.

Todo para salir en el libro de los tontos, junto al memo que ha permanecido más tiempo con los pies descalzos sobre una hoguera, el marmolillo que ha bebido más cervezas en menos tiempo y el bandarra que ha saltado más veces en una cama elástica con un matasuegras en la boca. De cuando en cuando, 250 personas se reúnen para recordarnos que en el fondo, y no tan en el fondo, somos más tontos que Abundio.

ABC, 9 de junio de 2002

El acoso

«Hoy me he tendido junto a una joven pura / como a la orilla de un océano blanco / como en el centro de una ardiente estrella / de lento espacio.» Pablo Neruda, por estos versos, habría sido hoy condenado por acoso sexual y muy probablemente —por haberse tendido junto a una joven pura— también por abuso de menores. «Toco tu delirante superficie / los poros silenciosos, jadeantes, / la circular carrera de tu sangre / su reiterado golpe, verde y tibio.» Octavio Paz, detenido por orden judicial después de ser denunciado por una joven con los poros jadeantes. «Es la mujer un mar todo fortuna, / una mudable vela a todo viento.» A Juan de Tassis, conde de Villamediana, por menospreciar a la mujer, se le retiran de la venta sus libros de poesía en las librerías feministas. «¡Ay, ven! Y en la gruta, / de musgo cubierta / en pláticas dulces / pasemos la siesta.» Francisco Martínez de la Rosa permanece detenido en la prisión de Granada por intentar, con engaños, seducir a la zagala donosa, linda espigadera, con pláticas durante la siesta. «Trae Jarifa, trae tu mano / ven y pósala en mi frente / que en un mar de lava hirviente / mi cabeza siento arder.» José de Espronceda, condenado a diez años de prisión por abusar de una inmigrante a la que obligó a posar una mano sobre su frente. Aunque Espronceda declaró ante el juez que fue ella, Jarifa, la que inició las relaciones, la sentencia no deja lugar a la duda. Espronceda es un sinvergüenza. «A ti, por quien moriría / me gusta verte llorar. / En el dolor, eres mía / en el placer, te me vas.» Eduardo Marquina ha sido expulsado de su oficina por acosar directamente a una secretaria. La conocida viudita cascabelera se querella contra Fernando Villalón por sus versos «Tan, tan, tan, ya son las doce: / Yo me sentaría a tu mesa, / y en tu boca comería, / luna lunera.» «Ajustada a la sola / desnudez de tu cuerpo / entre el aire y la luz / eres puro elemento.» Jorge Guillén multado por su descripción pornográfica de la mujer.

Las decisiones judiciales tienen que ser acatadas, pero no siempre respetadas. Me refiero, porque frito me tiene, a la sentencia no unánime que ha condenado a un amante por acoso sexual a su amante. El fundamentalismo feminista ha definido al sancionado de «terrorista sexual». Un fiscal, que se fue de lengua y descortesías, nubló el proceso. La bellísima acosada, ya roto su romance con el maduro berciano, reservó en Valladolid una habitación doble para que ambos descansaran del ajetreo de una boda. La opinión pública, más que la Justicia, ha dictado sentencia desde el fundamento de que lo políticamente correcto es condenar al varón por acoso sexual. ¿Cómo puede acosar sexualmente un hombre a una mujer cuando uno y otra han sido fogosos amantes, cuerpos entrelazados, y fundidos «ciervos, gamos saltadores / montes, valles, riberas, / aguas, aires y ardores»? San Juan de la Cruz, amonestado por la Conferencia Episcopal Española por erótico y concupiscente. «¿Me tienes preparado el albarán?» «Sí, guapa.» «Como vuelvas a decirme "guapa" en el trabajo, te denuncio, marrano, que siempre estás pensando en lo mismo.» Tan edificante charla se produjo la pasada semana en un despacho de Madrid.

Cuando el honor y el futuro de una persona dependen de una sentencia judicial, la culpabilidad tiene que estar sobradamente demostrada. Un miembro del Tribunal considera que no existe ninguna prueba en contra del condenado. No se puede deshonrar a nadie cogiendo con pinzas el fundamento del castigo. Puede ser el ex alcalde de Ponferrada culpable, pero esta historia no es de un malo y una buena. O culpabilidad compartida, o inocencia de ambos. Aroma o tufo de venganza personal. «Tanto te quise amor, que no te olvido.» Agustín de Foxá, también condenado.

Tiempo, 15 de julio de 2002

El fresco

Con el aire acondicionado ha menguado la vieja sabiduría del fresco. En las plazuelas madrileñas, durante las tórridas noches veraniegas, el rincón más fresco era propiedad de los ancianos del lugar. Dominio de las corrientes y las brisas. Se decía aquello tan viejo de la madre que le sugiere a la hija que abra la ventana para que entre el fresco, y el fresco entró y se quedó toda la noche. *La Verbena de la Paloma* es una exaltación del fresco, el humano y el ambiental. El gran Miguel Mihura, siempre que alquilaba una casa para pasar el verano, se llevaba un perro. La gente creía que el pequeño pero inmenso autor teatral era un tierno amigo de los animales domésticos, pero la realidad distaba mucho de la apariencia. Allí donde el inteligente can se detenía y se echaba para descansar, consideraba don Miguel que era el sitio perfecto, el más fresquito de la casa. Entonces le daba al perro una patada, colocaba su sillón favorito y ahí restaba durante el mes del veraneo. Después, como tantísimos, eligió a la bellísima villa costera guipuzcoana de Fuenterrabía para veranear, que veraneo no quiere decir lo mismo que pasar el verano. Veraneo es huir del calor del verano, sencillamente, o sea, tomar el fresco, y para ello el norte de España es incomparable. Ya con el fresco de Fuenterrabía asegurado, Mihura se dedicó a mirar por un catalejo los barcos que navegaban por la mar vascongada, pero tampoco con afición excesiva. Así se lo hizo saber a su amigo Antonio Mingote en una postal que le escribió en uno de sus últimos agostos ondarabitarras (por favor, no me corrijan y escriban *hondarabitarras*, que Fuenterrabía en vascuence jamás ha llevado la *h*, que es letra adaptada de los asesinos de los dialectos vascos, los autores del actual y cochambroso *batúa*). Así que decía la postal: «Querido Antonio. Aquí estoy con muy buena temperatura y me paso el día mirando por un catalejo a los barcos que pasan frente a mi terraza. Eso lo hago porque no se me pone gorda, porque, si se me pusiera gorda, iba a mirar por un catalejo a los barcos la madre de Juan Sebastián de Elcano. Un abrazo muy fuerte. Miguel.»

Para otros, el animal que garantiza el buen lugar, el sitio más fresco, es el gato. Pedro Muñoz-Seca estableció una comparación entre los gatos y los sacerdotes: «Donde el gato el verano el tiempo pasa / es el sitio más fresco de la casa. / Y el paseo mejor, en el que vean / que tres o cuatro curas se pasean. / Los seres más sensatos / siempre han sido los curas y los gatos.»

Nuestros antiguos no conocieron la maravilla del aire acondicionado, sin duda alguna el gran invento de la humanidad en el siglo XX, aunque no todos están de acuerdo con mi apreciación. Pero ahora sólo pasan calor quienes no tienen aire acondicionado a su alcance. Esa sabiduría del fresco, del vientecillo, de la brisa raptada, del momento dulce, se ha terminado con la modernidad. Ahora se pasa frío hasta en Córdoba, que ya es decir.

Mi desaparecido pariente Alfredo Álvarez Pickman era otro sabio del «fresquito». En agosto añoraba a su Sevilla del alma, y un buen día —durante el cual cayeron cincuenta litros de agua por metro cuadrado— le hizo ver a su mujer sus intenciones: «No soporto más tanta lluvia. Mañana me largo a Sevilla.» Su mujer, norteña, miró a su marido como si estuviese loco: «¿Y qué vas a hacer en Sevilla con cuarenta y cinco grados a la sombra?» Ante pregunta tan directa y difícil de responder, Alfredo no se amilanó: «¿Y a ti quién te ha dicho que voy a estar a la sombra?» Y triunfó la sabiduría. Divino y sabio fresquito.

ABC, 20 de agosto de 2002

Tatuajes

La costumbre del tatuaje en el cuerpo fue en un principio navegante y marinera, después penal y carcelaria, y ahora es una moda vulgar. Recuerdo la impresión que me produjeron los tatuajes de Don Juan en los brazos la primera vez que los vi, a los seis años en Hossegor. Cosas de los marinos, testimonios de cabos superados y de océanos cumplidos. Tenía un tercero, una especie de sirena varada bajo uno de sus omóplatos. Se los dibujaron durante su estancia en la Royal Navy. Un Rey tatuado impresionaba más. Cuando el tatuaje perdió su carácter marinero, se apoderó de su costumbre el ámbito delictivo. Un preso que no llevara una mujer desnuda tatuada en su cuerpo, no merecía el respeto de sus compañeros. Ahora, el tatuaje ha alcanzado los espacios del pijerío acomodado y de los deportistas de élite. Hay jugadores de baloncesto de la NBA que asustan más por sus tatuajes que por sus doscientos centímetros de fuerza reunida. Como todas las cosas, el famoseo se ha hecho cargo del asunto, y ha puesto de moda tatuarse para parecer más interesante. Sucede que algunos lo pasan mal, porque se hacen dibujar corazones con el nombre del ser amado, y dada la facilidad que tienen para dejar de amar a un ser y enamorarse de otro les trae por la calle de la amargura. Tatuarse es molesto y doloroso, pero nada comparado con borrar de la piel la estupidez dibujada.

Existen mínimos tatuajes que son admisibles porque no ensucian la maravilla de un cuerpo estético. Los hay también de vigencia limitada, que al cabo de unos años desaparecen. Pero imperan los permanentes, que en ocasiones se hacen insoportables para sus propios portadores. Conozco a un tipo que en un momento de ceguera anímica, hondamente herido por el inesperado vuelo de su paloma con un tal Manolo, se hizo tatuar en la espalda un casco de vikingo con la siguiente leyenda: «Manolo, hijoputa.» Más de un problema ha tenido en las playas con manolos susceptibles, indignados por el mensaje. Y a una bellísima mujer, que en trance de cabeza perdida por un hombre que pasó por su vida —de forma efímera, por otra parte—, se hizo grabar en el culo la siguiente inscripción: «Sólo tuyo, Arturo.» Años lleva buscando un Arturo que sustituya al original, pero no lo encuentra. Se enamoró con frenesí de un individuo llamado Felipe, que la mandó a Pimiango cuando leyó la declaración cular de su amada.

En Hollywood se ha iniciado el período de eliminar los tatuajes. Operaciones tan costosas como dolorosas y, en ocasiones, de resultados negativos. En España, los más tontos siguen empeñados en tatuarse en el pecho el rostro del Che Guevara, que es una imagen contundente. Cuando terminan hartos del Che, ya es tarde. Borrar de una piel humana el retrato del señorito argentino es prácticamente imposible. Siempre queda alguna quilma de su melena o una esquina de su boina, o un trozo de su barba. Y mueren con el Che puesto, circunstancia que nada ayuda para alcanzar una buena transición.

Como el imperio es el que manda en las modas, en muy poco tiempo los tatuadores españoles experimentarán una etapa de crisis. No se van a tatuar ni las pedorras más conocidas ni los putos más reclamados. Y por ahí deambula el pobre cornudo que no puede tomar el sol en las playas, porque cada vez que descubre la parte superior de su cuerpo con el mensaje «Manolo, hijoputa» se ve obligado a salir a toda pastilla del lugar perseguido por una muchedumbre enfurecida, no se sabe si compuesta de manolos o de hijoputas. Se pagan caras las tonterías.

ABC, 27 de octubre de 2002

Buen cambio

Canjear quinientos mil por uno, ateniéndose a las leyes de la aritmética, da como resultado un cambio ruinoso. Claro que todo depende de los bienes o males susceptibles al trueque. Dentro de la tragedia, es mejor tener un solo adhesivo destinado al salpicadero del coche con la leyenda «No corras, papá» que poseer quinientos mil de ellos. Con quinientos mil «No corras, papá» el único horizonte vital admisible es el suicidio. Pero una montaña con quinientos mil árboles no es comparable a un mustio y pelado collado con un solo árbol superviviente. Al contrario, una playa con un solo bañista es mucho más bella que una playa con quinientos mil homínidos jugando a las palas, lanzándose en plancha sobre las olas, hablando por sus teléfonos móviles e invadida por centenares de sombrillas, neveras, cocodrilos hinchables, bolsas para las compresas con alas o sin alas de Jennifer o Vanesa y tontos con cometas. Todo es relativo. El dramaturgo José López Rubio, uno de los escritores fundamentales de la «Otra generación del 27», se llevó hasta Hollywood a Antonio de Lara, *Tono*, aquel genio de nuestro mejor humor. Ofreció una cena en su casa a la que asistieron, entre otros, Edgar Neville, Charles Chaplin y un señor muy amable y de blancos y poblados bigotes que se llamaba Albert Einstein. El anfitrión observó que Einstein y Tono no paraban de hablar. Mejor dicho, Tono no paraba de hablar y Einstein escuchaba, asentía y miraba a los ojos del humorista español con concentrado interés. El creador de la Teoría de la Relatividad, quizás el ser humano con más talento del siglo XX, nada dominador del idioma español, se sentía apresado por el ingenio de Tono. —¿De qué hablabais

Einstein y tú?, le preguntó López Rubio a Tono al término de la reunión. —Le explicaba que en esta vida, todo es relativo. En su tiempo de dudas, Einstein lo había dejado claro: «Si mi Teoría de la Relatividad es exacta, los alemanes dirán que soy alemán, y los franceses, que ciudadano del mundo; pero si es errónea, los franceses dirán que soy alemán, y los alemanes, que soy judío.» Hay que reconocer que Einstein y Tono tenían mucha razón. Todo es relativo.

De niño acompañé a mis padres en distintas ocasiones al Palacio de la Música, a unos conciertos matutinos cuya orquesta dirigía un niño prodigio: Pierino Gamba. En aquellos tiempos, otro niño prodigio, Daniel Barenboim, se iniciaba en la maravilla inconcreta de la música. Pierino Gamba creció y perdió la gracia, y a Daniel Barenboim, la gracia le siguió creciendo hasta alcanzar la excelencia, la altura inalcanzable de los elegidos. Fue tan alto, tan alto, que le dio a la caza alcance, como escribiera la mano seca y mística de san Juan de la Cruz. Barenboim, argentino de nacimiento, judío de raza, nómada permanente, creador de sonidos milagrosos y hombre bueno, lucha por un imposible. Que la música se convierta en el puente que una a todos los hombres enfrentados. Su premio Príncipe de Asturias de la Concordia compartido con el profesor de la Universidad de Columbia, el palestino Edward Said, reconoce en ambos la excelencia de sus espíritus y la grandeza de sus destinos humanos.

El mismo día que Daniel Barenboim recibía de manos del Príncipe su premio, el Gobierno le concedía la nacionalidad española. Plácido Domingo y Teresa Berganza, sus padrinos. Podría haber elegido cualquier otra, la británica, la francesa, la alemana o la estadounidense. Ha elegido ser español decidida y voluntariamente. Y aquí viene a cuento lo del buen cambio. Quinientos mil zotes, muchos de ellos criminales y cómplices del horror y casi todos anclados en un fanatismo étnico y excluyente, quieren dejar de ser españoles. Quieren dejar de serlo, asesinando, arruinando y expulsando de su tierra a los que desean seguir siéndolo. Y nos llega Daniel Barenboim, y se hace español libre y decididamente. Buen cambio. En este caso, un abrazo es siempre más poderoso que quinientas mil patadas. Y un ciudadano suma más que quinientos mil.

Tiempo, 11 de noviembre de 2002

Nombres

En Jerez de la Frontera hay un niño que se llama Kelvinator. En Madrid, a una niña quisieron bautizarla en una parroquia de la zona de Arturo Soria con el nombre de María de la Constitución. Cuando el párroco les dijo que no existía la Virgen de la Constitución, aceptaron bautizarla como María a secas. Deben de ser los mismos que, años después, llevaron a la niña vestida de primera comunión a los Juzgados para pedirle al juez que le diera «la primera comunión por lo civil». Se conoce la historia de un señor que solicitó al Ministerio de Justicia el cambio de nombre. Su padre se llamaba Ramón Polla y su madre, Dolores Chica. Al nacer bautizaron al vástago con el nombre de pila de su padre: Ramón Polla Chica. Consiguió que el Ministerio de Justicia aceptara su petición y ahora se llama Andrés Polla Chica. Es decir, que lo que le causaba molestias era el nombre de Ramón.

En el Registro se han vuelto locos este último año con el nombre de Chenoa. Ya hay centenares de niñas tocayas de la cantante de *Operación Triunfo*. Y lo mismo sucede con los Kevin. En Sevilla, me lo ha confirmado mi compadre Antonio Burgos, hay un niño que responde al nombre de Michael Jackson Rodríguez Rodríguez. Es blanco.

Existen padres que juegan con la casualidad de sus apellidos para masacrar a sus hijos. Carlos Quinto de España, Amalia Conejo Grande, Lluis Pi Pi y un interminable etcétera. Pero los nombres más divertidos siempre se encuentran en determinados países suramericanos. En Venezuela, un próspero hombre de negocios —al menos hasta la llegada al poder de Chávez— presenta en su tarjeta de visita los siguientes nombres y apellidos: Presidente Kennedy López del Campo. Y lo que he apuntado antes. A pesar de ese nombre, los negocios le fueron bien.

Pero ninguno iguala al actual vicepresidente de la República de Panamá. Es fácilmente comprobable que se llama así, por cuanto es, al día de hoy, la segunda autoridad del Estado panameño. Una nación que cuenta con un vicepresidente llamado de tal guisa merece nuestro respeto y admiración constantes. Séame permitido el solemne saludo de la vieja cortesía, quitarme el figurado sombrero que no llevo, descubrirme con la gallardía de un viejo castellano ante la su adorada dama y señora. Incluso, sin atisbo de humillación ni sometimiento, inclino mi tronco hacia adelante y en posición muelle permanezco durante minutos. Terminado el saludo, en lugar de enderezar el cuerpo, caigo en cuclillas y apoyo mi estructura corporal en una sola rodilla manteniéndome genuflexo hasta la casi laceración de mi rótula.

Porque el señor vicepresidente de la República de Panamá se llama, nada más y nada menos, que Dominador Kaisser Bazán. Un tipo que se llama Dominador Kaisser es el que necesitamos en esta Europa ayuna de figuras retóricas y heroicas. Si en lugar de Mariano Rajoy o de Rodrigo Rato, que son nombres y apellidos que no producen resquemor, el vicepresidente del Gobierno de España se llamara Dominador Kaisser, tendría ya Zapatero la sonrisa borrada de su semblante y *Pepiño* Blanco la ilusión nublada en sus ojos.

A falta de homenajes merecidos, propongo la organización de una cena, con o sin representación oficial, durante la cual le sea ofrecida una placa de plata con leyenda de reconocimiento a don Dominador Kaisser Bazán, ese vicepresidente del Gobierno que tanto haría por España. Arzallus, por decir algo, todavía estaría corriendo.

Tiempo, 18 de noviembre de 2002

Lobos y cochinos

En el distrito madrileño de Moncloa los paseantes se asustaron cuando vieron que un gran jabalí compartía con ellos aceras y jardines. Creo que, susto aparte, es una noticia hermosa. Un jabalí de ciento veinte kilogramos de peso —fue pesado cuando lo durmieron los municipales disparándole una cápsula con un fuerte sedante—, aburrido quizá de la monotonía del Monte del Pardo, decidió abrir sus horizontes ocupando el lugar de los humanos. Lo hubiera hecho sin ningún tipo de problemas el *Solitario* de Jaime de Foxá, aquel jabalí de la sierra del Jándula que se metió a literato. Para mí que las irrupciones de los animales en los predios de los hombres siempre resultan beneficiosas. Una ciudad tan deshumanizada como Madrid recupera su origen cuando un jabalí despistado decide pasear por sus calles. A pocos kilómetros de Santander, en el parque de Cabárceno, hace pocos años un hipopótamo se enamoró locamente de una vaca. Lindaba el parque con el praderío de un ganadero, y el hipopótamo pasaba horas y horas junto a la alambrada de separación suspirando por su vaca preferida, una lechera pintada, muy coqueta, por cierto. Una noche, el hipopótamo consiguió abrir un camino en la alambrada y fue en pos del ser amado. Lo curioso es que las vacas aceptaron al hipopótamo sin resquemor ni recelo. Como siempre sucede en las historias de amor, alguien estaba dispuesto a impedirla. Fue el ganadero el que avisó al servicio de seguridad de Cabárceno, que, diligente, se llevó al hipopótamo dejando a la vaca desconsolada. Pero uno y otra, cuando el atardecielo, se acercaban a la valla que separaba sus vidas y se llenaban de amor con sus miradas.

He pasado unos días en La Montaña. En Liébana, los hayedos comienzan a teñirse de siena, y no lejos de ahí, en los alcores y brañas de Sejos, los grandes venados se han hecho con sus hembras en perjuicio de los ciervos jóvenes y precipitados. De repente, el monte se paraliza, el viento se esconde, los venados alzan sus cabezas y disecan sus músculos. Una ráfaga de miedo sacude los valles de Sejos, desde la Concilla al hayedo del Jilguero. Sucede que ha llegado el lobo. Acepto y entiendo, que en todo hay que buscar el equilibrio, el enfado de los ganaderos. Pero ellos también deben comprender que en la soledad de Sejos, desde cuyo púlpito se distingue en los días de aire transparente la ciudad de Santander, la presencia del lobo es una vuelta por el camino de la naturaleza. Silencio estremecedor, y el lobo que pasa, a su ritmo, sabiéndose el dueño de los paisajes, con la arrogancia que concede la supremacía del miedo.

Este verano, de vuelta a Madrid después de cenar en El Escorial, a punto estuve de llevarme por delante —con el coche, claro— a un inmenso jabalí que cruzaba la carretera de El Escorial a Guadarrama. Todo ello es consecuencia de la resistencia del campo ante el acoso de los núcleos urbanos. Sólo de cuando en cuando los animales avisan que estamos colonizando lo que no nos pertenece. De ahí que el paseo del cochino por el barrio de Moncloa me haya parecido una noticia maravillosa. De golpe, sin ponerse de acuerdo, las bellísimas criaturas del bosque, de aquel bosque animado de Wenceslao, nos dicen a su manera que empiezan a estar hartos de nosotros.

ABC, 22 de diciembre de 2002

Cincuentenario

El centenario de *ABC* nos trae de la mano otro aniversario. El cincuentenario de Antonio Mingote en *ABC*. Allí es nada. Cincuenta años regalando día tras día el prodigio, la oportunidad, la sonrisa, la denuncia, la tristeza y el sentido común. Sólo en *ABC*, diecinueve mil dibujos, diecinueve mil editoriales. Y en *Blanco y Negro* también decenas de miles de colaboraciones magistrales. Y artículos. Y *La historia de la gente*, *La historia del traje* y la *Historia de Madrid*, obras en las que la buena literatura se abraza a las mejores ilustraciones. Cuarenta libros, uno de ellos —mi orgullo— compartido con mi pluma. Imposible calcular los libros por su talento ilustrados. El último de ellos, su mejor obra, aún en el secreto y en el trabajo, impresionante, fantástico, descomunal. Teatro, televisión y cine. Revistas musicales y decorados. La Puerta de Alcalá por él vestida, y ningún madrileño que la añoró desnuda. Pintor extraordinario. Sus óleos, los grandes desconocidos de su obra, no superan los dos centenares. Muero de envidia cada mañana pensando quién será el afortunado poseedor de su pintura maestra, «El primer baño». Antonio Mingote genial, valiente, tierno, sentimental, tímido, urbano y ecologista. El mejor hijo de la «Otra Generación del 27». Amigo de Edgar, López Rubio, Mihura, Tono, Tip, Herreros... discípulo y maestro de todos. Hijo de Ramón, don Ramón y Juan Ramón. En un principio publicista. Animador de relojes de mesa y abanicos. Cincuenta años en los que no ha dejado de darle vueltas a su cabeza ni un minuto, ni movimiento a sus manos, ni agobio a su sensibilidad para ayudarnos a mantener la esperanza, abrir nuestras sonrisas y convencernos de que todo, a pesar de las apariencias, puede tener arreglo. Aragonés nacido en Sitges, afincado en Madrid, alcalde honorario del Buen Retiro, descansado en San Pedro de Alcántara. Eso, Sitges, Teruel, Daroca, Madrid, Marbella. Su paisaje, la sierra de Albarracín. Enamorado de España. Isabel su mujer. Carlos su hijo, Ángel su nombre de pila. Quizá también su vocación. Probablemente su destino. Poesía, arquitectura, música. Su padre fue un músico notable. Su madre, la que le abrió con amor los primeros libros y le recitó los poemas iniciales de su vida. Cuando ingresa con gloria y justicia en la Real Academia Española y ocupa el sillón «r» minúscula, el entonces director de la Docta Casa, Fernando Lázaro Carreter, recordó en su discurso de contestación al del nuevo académico la admiración de Picasso por los dibujos de Mingote. Y su fascinación por el dominio que tiene el genio de la síntesis verbal. Mingote o la síntesis. El todo, lo más grande, ofrecido al lector desde lo más pequeño. El mismo proceso con la palabra que el viejo León Felipe le exigía al carpintero con la Cruz. «Más sencilla... más sencilla. / Sin barroquismo, / sin añadidos ni ornamentos. / Que se vean desnudos / los maderos, / desnudos y decididamente rectos. / Que no haya un solo adorno / que distraiga ese gesto... / ese equilibrio humano / de los dos mandamientos. / Más sencilla... más sencilla / haz una Cruz sencilla, carpintero.»

Antonio Mingote llegó a *ABC* de la mano de Torcuato. Juan Ignacio lo entendió tan pronto que instituyó un premio con su nombre, al lado del Cavia y el Luca de Tena. En sus cincuenta años de *ABC* ha sido la joya de la corona de los Luca de Tena, de Juan Ignacio a Torcuato, de Guillermo a Catalina. Umbral, en sus tiempos de desafecto hacia nuestro periódico escribió que lo mejor de *ABC* eran el dibujo de Mingote y la grapa. Mingote le agradeció el cumplido con un sintético telegrama: «Gracias en nombre de la grapa.»

Ha sido uno de los españoles más grandes del siglo XX y en el siglo XXI no ha disminuido un ápice. Cumple cincuenta años en *ABC*. Además, es mi amigo, circunstancia que no merece sea tenida en cuenta. Un defecto lo tiene cualquiera.

Tiempo, 6 de enero de 2003

Y otra vez

Y cada año, en Navidad, lo mismo de lo mismo. Me refiero a ese espectáculo degradante que sigue al sorteo de la Lotería de Navidad. Todo cambia, menos ese paisaje urbano animado de vino mañanero, de champán indigesto, de cava mal asumido y de risas de encías grandes. No he comprendido jamás el interés periodístico por una noticia que se sabe va a producirse y que nada aporta. Cámaras, entrevistas, fotografías, alegría desbordante... ¿Y qué? Este año los premios principales han caído sobre Madrid, Alcantarilla, Vélez Málaga y Calahorra. ¿Acaso interesa? En los informativos de televisión, la mitad del tiempo se lo lleva el sorteo de Navidad. En los periódicos aparecen los agraciados en las portadas y primeras páginas. En las emisoras de radio se interrumpe la programación para informar que un número de Lotería ha sido premiado con el *gordo*. Es lo normal, la noticia sería que hubiese huido el responsable de la Lotería con todo el dinero jugado, o que le tocara el *gordo* al director general de loterías, o que uno de los niños de San Ildefonso al cantar el número deseado se hubiera tragado la bolita y el notario de la mesa no hubiese podido certificar la autenticidad de la circunstancia. No sé, pero todos los años el mismo coñazo, el mismo jolgorio mañanero, la misma alegría lotera, y las mismas preguntas de siempre. ¿Cuánto ha ganado? ¿Qué va a hacer con tanto dinero? Y las respuestas de toda la vida, las mismas, las de mi infancia, las de mi juventud, las de mi madurez, las de mi otoño. En eso no ha cambiado para nada España. Una fotografía de 1958 pasa por una instantánea de este año de gracia de 2002. Incluso creo que es siempre la misma vendedora de Lotería, el mismo premiado con bigote, el mismo joven que se va a casar y se abraza con la novia, la misma maruja, el mismo jubilado, el mismo grupo de la misma oficina, la misma botella de champán, el mismo brindis y la misma borrachera. Creo que la lista oficial que se publica al día siguiente en todos los periódicos es la misma que en 1948, y que nadie la consulta porque siempre le han tocado los mismos premios a los mismos números y nada hay de nuevo en esa interminable relación de cifras grises.

Es la España del hambre de los años cuarenta, la que nació en los cincuenta a la clase media, la del desarrollo de los sesenta, la de la Transición, la de UCD, la del PSOE, la del Partido Popular... la misma de siempre, con las mismas fotografías y parecido hastío. ¡Qué aburrimiento más soberano y que tostón más repetido! Y el locutor de turno que sonríe picarón y satisfecho para anunciarnos que el *gordo* ha caído muy repartido en Albacete, como si nos importara de verdad que ha caído en Albacete. La Lotería es un juego, un azar, y se sortea, y se premia, pero eso no es noticia de primera plana, la noticia es para el que le toca, y normalmente, la gente inteligente que se ve agraciada por el azar o la fortuna no aparece en la televisión ni responde a los periódicos. Se queda en su casa, ingresa los décimos en el banco, cobra la cantidad ganada y aquí paz y después gloria. Sobre todo, gloria. Pero sin que se entere el vecino, que siempre termina por intentar un sablazo. Creo que los medios informativos harían muy bien en ahorrarse dietas, instalaciones, reporteros y corresponsales y ofrecer año tras año las mismas imágenes. Nadie repararía en la repetición. Si un año ha tocado el *gordo* en Granada, se dice que eso pasa en Granada, y si al año siguiente la ciudad favorecida es Zamora, se asegura que aquello es Zamora y no hay quien lo ponga en duda.

Todo menos el coñazo de siempre, la ordinariez de siempre y la elementalidad de siempre. Se ha sorteado la Lotería de Navidad y han salido premiados varios números. ¿Y qué?

A NACIONA
ORDINARIO DE NAV
TA SERIES CORRESPONDIENTES AL SORTEO
Euros
Números
102/01
6ª
SERIE
7ª
FRACCIÓN
«NAVIDAD»

Tiempo, 13 de enero de 2003

Cuento de Reyes

Antonio de Lara, *Tono*, fue uno de los grandes genios del humor en España en el siglo XX. Era, además, un hombre bueno y generoso. Y en sus tiempos fue un niño. Un día, siéndolo yo —niño, no día— le oí contar en una entrevista de televisión un cuento de Reyes Magos del que Tono era el protagonista.

La cosa es que Tono había sido muy bueno y le pidió a los Reyes un caballo de cartón, saltarín y de grandes dimensiones, que destacaba en el escaparate de una juguetería cercana a su casa. Tono no creía ya en los Reyes Magos, pero era un niño, y sus padres le dieron el dinero para que se comprara el caballo. Hasta aquí, el cuento no dice nada y transcurre por la normalidad.

Con el dinero en el bolsillo, Tono corrió hacia la juguetería. En una esquina un niño pobre pedía limosna a los transeúntes y a Tono se le hizo añicos la sensibilidad y la angustia. El ángel de la conciencia y el demonio del egoísmo pugnaron por establecerse en su corazón. Triunfó el ángel y Tono se encaminó hacia la esquina donde pedía limosna el niño pobre.

El niño pobre tiritaba de frío y estaba sucio, Tono se interesó por sus cosas, y el mendiguillo le dijo que los niños ricos tenían mucha suerte porque esperaban los regalos de los Reyes Magos, mientras que él pedía dinero para poder comer. A Tono el corazón se le hizo polvo de abeto y le dio al niño pobre el dinero que llevaba en el bolsillo. Adiós, caballo.

Feliz por el bien hecho, pero fastidiado como niño que se queda sin premio, Tono se sentó en un banco de la calle. Pensaba que su caballo de cartón se había convertido en un plato caliente para toda una familia. Y la figuración le consolaba. Pero, como niño, el hecho de quedarse sin su caballo le dolía más de la cuenta. De nuevo el ángel y el demonio, y otra vez venció el ángel. Que sea para que el niño pobre y su familia no pasen hambre el día de Reyes.

Ante él, la gente pasaba con bolsas y paquetes de regalo. Ya se disponía a abandonar el parque y volver a casa cuando una imagen llamó su atención poderosamente. Poderosa y rabiosamente. Se disponía a actuar con toda la cólera posible en su nada colérico espíritu cuando, de nuevo, venció el ángel y la sonrisa. Tono sonrió y comprendió las cosas. Los niños, antes que todo, son niños, y así hay que interpretar sus reacciones.

Porque Tono lo que vio fue al niño pobre, al niño mendigo, al dueño de su dinero, tirando feliz de un cordelito que llevaba atado a la boca su caballo de cartón. Al niño pobre el hambre no le importaba tanto como el caballo de cartón de aquel escaparate que también él se había detenido a contemplar días y días. Un sueño cumplido en la vida es un regalo para siempre, y el niño pobre había cumplido el sueño. Su caballo de cartón. El que estaba destinado a ser de Tono, galopado por Tono y comprado con el dinero que los padres de Tono le habían dado por ser un niño bueno.

Cuando volvió a su casa y le contó a sus padres el sucedido, chocaron las reacciones. Su padre le dijo que era tonto, y su madre que muy bueno, pero aquello ni le molestó ni le consoló. Pensó en su caballo de cartón y en el niño pobre, esperó la llegada de la noche de Reyes, se durmió con la tranquilidad de la tristeza buena y a la mañana siguiente encontró junto a su zapato un balón de fútbol. De un patadón lanzó el balón a la calle y, por malo, sus padres lo metieron interno en un colegio. Cosas de los niños, de los padres, de los Reyes Magos y de los caballos de cartón.

Tiempo, 10 de marzo de 2003

Suicidio bobo

Larra fue un suicida dignísimo. Como lo son todos los que se quitan la vida por amor, celos, cansancio o vergüenza torera. Ahí está Juan Belmonte. Pero suicidarse porque una guía de restaurantes rebaje un poco la valoración del propio se me antoja una bobada. Es lo que ha hecho el cocinero francés Bernard Loiseau como consecuencia del descenso de dos puntos de su restaurante La Cote D'or en la prestigiosa guía *Gault-Millau*. Claro que en eso de la gastronomía, además de unos maestros y unos exagerados, los franceses son muy raros.

Bernard Loiseau era de los fundadores de esa corriente gastronómica que se hizo llamar la *nueva cocina*, que es una manera de definir la *nueva estafa*. Sería un sabio, como Toigros, Bocusse y otros, pero sus platos eran más cursis que los anuncios de Isabel Preysler y los Ferrero-Rocher. La influencia de estos grandes jefes de la gastronomía francesa en España ha resultado nefasta. Todavía se inauguran restaurantes *de autor*, o sea, de *nueva cocina*: «Medallones de culito de zorzal de Echegárate con la salsita de coliflores del huerto de la abuela Nekane y coronilla de bonito de Motrico.» La estrategia para encarecer los platos de la *nueva cocina* consiste en determinar el origen de los treinta euros, pero si se anuncia en la carta como «La tortilla de patatas de Igueldo volteada en la sartén de la tía Arancha con aceite de oliva de Lucena», los treinta euros están asegurados.

Los ingleses, tan poco aficionados a comer, son más sencillos y mucho más divertidos en el análisis: «Si la sopa hubiera estado tan caliente como el vino, el vino hubiese sido tan viejo como el pavo, y el pavo hubiera tenido la pechuga como la camarera, la comida habría sido excelente.» Me permito asegurar que a ningún cocinero inglés se le pasaría por la cabeza volársela de un disparo por ver rebajada la nota de su restaurante en una guía. La gastronomía inglesa se resume en esta enseñanza: «Poner los ingredientes en agua caliente y sacarlos después de que pase un rato.» Eso sí, en ninguna nación del mundo se desayuna como en Inglaterra. Son los grandes inventores del desayuno, y tan cierto es lo que escribo que Somerset Maugham dijo que «para comer bien en Inglaterra hay que desayunar tres veces al día».

Los franceses, en cambio, sí son capaces de suicidarse, como ha demostrado Loiseau. Y no es suicidio con empaque. El suicidio más hermoso que se ha producido jamás lo protagonizó —según mi inolvidable maestro Santiago Amón, que lo presenció siendo niño— un huevero de Baracaldo cuya mujer le ponía los cuernos hasta con los postes de la luz. El huevero, que vivía en una cuarta planta en el barrio más bullicioso de Baracaldo, se lanzó al vacío desde una ventana de su piso alicatado hasta el techo al grito de «¡A tomar por culo!», heroicidad que fue celebrada y comentada durante muchos años en ambos márgenes de la ría bilbaína. Eso es un suicidio como Dios manda, dicho sea en el lenguaje de la calle, que es sabido por todos que los suicidios están prohibidos por la Iglesia.

Suicidarse por una mala nota gastronómica es como morir por un huevo frito. Nada tiene de épico. El huevo frito, a lo más que aspira es a la poesía, pero jamás a la muerte. El gran poeta humorístico Jorge Llopis escribió un bello poema al huevo frito parodiando una rima de Bécquer: «¿Qué es huevo frito?, dices mientras clavas / tu mirada en el pálido trasluz. / ¿Qué es huevo frito? ¿Y tú me lo preguntas? / ¡Huevo frito eres tú!»

Índice

ACTUALIDAD Y POLÍTICA NACIONAL

NACIONALISMOS

POLÍTICA INTERNACIONAL

DEPORTES

CULTURA

COSTUMBRES

RECORDATORIOS

LA *JET* / FAMOSEO

VARIOS

OTROS TÍTULOS
DEL MISMO AUTOR

PATRIOTAS ADOSADOS

ANTONIO MINGOTE Y ALFONSO USSÍA

«El conocido poeta y catedrático de Humanidades Juan Idígoras ha manifestado que el Congreso de los Diputados es una cueva de ladrones.» (1991)

«Sospecho que a Arzallus le dijeron demasiado pronto que los Reyes Magos eran los padres, y está enfadado desde entonces. Lo entiendo pero ya ha tenido tiempo para calmarse un poco.» (1994)

«Al conducto que comunica a la faringe con el oído medio hay que cambiarle el nombre. De trompa de Eustaquio a trompa de Arzallus. Eustaquio no tiene nada que hacer al lado de Arzallus, y lo sentimos por Eustaquio y sus admiraciones. El reverendo ex padre ha superado, incluso, las proezas de Alfonso Guerra, también conocido como "el oyente". Pues "el oyente", comparado con Arzallus, está más sordo que una tapia.» (1996)

«Preocupa, no obstante, que el consumo habitual de carne de gallina "goli-gorri" y de miel de abeja autóctona vasca —o guipuzcoana— no parece la dieta más conveniente para luchar contra la alopecia. Anasagasti tiene ya, más que una ensaimada, un tortel. Arzallus se ha quedado como una bola de billar, y Eguíbar lleva el mismo camino. Claro, que una calva nacionalista es siempre más feliz en la independencia que en la Constitución.» (2000)

UN TALIBÁN EN LA JARALERA

ALFONSO USSÍA

De nuevo, nos encontramos con los personajes de La Jaralera que, en esta quinta entrega de las memorias del marqués de Sotoancho, se enfrentarán a situaciones más divertidas, si cabe.

En esta ocasión, hace su aparición una marquesa de Sotoancho, Marisol, bastante cambiada, pues ha dejado de ser aquella belleza rubia de la que el marqués de Sotoancho se enamoró y con la que se casó a pesar de las reticencias de Mamá ante una unión tan desigual. La actitud de la nueva marquesa, volcada en la atención a sus cinco hijos con título nobiliario comprado, arrojará al marqués de nuevo a los brazos de la mujer que le hizo hombre, la bellísima colombiana Marsa Restrepo Olivares.

Además de su intensa aventura amorosa con la colombiana, el marqués de sotoancho también tendrá que lidiar con Mustafá, discípulo aventajado de Osama bin Laden, convertido en talibán gracias al «buen hacer» de Mamá; con una marquesa viuda que subirá a los altares, y no precisamente por sus buenas acciones; con un nuevo párroco, don Crispín, gran aficionado a las revistas del corazón y adicto a Operación Triunfo; con un don Ignacio que provocará que más de uno se rasgue las vestiduras; y con un servicio millonario gracias a la herencia dejada por el tío Juan José.

Entretanto, la sombra de un pájaro de hierro sobrevuela La Jaralera...